WIZARD BOOK SERIES Vol.16

カウンターゲーム

幸福感の絶頂で売り、恐怖感の真っただ中で買う「逆張り投資法」

CONTRARIAN INVESTING

アンソニー・M・ガレア／ウィリアム・パタロンⅢ世　序文 ジム・ロジャーズ
Anthony M. Gallea　William Patalon III

訳　中村正人／中村敏郎

Pan Rolling

日本語版への序文

　１９９８年に本書が上梓されたとき、日本の株式市場の分析ほど、逆張り投資法の思考法にかなった好個の例はなかった。
　ほとんどの投資社会は、ほぼ１０年にわたってベア・マーケットにしっかりととらえられた日本株に対して深いかかわりを持つことを避けたのみならず、日本は不況に沈もうとしているという警告すら聞かれた。
　もちろん、われわれすべてが知っているように、このことは、日本のベア・マーケットの終焉と長期的にわたる永続的なブル・マーケットと思われるものの始まりの信号であった。
　そのとき筆者は、日本市場に対するかかわりを持つことの価値を高く評価していたため、顧客のポートフォリオにおける日本株のウエートを高めていた。筆者の見方は１年ほど早すぎた。そのため、その年、日経２２５が失速して新安値をつけたことによって、損失を被った。筆者は、なぜ、日本に対してそれほど強気であったのかと質問されたとき、２つの基本的な理由を挙げた。
　第一に、日本は偉大な産業大国である。
　第二に、日本人は、規律を有し、自己犠牲をいとわず、勤勉であるという名声を確立していた。
　筆者の言わんとすることは、日本を世界において傑出した存在にした要素はすべて変わらず日本にまだ存在しており、今後もそれらは存在し続けるであろうということである。もしそうであるなら、回復への障害が取り除かれるのは時間の問題であった。そして、それは実際に起こった。
　これこそが逆張り投資家の手法である。逆張り投資法は、読者が投資家として事実を新たな目で見ること、新鮮なものの見方を形成することを可

能とする独立した精神的枠組みを培うものである。そして、すべての人が反対の意見を有していると思われるとき、読者は自分が正しいことを改めて知るであろう。

多くの人が、大多数の人が間違えるという概念を理解することに難しさを感じている。なんといっても、集団の知恵の方が個人の知恵よりも強力なのではないだろうか？　一般的には、そうである。しかし、それが極に至ったとき、その極は維持しきれないのである。

これは、旧約聖書の預言書と同様に古くからのテーマである。人は、恐怖と不安と願望と執着に満ちている。そして、これらの感情にとらわれているとき、事実を観察した結果が間違ったものになることがあるということは不思議でない。そして、これらの恐怖は、広範に知れ渡ることによって、さらに多くの人々によって共有されることになる。

逆張り投資家としての成功を享受するには、この投資手法を会得するために懸命に取り組む用意がなければならない。成功するためには、とりわけ、研鑽と自己の資質と能力についての自己認識が必要である。しかし、この課題に専念すれば、読者の成功は疑いない。

京セラの創立者、稲盛和夫氏が述べているように「新たな事業プロジェクトに着手しようとするすべての者に待ち受けているのは、無数の辛苦と困難である。成功するためには、このことを認め、自分自身を信じ、何ものにも負けない執念を持って目標を追求する必要がある」。

読者の旅立ちに際し、幸運を祈っている。本書には成功へのカギが詰まっている。しかし、知識の扉へのカギを開ける前に、読者は自分の手でそれらのカギを、まず、しっかりとつかまえなければならない。

２０００年１１月

アンソニー・M・ガレア

訳者まえがき

　本書はいわゆる逆張り投資法について書かれたものである。日本において、逆張り投資法についてこれほど本格的・体系的に述べている類書を見いだすことは難しいであろう。

　本書においては、バブルの古典的な例となったオランダのチューリップ投機熱、１９２９年に発生したウォール街の大暴落を例として、一般投資家が「根拠なき熱狂（irrational exuberance）」にとらわれた様子が描かれている。株式投資をしようとする人々にとって、この２つの出来事を正確に理解しておくことは不可欠なことであろう。また、逆張り投資家はそのような事態にどのように対応すべきかについて示唆している。

　さらに、本書はテクニカル分析、ファンダメンタルズ分析手法について基本的な解説を行い、それらを逆張り投資法として一体的に結びつけている。そして、中心的なテーマである逆張り投資法による買いと売りのルール、リスク分散のルールなどを分かりやすい形で読者に提示している。

　人々はさまざまなことを契機に株式投資に関心を持ち、大きな夢を株式市場に託し投資を始める。しかし、現実はそれほど甘くはない。職業として株式投資にかかわるプロは別にして、株式投資の恐ろしさを知り、それに備えて投資に臨む人は多くはないのではなかろうか。

　いわゆる「ビギナーズ・ラック」によって大勝し、その後も幸運が続き、そのときのブル・マーケットに助けられ、自分は天才であると過信する。その結果、株式への資金投入額を増加し、信用取引も開始し、現物株を担保に信用枠いっぱいに相場を張る。ある日、自分のポートフォリオにある銘柄に悪材料が発生し、株価が急落する。一過性と考え、そのポジションに固執し、損切りができないまま損失が増加する。それまでのブル・マー

ケットも、日銀の金融引き締めを契機にベアに転ずる。その結果、ポジション全体の価値は下落し、手仕舞いを余儀なくされる。貴重な資産に壊滅的な損失が発生する。

　本書にある逆張り投資法に基づいた投資に徹していれば、上記のような結果には至らないであろう。本書はアメリカ株式市場を直接の対象としているが、本書に述べられているさまざまな教訓は、日本の株式市場においても妥当する。読者は、本書で描かれた逆張り投資法の真髄を極め、堅実で規律のある投資法を確立し、株式市場に託した夢を実現してほしい。

　本書の出版に当たり、翻訳の機会を与えてくださった後藤康徳氏（パンローリング社代表取締役）、阿部達郎氏（ＦＧＩ）に心からの感謝を申し上げる。

　２００１年５月

訳者を代表して　　中村正人

妻ボニーにありったけの愛を込めて
トニー

最愛の両親ウィリアムとキャサリーンに捧ぐ
ビル

CONTENTS

日本語版への序文……1
訳者まえがき……3
序文──幸福感の絶頂で売り、恐怖感の真っただ中で買え　ジム・ロジャーズ……11
謝辞……19
まえがき……23

第1部　逆張り投資法の大要

第1章　逆張り投資法とは？……33

逆張り投資哲学……34
逆張り投資法の指標……42
　買いのシグナル……43
　売りのシグナル……44
　リスク・マネジメント……44
逆張り投資法の思考の難しさ……47

第2章　逆張り投資法の優位性……53

大多数の投資家の反対に投資する……54
　好材料、悪材料、そして「半値下げ買いルール」……55
企業収益と株式配当の問題点……62
逆張り投資法に対するニュースの影響……67
まとめ……70

第3章　大勢の意向に反する投資：逆張り投資戦略の心理……73

妥協することをやめる……73
創造的な逆張り投資家……78
態度はいかにして形成されるか……80
　アナリストの依拠するところ……84
　態度の変更、許容範囲の変更……87
トレンドと闘う……92

第4章　過熱したマーケット：逆張り投資家のレッスン……95

バブルを理解する：逆張り投資家の見通し……95

チューリップ・バブル：花がもたらした大惨事……97
　　　　単なる花から貴重品へ……98
　　　　代金の支払い……105
　　　１９２９年の暴落……106
　　　　大暴落への布石……109
　　　　あの１９２９年の到来……112
　　熱狂から生じた悲惨さを避けるには……117
　　まとめ……123

第2部 逆張り投資法による買いのシグナル

第5章　テクニカル分析：逆張り投資戦略の要点　……………127

　　テクニカル分析：逆張り投資法の概略……128
　　主要な買いシグナル：株価の半値下げ……130
　　　　株価と「ランダム・ウォーク」理論……133
　　まとめ……137
　　《逆張り投資家のケース》……138
　　マネジメントの動揺：テクニカル的魅力……138
　　ＩＢＭ：計算された変革……139

第6章　株価トレンドにうまく乗るには：バリュー株を探す　……………143

　　株価トレンドに注目する……144
　　株価トレンドと市場心理……147
　　　　1. 各トレンドの違い……152
　　　　2. すでに明確になっているトレンドに逆張り投資法は向かない……156
　　　　3. 役に立つトレンドの働き……156
　　　　4. トレンドは底で、激しく、あるいは優しく終わる……157
　　　　5. 大天井や大底では、ボラティリティが増加する傾向がある……159
　　　　6. だれもトレンドの長さを正確に予測できない……161
　　　　7. 隠れたトレンドを知る最良の指標はトレンドのない状態である……162
　　まとめ……164

第7章　内部者（インサイダー）による売買についての洞察：事情通の資金とともに投資する　…167

　　「内部者による自社株買い」：買いの根拠……168
　　　　自社株買いが増えれば増えるほど素晴らしい……173
　　　　ストック・オプション行使による自社株買い……175
　　　　これらの購入者に注意を払う……175
　　「内部者による自社株売り」：それは"売りの指標"か……176

「内部者による自社株売買」を指標として機能させる……178
　　どこで見つけるか……180
まとめ……181
　　《逆張り投資法の適用例》……183
倒産するには大きすぎる？　遠方よりの眺め……183
借入金問題……184
　　株価変動の軌跡……185
　　王子の得た利益……190
　《逆張り投資法の適用例》……192
巨大会社の失敗：部外者の見方……192
新生クライスラー、逆張り投資法……192
　　カーク船長は船の行き先を照らす……195

第8章　株式のファンダメンタルズ分析 ……201

ファンダメンタルズの基礎……202
　　ファンダメンタリスト対テクニシャン……203
非効率な効率的市場……205
　　さほど素晴らしくなかったニフティー・フィフティー（素晴らしい50銘柄）の悲劇的な非効率性に関する物語……207
まとめ……210

第9章　低PER（株価収益率）の威力 ……213

ＰＥＲ（株価収益率）の算出……214
ＰＥＲ（株価収益率）：グロース株投資戦略対バリュー株投資戦略……220
低ＰＥＲ（株価収益率）：ポートフォリオの中に一本芯を入れる……222
まとめ……232

第10章　低PBR（株価純資産倍率）銘柄を予約する ……233

1株当たり純資産……233
低ＰＢＲ銘柄への投資……238
まとめ……247

第11章　バリュー株を選別する：キャッシュフローと株価売上高倍率 ……249

キャッシュフローを安値で買う……249
　　キャッシュフローの観察……250
　　キャッシュフローを利用して利益を得る……254
低「株価売上高倍率」銘柄から利益を得る……257
　　価格は適正である……263

まとめ……264
《逆張り投資法の適用例》……266
リストラ銘柄：ファンダメンタル的には魅力的である……266
ゼロックス：方向転換の検証……266

第3部 逆張り投資法の売りシグナル

第12章　リスクを最小にする：逆張り投資戦略 ……273

トレーダーの見方……274
リスクの本質……275
　長期的展望……276
　リスクのワナを避ける……280
リスク管理ルール……283
　難平（ナンピン）買いはするな……288
リターンを最大化する……292
　相関関係の謎……293
　狭量なアセット・クラスの設定……298
　キャッシュは紙屑ではない……301
まとめ……304

第13章　逆張り投資法に基づく売却：ルールに従う ……305

売却は難しい……305
売却：途中のルール……306
　購入銘柄には売りの逆指値注文を設定する……307
　損失を限定する……310
　勝ち銘柄に売りの逆指値注文を設定する……312
いつそれらを保有し、いつそれらを売却するか……314
　ルールの例外……315
　売却に必要な判断力……317
まとめ……321

第14章　勝利を得るためのプランニング：自分自身の逆張り投資戦略を創造する ……323

自分自身を理解すること：自分は逆張り投資家だろうか……326
経過時間を熟考する：訓練を積んでいるだろうか……327
情報源の調査：喜んで宿題をこなす気持ちがあるだろうか……329
資産額の把握：どれだけ投資に向けられるかを計算せよ……334
自分の投資プランを効果的にする：投資プログラムを貫くことができるだろうか…337
　失敗を受け入れる……338

         忍耐が肝要である……339
         継続することが肝要である……340
         通説を無視することが肝要である……341
      まとめ……342

第15章　まとめ：逆張り投資法のルール ……………………………343

   買いのルール……344
      出発点：「半値下げ買いルール（down-by-half rule）」……344
      指標で確認する……345
      その他の小さなルール……349
   売却ルール……350
      ２５％下げた水準に売りの逆指値を設定……351
      ５０％の利益が出た後または３年で売却する……351
      ５０％ルールの例外……352
   リスク分散ルール……352
      ５％購入ルール……353
      ２０％産業ルール……353
      ハイテク・ルール……353
   常識的ルール……354
   まとめ……354

   付録A：逆張り投資法のための数学……357
   付録B：逆張り投資家のための図書目録……359

免責事項

　この本で紹介してある方法や技術、指標が利益を生む、あるいは損失につながることはない、と仮定してはなりません。過去の結果は必ずしも将来の結果を示したものではありません。
　この本の実例は、教育的な目的でのみ用いられるものであり、売買の注文を勧めるものではありません。

CONTRARIAN INVESTING by Anthony M. Gallea, William Pattalon III, Jim Rogers
Prentice Hall Direct

Copyright © 1998 by Prentice Hall　All rights reserved.
Japanese translation published by arrangement with
Prentice-Hall Direct,Inc. through The English Agency (Japan)Ltd.

序文──幸福感の絶頂で売り、
恐怖感の真っただ中で買え

ジム・ロジャーズ

　１９８０年に原油価格は、驚異的な上昇を見せた。その結果、アメリカのすべてのガソリンスタンドで、イライラしながら給油の順番を待つ車の長い列があった。

　当時の新聞には、再生不可能な燃料資源の恒常的な不足を嘆いた記事が毎日掲載されていた。ウォール・ストリート・ジャーナル紙の石油アナリストや学者などすべての専門家は、原油価格が１バレル４０ドルから１００ドルへと上昇するに違いないと確信していた。１９７９年の中ごろには、「生命線であるガソリンの大混乱」「巨大石油会社を国有化する？」そして、「忍び寄るリセッション」というような言葉が主要新聞の見出しを飾った。

　金利水準は異常な上昇を見せ、投資家は、高度のインフレと雇用不安に対する懸念から、過度にヒステリックとなっていた。アメリカ合衆国は世界の強国としての地位から滑り落ち、世界のすべての資源が不足し、その結果、すべての財の不足が恒常的になるのではないかという危惧が蔓延していた。株式市場は、何年間も停滞していた。その理由は、現在では、明確に説明することができる。

　１９７０年代の一定期間、原油の供給は需要に比べて小さかった。しかし、価格の上昇が不可避的に生産の増加に結びついた。メキシコ湾、北海、そして南アメリカの海底深く探鉱するために、より多くの掘削機が装備され、より多くの資金が注ぎ込まれた。また、多くの若者が地質学を専攻するようになった。しかし、１９８０年において、しばらくの間、一般紙は正確に報道しなかったが、原油取引専門紙はそれを明確に伝えていた。すなわち、原油価格の高騰によって、その供給は需要を超えるほど十分増加したということである。しかし、原油の供給が増え続けたにもかかわらず、

その価格は上昇を続けていた。メディアによるあまりにヒステリックな報道がその上昇を後押ししたからである。これが、在庫蓄積と買いだめを助長してしまった。

消費者は、自動温度調節機のスイッチを切り、セーターを買い込んだ。燃費の良い小型車や消費電力の少ない電化製品に買い換えた。大衆の意識の変化は、需要を細くし、それが何年もの間、続いた。

思慮深い人は、何か変なことが起こっていると考えた。需要と供給の法則は、完全に常識である。商品の数が購入者の数より多かったら、その価格は下落する。その反対では上昇する。そこにはたぶん、時間的ズレがあると思われるが、間違いなくその変化は生じる。仮に、売り出し中のマンションがマンハッタンに５００室あり、それらのマンションを購入したいと思っている２０００人のヤッピーたちがウォールストリートにいるとする。全員が購入しようと動き出せば、マンション価格は必ず上昇する。しかし、株式市場が低迷し、２５０人のヤッピーしか購入希望者がいなければ、その価格は下落する。マルクス経済学者でなくとも、この結果に異論をはさむ者はいないと思われる。

実際に、賢明な投資家は決断する前に、新聞やテレビから必要な情報を収集する。そして、原油またはマンションを買うべきかどうかの結論に至るのである。彼には、どんな美しいチャートも必要ないし、ＭＢＡ（経営学修士）の称号も投資アドバイザーの助けもいらない。いろいろな情報をもとに自分自身で考え、始動のための絶妙なタイミングを見つけだすのである。

この原油騒動は私には奇異に映った。１９７１年にタルサの石油探鉱会社を訪問したことを思い起こす。１９４０年代と１９５０年代を通して、そこは、世界の石油探索の首都であった。１９７１年当時、私は石油関連ビジネスが大いに儲かると考えていたので、石油掘削機会社に投資しようと心に決めていた。それは、いわば「つるはしと鍋戦略」である。その戦略の根幹は、より危険の少ないビジネスに投資しようと考えることである。金鉱探しの山師に賭けるより、「つるはし」や「選鉱鍋（砂金を選り分けるために使用される）」の会社に投資しようと考えたのである（訳者注

カリフォルニアで起こったゴールドラッシュで実際に儲けた人は、金鉱探しの人ではなかった。金鉱を探すための道具を販売したか、あるいは貸した人が最も利益を得たと言われている）。このケースでは、私は、掘削機メーカーに投資した。掘削機が人々に必要とされていたからである。そこには、石油を求めて地面を掘りたがっている多くの人々がいたのである。

石油探鉱会社の会長が私に言った。「ジム、われわれは、できるだけの支援を必要としているので、このことは、本当は言ってはいけないことと思う。しかし、君は、たとえニューヨーク出身だとしても、とても、素晴らしい若者だ。わが社の株式を君には買ってほしくない。買ったとしたら、それは大きな間違いである。私が５５歳でなく２８歳であったなら、すぐにこのビジネスから足を洗う。石油以外の他の何かの仕事を始めるつもりだ。石油探鉱業は、先のないビジネスだから」

その１０年後、すべての専門家は、原油価格が１バレル４０ドルから１００ドルに上がると新聞や雑誌に発表した。それは、賢明な投資家には随分奇妙な話であった。１９７１年には、だれもが石油ビジネスから手を引きたいと思っていたが、１９８１年には、だれもがそれに参入したいと考えていた。これらは２つとも間違いである。なぜなら、１９８０年代の中ごろまでに原油価格は再び下落し始めたからである。

賢明な投資家は、どんなことをするのであろうか。

ひとつは、一般紙を参考にする。それは、マーケットの中で生じる両極を把握するためである。相場の天井付近では、次のような言葉が繰り返し聞こえる。「今回は、普通の時期と違っている。木々は、ドンドンと成長し続けている。その中の１本を自分で購入し、それが１フィートになり、１００フィートになり、１０００フィートに成長するまで観察しなさい。これが、資金を投入し、しばらくそのままにしておくべき投資である」

相場の底値付近では、鉛（この金属は、投資の世界では見捨てられたものであった）について何かがまことしやかにささやかれる。それは今まさに聞こえているかのようである。「われわれは、塗料とガソリンへの相場で損を被ってしまった。鉛は毒だから、それが原因で人々が死ぬことがある。それらの価格は、非常に下がっている。すべての会社が鉛から撤退し

ようと考えている。その将来性はあまり期待できない」。たぶん、「惨澹たる」「破滅した」そして「活気がない」という修飾語がこの相場を表現するときに用いられる。機敏な投資家は、この雑音の本当の意味を正確に理解することができる。その際、証券会社から送付されてくる情報誌や電話によるアドバイスに頼ることはない。

　この点で投資の世界に属する人はだれでも、鉛は人気のない投資対象であることを「知っている」。しかし、情報通の投資家は、常にみんなが知っている事柄の反対の側面をも丹念に調べる。鉛相場に投資しろと私は言っているのではない。言うまでもなく、読者は、バッテリーに鉛が使用されており、そしてその需要が衰えることはないと考えるかもしれない。世界の新聞によれば、中国、インド、そしてその他の開発途上国向けの車やスクーターの販売は堅調に推移している。すべての車やスクーターはバッテリーを必要としていないだろうか。

　だれもが「知っている」ことのもうひとつの例で、現在、底にあるものの例となるのは、紅茶の生産である。価格は１５年間も下がり続けている。紅茶の農場は、ヤシ油、天然ゴム、そして大豆を生産するために耕されてしまった。私は、紅茶相場への投資についてはブル（強気）である。供給が下がっているのに需要が増えているからである。そして、紅茶を多く飲む極東諸国は、だんだんと豊かになってきている。しかし、最近ある大きな紅茶会社の会長と話す機会があったとき、彼は紅茶の生産施設を売却しつつあると語っていた。

　「しかし、なぜ売却ですか？　生産施設の売却は、御社の株主に対して良い結果をもたらさないとだれもが感じるでしょう。紅茶の価格は、今が底値なので、必ず反騰するでしょうに」と私は尋ねた。

　「それは重々承知しております。もう１０年あるいは１５年待てば大きなリターンを得ることができるかもしれませんが、わが社の株主は、それまで待てないと言っているのです」

　もし、十分な数の会社が紅茶の生産施設を売却したら、その損失は、抜け目のない投資家の儲けになるだろう。

　そういうことは、株式マーケットでは古い話である。今日の新聞や雑誌

の記事は、株式マーケットを理想的な資産運用の場所とはやし立てている。そこでは、長期的に富を増やすことができる。そして、それは非常に容易である。あなたの大事な卵をミューチュアル・ファンドに投資すれば、すべてうまく行くでしょう、と。あるいは、株式市場ほど、両親が自分たちの子供に大学教育を受けさせられるほど十分な資金を得られる場所はないなど。

このようなとき、私の母はどのミューチュアル・ファンドに投資したらよいか電話をかけてくる。私が何も助言しないので、母は怒ってしまう。そして、私があたかも7歳のときから何も学んでいないと言うかのように、最も意地の悪い声で言い放つ。「でもジム、株式マーケットは、過去15年の間に8回も上がっているのよ」

「母さん、それはよく分かっている。株は、上がる前に買わなければいけないので、上がった後ではないよ」

彼女のマーケットの上昇についての認識は正しい。ダウ・ジョーンズ・インデックスは、今日8000ドル近辺を推移している。しかし、15年から20年前は、そのインデックスは、1000ドル以下であった。その当時、ミューチュアル・ファンドは400本しかなく、新聞各紙には次のような活字が躍っていた。「近づきつつあるリセッション」とか「すでに病んでいる経済をさらに圧迫する金利の急上昇」などである。ビジネス・ウィーク誌は、「株式は、死んでいる」という言葉で表紙を飾っていた（このとき、ある投資家は、この雑誌の表紙と反対の方針を採ることでリターンを得ることができると反論している。その雑誌が、ある株式について投資時期であると宣言したときに売却し、株式は死んでいると述べたときに買うというものである）。

すべてのマーケットで、需要と供給は、絶えず上下動している。ある極から他の極へと突進する。正しい耳と目を持った投資家に幸運は宿るのである。それは容易だろうか。そんなことはない。それは労力を要するのだろうか。そのとおりである。

1980年代初頭に1バレル40ドルであった原油価格が、1980年代半ばには10ドルに下がってしまった。そのとき、テキサスの不動産市

場に重大な影響を及ぼしたのである。そこで不動産を処分するのは難しくなってしまった。テキサスでは、未完成のビルを表す言葉が作り出された。それは、「シースルービル」というものである。そこには、当然入居すべきテナントや見込みテナントもいない。貯蓄貸付組合（Ｓ＆Ｌ）の資産を引き継いだ整理信託公社が同じ価格で二棟のオフィスビルを販売するような時代に、なぜ人々がオフィスビルを建設したのか理解に苦しむ。投資回収の見込みは、読者が容易に想像できるほど悲観的であった。次の２０年から３０年の間、テキサスでは不動産の過剰供給が続くのである。

そのようなときこそ不動産の購入時期であった。今日、テキサスでは再びビルが建設されている。当時、ビルを１平方フィート当たり数ドルで購入してあれば、１０倍から２０倍で売り抜けることができたのである。

投資の教訓に関する古いことわざがある。それは、「血液が通りに流れている間に買え」というものである。実際に、わずかの間待つことは時に最良の策になる。ワッツ通りに暴徒が充満しているときには投資家は買いに走ってはならなかった。１年後に最も安い価格で購入できるという幸運を得るチャンスが到来したのである。売り側について、１９７０年代後半までさかのぼることにする。その当時、金価格は１オンス８７５ドルへの上げ相場にあったが、私は１オンス６７５ドルで空売りした。その後、すぐにその価格は上昇を続け、３０％も上がってしまった。もちろん、金はその後、激しく価格を下げ、現在まで６７５ドルに戻ることは一度もない。ここでの教訓は、投資では売るタイミングが重要であるということである。取った行動は正しかった。しかし、少し早かった。そこで、ひどく思い悩むことになる。

底値を記録した後の買いにつきものの落とし穴は、ポジションをあまりに早く処分してしまうことである。最善の方法は、いまだ動きが目立たないときに買い、天井の直前に売り抜けることである。不世出の投資家であるロスチャイルド卿は、カネ持ちになった方法を尋ねられたとき、常に手早く売ったからであると答えている。

株価の長期的な天井や底は大抵、株価が極に至るという点において同じである。貪欲さからブルの投資家が生まれるように、ベアなマーケットで

は、恐怖心からパニックが生じ、その中で、大衆投資家はあまりにも極端にまで走りすぎるのである。賢明な投資家は、そのような急激な動きを心待ちにしている。彼は、そこから素早くリターンを手にし、うまく手仕舞うのである。

まさに、いつ売って、いつ買えばよいのかという重要な課題が生じる。そのタイミングが難しい。しかし、それがトウモロコシ、株式、または不動産であろうと、すべての主要マーケットの底は同じであることを銘記すべきである。それらの天井についてもまた同じことが言える。現在までにどこかのマーケットで記録した天井や底値に注目してほしい。それを研究すれば、マーケットの天井や底値の極において、すべての投資家はそれらの確実性について驚くべきほど確信を持っているということを発見するだろう。

マーケットの底で感じた不安な将来予想から学び、なぜそのような感情が起きたかと自問し、そしてさらに、天井時点での勝ち誇った感情とそれが生じた理由を自問することは、鋭敏な投資家を育てることになる。それは難解な知識や、ＭＢＡの知識あるいは神秘的な能力を必要とはしない。新聞を読み、テレビを見て、そしてよく考えてほしい。次のことを理解するのに何も特別な金融についての才能は必要なかった。つまり、１９８０年代の農民たちが破産しつつあり、ウイリー・ネルソンが農場援助コンサートのファーム・エイドを始めたとき、ある種の底が自律的に形成されたのである。結局、世界は、食べることを止めることはできないのである。

相場の天井や底は、極端な状況の産物である。これらは、合理的な期待を越えて生じ、さらに上昇し、常識が指し示す以上の下げを見せるのである。

公の市場での証券購入は、ある意味で、気難しい叔父をパートナーに持つようなものである。投資環境が悪いときには、この気難しい叔父は、われわれはこの投資ビジネスから手を引くべきだと言い、それを聞くのは決して心地いいものではない。そして、そもそもこのビジネスに参入しているのは愚か者だけとも言いだす。しかし、状況が違っていたらどうだろうか。数年間でよいから、リターンがあったとする。彼の語調は変わる。つ

まり、これは、世界で最高のビジネスであり、物事は永久にこんな具合に続く、決してあきらめず行こう。実際、われわれの持ち株の時価総額は現在3倍になっている、みんなにご馳走しよう、などなど。

このパートナーの意見は、どちらも全く間違っている。要は、研究と熟考することであり、さらに熟考と研究を重ねることである。その気難しい叔父が売りたいと思っているときは、真剣に買いを検討する時期である。たとえ実際に買わなかったとしても、かなり深く考えたことに意味がある。それから、実際に出動の時期や資金を投入すべき時を判断するのである。

相場の天井付近では、常に貪欲さと病的興奮が気難しい叔父を打ち負かしている。底値付近では、彼をまごつかせる。賢明な投資家は、恐怖心と狼狽を買うこと、そして貪欲さと病的興奮を売ることを学ぶのである。彼は、自分自身を金融の天才であるとは決して考えない。しかし、雑誌やテレビの報道について常に分析するようにしている。また、一般人の極端な投資姿勢が原因で生じる相場の天井や底を把握できるように努力しているのである。

この賢明な市民は、これらの両極の生じる時期をいろいろな事柄から見つけだそうとしている。一般投資家が群れをなす性癖にあることを把握することによって、自分がその破壊的な力にとらわれてしまうことはない。

(『インベストメント・バイカー』より引用。日本語版は『大投資家ジム・ロジャーズ世界を行く』日本経済新聞社と『２１世紀〈この国が買い、この国は売り〉』講談社文庫)

謝辞

　逆張り投資法について考えることは、エベレスト山を征服しようと考えを巡らすことと似ている。チャレンジすることで興奮すると同時に、その困難さに嫌になることもあるに違いない。幸運なことに、多くの偉大な投資家やアナリストたちは今日まで、その困難な山に登坂し続けている。彼らのその努力が、逆張り投資法についての基本的アプローチ法を確立させた。われわれは、さらにそれを発達させることができたのである。本書は、特にこの中に述べられている戦略の概略は、先人のたゆまぬ努力なしには、完成することはできなかった。われわれ著者は、彼らの業績に大いに感謝したい。

　われわれは、家族や多くの友人たちの多大な協力に感謝したい。本書を執筆している最中、われわれを、時には励まし、援助し、そして、これは非常にありがたかったのであるが、適宜ユーモアをもって、気分転換を図ってくれた。息子、ボーイフレンド、父親、夫としての日常生活から生じるいろいろな雑事からも解放してくれた。彼らに深い感謝の辞を捧げたい。

　多くの人が、本書を書き上げるために重要な役割を果たしてくれた。彼らがいなかったら、本書は生まれていなかったに違いない。

　アンソニー・ガレア率いるスミス・バーニー社ポートフォリオ運用本部の諸君にも感謝の意を表したい。彼らの多大な協力で、ガレアは本書の執筆作業に集中することができた。彼らとは、リチャード・ディマルゾ、ボニー・レーン、ポール・ベック、タラ・ネマガット、ドナ・コーフィールド、ダレン・モラン、トム・ティール、スー・モナット、バレリー・アダムス、ジョー・ガレア、そしてパティー・デービスである。ポートフォリオ運用本部の諸君、君たちは最高だ。

トニー・エリオット、ジェニファー・ハーマン、そしてエイラ・バロンには、特に感謝したい。本書が日の目を見るようにと、一方ならぬ働きをしてくれた。

マージ・ホイットニーは、無事に本書が完成するようにと、本当に細かいところまで気を配ってくれた。彼女にも深い感謝の意を表したい。

われわれは、有能なアシスタントにも恵まれた。彼らは、出典をひとつひとつ確かめるという面倒な仕事を実に一生懸命にやってくれた。アシスタントとは、次の諸君である。ジェイム・ダミコ（コーネル大学生。ロチェスター大学やコーネル大学の図書館で詳細な調査のために、一夏を費やしてくれた）。デビッド・チェイキン（ロチェスター大学生。この大学は、アンソニー・ガレアの出身校でもある。現実の投資の世界には数多くの問題が存在するが、それに解答を与えるために逆張り投資法には一定の基準がある。それを説明するのに適当な銘柄の選定を手伝ってくれた）。そして、ダリル・ポーター（セントフィッシャー・カレッジ学生。１９２９年の大恐慌をまとめるために当時の資料ひとつひとつを検証してくれた）。

ジョージタウン大学病院のナンシー・ノーメント・マッカビー博士による批評や指導に感謝したい。本書の投資家心理についての議論に出てくる不安や損失について、多くの教えを博士から得ることができた。マーシャル・カプランの覇気とリーダーシップにも栄誉を与えたい。クリス・ビセックは、グラフィック・デザインに没頭してくれた。ジェフ・ニューマンは弁護士として、一度ならず素晴らしい仕事をしてくれた。そして、公認会計士のハリー・シールフォンは、ストック・オプションの税制について重要な助言をしてくれた。ペンシルベニア州ヨークのレッグ・メイソン・ウッド・ウオーカー社のジェームズ・リッドルにも感謝したい。彼は、パタロンの友人で良き助言者である。われわれは、逆張り投資法の投資戦略を上手にまとめたいと思っていたのであるが、彼は、その幾つかについて、よく宣伝してくれた。さらにまた、パタロンの友人であるロビン・リッターにも感謝している。彼女は、粘り強く原稿を推敲してくれた。

多くの大学教授、学者、投資マネジャー、アナリスト、そして政府関係者によって著された投資関係の著作を読んで参考にしたが、逆張り投資法

や発表時の彼らの立場に反しようと反しまいと、書かれていることは印象的であった。彼らとは、次の人々である。ウィスコンシン大学のウィリアム・ブロックとブレイク・レバロン、イリノイ大学のジョセフ・レコニショック、ヒューストン大学のR・リチャード・ペティット（彼は、親切にもインサイダー取引についての自分の調査内容を公開してくれた）、米会計検査院のP・C・ベンカテッシュ、アラバマ州A＆Mのユーロン・マー、ハーバート大学のアンドレイ・シュレイファー、ヒューストン大学のジア・ヒー、シカゴ大学のロバート・ビシュニー、カンザス大学のジョン・S・ハウ（彼は、トゥイーディ・ブラウン社、バリューライン社にも籍を置いている）、プルデンシャル証券会社のジャック・シュワッガー、スミス・バーニー証券会社のアラン・ショー、デビッド・ドレマン、ウィスコンシン大学のワーナー・ドゥ・ボンド、コーネル大学のリチャード・サラー、米証券取引委員会広報部のトーベン・アンダーソン、ビック・スペランデオ、そしてロジャー・アイボットソン、ミシガン大学のウィルバート・マッケンジー、コーネル大学のチャーロット・ドイル、そしてさらに、ヘンリー・オッペンハイマー、ウィリアム・F・シャープ、W・スコット・バウマン、リチャード・ドウエン、ジュリー・ローラー、ジョン・R・チショーム、サンジョイ・バス、マリオ・リーバイス、ジャームズ・リーの各諸氏である。もし、ここで漏れた関係者の名前があったとしたら、それはわれわれのミスで、断じて恣意的なものではない。その方にはお詫びしたい。

エクイ・インターナショナル社の良き人々にも感謝している。この会社の発行しているメタストックという素晴らしいチャート集は、本書の至るところで参考にしている。そして、ブルームバーグ社の人々にも感謝している。彼らは、ブルームバーグという真に素晴らしい検索ツールを投資の世界にもたらしてくれた。

未熟なわれわれを助けて出版にまでこぎつけてくれた編集者のエレン・シュナイド・コールマンに、感謝と尊敬と、そして再度、謝意を表したい。

最後に、アンソニー・ガレアが担当した分野では、顧客に対して感謝したい。ウィリアム・パタロンが担当した分野では、編集者とそして最も重

要であるが読者に対して感謝したい。彼らは投資について果てしない好奇心を持ち、役立つ投資アドバイスを必要としている。彼らから、本書を書き上げるために必要な真のインスピレーションを得ることができたのである。それらが本書の中に十分に実現されていれば、われわれにとって望外の喜びである。

まえがき

とどろく大砲の音とともに買い、鳴り響くトランペットの音とともに売れ
——古いフランスのことわざ

　投資は不思議なビジネスである。株式のような金融商品については、その価格が高くなればなるほど、顧客は購入したがる。他のどのような商品でも、そのようなことはあり得ない。車でも、家でも、そしてビデオデッキについてもそんなことはない。消費者は、バーゲンを利用して買い物をするものである。懸命に値切って品物を買おうとする。時には、バーゲンセールの時期を待って、買おうとする。多くの商品の価格が下がるからである。
　そのようなことは、株式市場では起こり得ない。株価が上昇すれば、一般投資家はその銘柄を買いたがるように思える。それは、投資家が何をすべきかという命題のまさしく反対である。いかに一般投資家が自分たちのおカネを管理し、投資決定するかを、われわれは毎日の出来事を通して見続けてきた。彼らの思考プロセス、そしてマーケットの変動に対する情緒的な反応はほとんどの場合、失望に終わっている彼らの投資結果を説明することに時間をかけることになる。
　株式市場が上昇し始めると、ほとんどの一般投資家は、最初、動きに乗ることを恐れる。株価の上昇が長期にわたってから、ほとんどの一般投資家は興味を持ち始め、買い始める。その逆に、株価が下がり始めたとき、警戒することがない。彼らのこの強気は、自分たちが購入した銘柄が永久に上がり続けるのだという自信に裏打ちされている。しかし、これは幻想にしかすぎない。マーケットが長期間にわたって上昇を続けると、投資家

としては、それがずっと上がり続けると信じるものである。それは、ほとんどカリフォルニアのゴールドラッシュ時の心理と同じである。

　逆張り投資家は、悪いニュースが流れたときに買いに走る。そして、良いニュースが流れたときにそれを売り払ってしまう。「底値で買い、高値で売る」というフレーズは、陳腐な決まり文句である。しかし、リターンを得るために投資家がいかに考えるかということの答えとしては、良いものである。

　著者は２人とも、マーケットと投資家個々について、十分に観察し続けている。ウィリアム・パタロンは、ガネットの経済記者であるが、非常に多くのビジネス・トピックス記事を発表してきている。彼が優良会社であると考えているイーストマン・コダック社は、一時業績が低迷し、その後復活した。彼は、この会社、およびその株式を停滞させた原因をじかに観察し続けた。そしてさらに、業績回復には何が必要かを見続けた。彼はまた、一般投資家向け記事を毎日書いている。この結果、彼らがどのようにマーケットと接しているか、よく知ることができたのである。そして、いかに、メディアが大衆の意見を醸成し、逆張り投資家がその逆を行こうとするかをよく理解している。中国や日本の海外からの情報収集にも時間を費やしている。そして、世界の投資家が健全な投資戦略を立てることなく、いかに過熱した株式市場の魔力に魅せられるかを熟知している。

　アンソニー・ガレアは、スミス・バーニー社のポートフォリオ運用本部本部長として、約２０年間も個人投資家や機関投資家のために投資活動を続けている。この会社は、アメリカ合衆国で最大の証券会社のひとつであるが、彼は部下とともに、６億ドル以上の顧客の預り資産を運用している。彼は顧客の個人投資家や機関投資家のために、連日、投資効率の良いポートフォリオを組むために、逆張り投資法の多くの技術や戦略を駆使している。これらの戦略については、本書の中で説明されている。

　ウィリアム・パタロンは、アンソニー・ガレアが毎月主催するセミナーに出席している。時には記事のアイデアを得るために、時には単なる出席者として学ぶためである。何年にもわたる交友の結果、互いに相手を逆張り投資家として尊敬し、友情を深めてきた。本書は、その友情の結晶であ

る。

　逆張り投資法は、決して新しいものではない。それには長い歴史がある。しかし、逆張り投資法に関する最近の多くの著作を見てみると、そこには、あるギャップが存在することが分かった。逆張り投資法は難解な投資戦略であり、それを機能させるには不断の努力と規律が必要とされる。この主題について書かれた多くの本は、一般投資家には複雑で難解すぎる。

　財務予測をする者は、秘密を要し、かつ高度な技術的議論にかなりの頻度で巻き込まれる。それは、例えば、ある会社の再掲された第2四半期利益の数字はどう書き換えるべきであるというようなもので、多くの人にとって、単に理解できないばかりではなく、巻き込まれるのが嫌なものである。

　われわれは、ある本の必要性を感じた。簡単な英語で書かれ、利益率の非常に高く、また、市場平均を超える利益をもたらす可能性があり、かつ全体的なリスクを軽減することのできる株式ポートフォリオをいかにして組み立てるかを説明したものである。そして、ありふれた意見に反して投資することによって、それが実現できるようなものである。その本は、また、最近の研究が例として引用され、簡便に使用できるようまとめられていなければならない。一般に逆張り投資法と思われている手法の多くは、実際には「バリュー投資」である。この投資法にも、それほど極端ではない規律があるが、それらは、逆張り投資法の幾つかの特質の中に見ることができる。その他は、直感による投資や言い伝えの範囲に含まれる。例えば、逆張り投資家はマーケット感情を正確に測定しようとするときに、地方で発行されている雑誌を参考にするかもしれない。それは、多くの投資家が極端な意見に到達し、株式市場に投資価値ありとする結論に達したときを見極めるためである。適切な投資戦略かもしれない、しかし、投資家はその言い伝えを、何度も有効利用することができる規律ある投資戦略にどのように昇華できるのだろうか（1995年後半に、ビル・ゲイツの顔写真がほとんどすべての雑誌の表紙を飾った。メディアは、マイクロソフト社のウィンドウズ95の素晴らしさを誇大と思えるほど宣伝したので、ウォールストリートのその販売予想は見事に外れてしまったのである。も

し、空売りを示唆する逆張り投資法のシグナルがあったとしたら、これはその好例であった。翌年に、マイクロソフト社の株価は４０％の上昇を記録した。このことは、主観的標識を使用すると、時に落とし穴にはまることになることを正しく説明している。この主観的標識とは、雑誌の表紙で取り上げられたことを投資戦略のベースに利用することなどである）。

　独自に調査した結果、過去１５年間において、数多くの研究が行われ、逆張り投資法による分析の有効性が分かった。しかし、この研究の多くは、学者たちによって研究者用に書かれたものであり、率直に言って、ほとんどすべての投資家には解読できないと考えられる。何を伝えたいのか理解するのに多大な時間を要するのである。しかし、われわれは、この努力は価値あるものと信じている。そして、できれば読者も理解するよう努力してほしい。

　われわれは本書の準備の途上で多くの新しくエキサイティングな事実を発見した。その最も重要なもののひとつは、逆張り投資家として成功するには、長期的なものの見方と、２年か３年の間、株式を保有する強い意志とが必要であるということである。多くの投資戦略とアカデミックな研究は、より活発な取引を要求するが、その結果、典型的な投資家は多額の売買コストをかけた割には、その投資結果の悪さに失望することになる。また、驚いたことに、ある種のテクニカル分析法の有効性を立証するアカデミックな研究を見つけたのである。それは、ランダム・ウォーク理論に幾つかの適当な大きさの風穴を空ける研究でもある（ランダム・ウォーク理論、または効率的市場仮説は、いろいろな場合を試してみても同じ結論に至る。すなわち、株価は予想することができない。なぜなら、株価は不規則に決定されるから予測できず、常に迷走しているのである。これは、今日の投資理論の中で最も熱く議論されている分野のひとつである）。

　しかし、最も重要なことは、逆張り投資法が実行可能で、より好まれる投資戦略であることを確証している数多くの研究の存在が分かったことである。

　われわれは、批評について言及したい。逆張り投資家になることは、不特定多数の投資家の反対に賭けることを意味する。アナリストや投資専門

家は、大衆の投資判断の拠り所になっている。それは、彼らがマスコミや雑誌に多く登場することで投資のプロとみなされているからである。その彼らの反対に賭けるのである。逆張り投資法を論じるときに、個人の、法人の、そしてグループの判断がいかに不正確で好機を逃してきたかを特定の例を用いて説明したい。われわれは、これらの議論を傲慢あるいは冷たいものにするつもりはない。この社会では、しばしば、ある場面や議論で勝利を収めようと、他人を愚かに、あるいは、滑稽に見えるようにするためにあまりに多くのエネルギーを消費することがある。しかし、愚かになれる能力を持っているからといって、必ずしも、それが愚かであるということではない。専門家は投資ゲームに多くの時間を割いているが、たまたま能力不足が露呈すれば、謙虚になる。著者たちもまた何年にもわたって何度も、謙虚にならなければならない時があった。

今日の社会では、人々はあるグループ全体について、情報に疎いとか、考えが間違っているとか、まさに愚かであるという烙印を押す必要性を感じることがある。投資現場においても、例外ではない。ファンダメンタリストは、テクニシャンを嘲笑する。逆張り投資家は、モメンタム投資家を非難する。そしてグロース運用マネジャーは、バリュー運用する者とどちらの方法が優れているかについて論争する。大多数意見の反対側に賭けることからリターンを得る方法を説明している本書においては、傲慢な精神状態となることの危険性について警告をしておかなければ、不公平になろう。この傲慢な姿勢は大きな損失をもたらすことがあるので、意識的に避けた方がよい。実際、大多数の投資家の判断はほとんどのときは正しいことも指摘したい。逆張り投資家がある銘柄を売買するときにのみ、大多数の投資家の判断が違っていてほしいのである（この点は、本当に強調しておかなければならない点である）。

以上の点を念頭に置いて、本書において提起されているテクニックや調査を擬人化することをできるだけ避けるように努めた。もし、あるアナリストの収益予想のレポートに間違いがあっても、彼が正しいと主張するその他のことについて議論をするスペースはない。この落とし穴を避けるにはどうしたらよいのか、読者の公正な判断に任せたい。

これによって、他の投資家が動く前に売買を実行するという逆張り投資法のエッセンスを得ることができる（もちろん、これは正確にはニューヨーク証券取引所のスペシャリストの機能である。成功を収めた逆張り投資法の好例である）。一軒の家があり、その中の位置を占めるためにチケットがいるとする。この投資法をもとに株式を買えば、すでに最高の席を得たことになる。その後、大衆投資家が少しでも良い席を手に入れようと買い始める。次に、この投資法をもとに株式を売れば、彼はすでにその家の外に立っていることになる。大衆投資家が出口に殺到して、踏みつぶされる危険に遭遇することはない。その出口は非常に狭いのである。

　マーケットを支配するのは流動性と言わねばならない。少しでも早く買えば株価が上昇する。他の投資家が買い上げてくれるからである。同様に、この株式が下げ始めるのは、同じ投資家がマーケットから資金を引き上げるときである。ある特定の株式を現金に換えようとするのである。次のことをもう一度述べておきたい。すなわち、逆張り投資家が他の投資家と違っていることを望むのは、売買のタイミングである。そして、われわれが株式の売買について独自の動きをしたときに、他の投資家がそれに従ってほしいと考えているのである。

　読者は、人気のない株式はしばしば低リスクであることに気づくであろう。それは、悪いニュースはすでにその株価に折り込み済みであるからである。マーケットの下降場面では、最低価格近辺で売買された株式は、最高価格近辺で売買されている株式よりも下がる幅がしばしば小さい。

　本書では、逆張り投資家として株式に投資することで、いかに利益を上げることができるかを紹介している。幾つかの伝統的な逆張り投資法のツール以外に、2、3の新しい逆張り投資法のツールも紹介している。読者が、逆張り投資法を発見し認識することの手助けをし、株式投資から多くの憶測を取り除く売買に関する特定のルールを持った実際に機能する戦略を読者の手元にお届けする。

　本書は、素早くカネ持ちになるための解説書ではない。逆張り投資法は、錬金術ではない。マジックでもない。それは、最も"新しい"アイデアでいっぱいのポートフォリオよりも下げ方向のリスクが小さい、素晴らしい

投資リターンを提供する基本的で健全な投資戦略である。われわれは、読者が逆張り投資家のように思考することを教示したい。同時に、マーケットの天井付近で生じる大衆の投機的買いを認識し、巻き込まれないためにいかに考えるかを教えたいのである。そして、何年も何年も幸福感と富裕感を持てるようにポートフォリオの組み方を教えたい。

逆張り投資家への道は、常に容易な道程であるというわけにはいかない。逆張り投資家のように考え、行動することは、チャレンジし続けることである。われわれはこの世に生を受けて以来、社会に受け入れられやすい方法で考えるように条件づけられている。この条件づけにより、真に独立した思考が難しくなっている。孤高の道をたどるより、多くの仲間と一緒の方が楽しいものである。後ほど、この大衆の思考形態について、その心理学的理由づけを議論するつもりである。

投資家は株価が上がるにつれてなぜ熱狂的になるかを、読者は考えたことがあるだろうか？　投資家は、マーケットが下がり始めたときになぜ売らないのだろうか？　なぜ、長い間株式を保有していたのに、あきらめて底で売ってしまい、その株式がリバウンドして新高値を狙うのをこぶしを握り締めて凝視するのだろうか？　逆張り投資家は、この3つの疑問すべてに答えることができる。

われわれは、開花した資本主義的民主主義の社会で生活している。資本主義が繁栄するには、大規模な、そして活発な需要家と供給者の集団が必要である。彼らが自由に独立して競争することによって、限りなく多様な品物やサービスの適正価格が決定されるのである。資本主義にとって、需要家と供給者のどちらかが、圧倒したままに運営されることは危険なことである。万が一、このことが生じると、マーケットは急騰したり、暴落したりする。そして、経済は病み、ついには死んでしまう。

われわれは、歴史上、教訓から学ぶことのなかった、投機が高じて生じた狂乱の多くの例を見ることができる。本書では、いかにオランダがチューリップ投機を通じて破滅に向かって突進したかを、またいかに1929年の大恐慌が始まり、なぜに投資上の伝説になったかを説明している。

要するに、われわれは、人々が取った行動の理由を検証し、大衆投資家

のミスからいかにしてリターンを得るかを説明している。
　ここが、究極の分析法である逆張り投資法の最も優れた点である。

第1部
逆張り投資法の大要

Contrarian Overview

第1章 逆張り投資法とは？

　私は、「アリゲーター原理」と呼ぶ売買ルールを持っている。それは、アリゲーターの捕食行動に基づいている。アリゲーターがだれかの脚をくわえている場面を想像してほしい。アリゲーターは、脚の端をくわえ、獲物がもがくのを待っている。脚を引き抜こうとして、口の辺りに腕を持っていけば、腕も脚とともにくわえてしまう。その動きは素早い。もがけばもがくほど、アリゲーターはしっかりと獲物を捕らえるのである。
　　　　──『メソッド・オブ・ウォール・ストリート・マスター』
　　　　　　ビック・スペランデオ

　読者は、アリゲーターに捕らえられた自分自身を想像したことがあるだろうか。投資ポジションが、自分の思惑に反して動くことを経験したことがあるだろうか。すなわち、損から脱出しようともがけばもがくほど、アリゲーターの歯が奥深く食い込んでくるのである。マーケットの回復を望んでも、ポジションはますます下がってしまう。何とかしようとしても、事態は悪化するばかりである。資産が減る苦痛で、体が折り曲がる。ついには、あきらめて、その株式を売却してしまう。ところが、その途端、マーケットが持ち直して上昇するのを胸をむかつかせながら見ることになる。アリゲーターは、ゆっくりと、かつ残酷に獲物を貪り食うのである。
　アリゲーターの捕食から逃れたかったら、すなわち投資成績が月並みであったり、悲惨であれば、その投資戦略を捨て去る必要がある。そのときこそ、逆張り投資法の登場である。
　逆張り投資法とは、一体、何であろうか。だれがそれを使用するのであろうか。そして、なぜそれを使用するのであろうか。いつ、それは意味を持つのであろうか。なぜ、より多くの投資家がそれを実行しないのであろ

うか。どうすれば、逆張り投資家になれるのであろうか。本書は、これらすべての疑問に答え、読者がこの洗練されたアプローチ法をマスターできるようにしている。それは、リスクがだんだんと少なくなるのに、リターンが大幅に増える投資へのアプローチ法である。

逆張り投資哲学

　逆張り投資家は、一般投資家がマーケットをどう予測しているかを注意深く観察する。彼らの予測が理解できないくらい極端になったとき、その予測とは反対側に投資する。ジャック・シュワッガーは、反対側に投資してリターンを得られる理由を、その著作の中で説明している。その本の名は『マーケット魔術師』である。それを以下に紹介する。

　「大多数のトレーダーと反対の行動をすることで、リターンを得ることが可能な一般的理論である。その基本的概念は、次のとおりである。すなわち、トレーダーのほとんどが強気になっている場合、価格がさらに上がると信じている市場参加者はすでにそのときポジションを買い持ちにしており、それゆえに、そこにはすでにこの状態に対する反対の流れが始まっていることを意味すると考えるのである。多くのトレーダーが弱気になっているときにはその反対のことが言えるのである」

　プロのトレーダーであるマーク・ライブリーは、逆張り投資原理についてより生き生きとした説明を行っている。

　「『１００万人のフランス人が間違うはずがない』という古いフレーズを聞くと、ある関係者はぞっとするに違いない。彼らは、マーケット心理を表す指標の利用に熱心である。その支持者は次のように主張する。もし、実際に、１００万人が何であれ、あるひとつの事柄について同意をみる日が実際に訪れるとすれば、彼らは正しいと言うより間違っている可能性の方が高いと言わねばならない。なぜか。それは、マーケット心理理論によ

れば、ある特定の状況やテーマについて大多数の個人が明確に同意しても、実際の状況は、彼らの認識と反対である場合が多いからである」
(High Performance Futures Trading, Joel Robbins, Probus Publishing Co.,Chicago, 1990, p291)

　われわれは、非常にシンプルな前提をもとに議論を展開したい。すべての人がある事柄を信じ、そして、それに基づいて行動すると、その反対の立場を取ることでリターンを得ることができる。ある銘柄を全員がブルの予測で買ったとしたら、だれがその銘柄をさらに買い、株価を押し上げるのであろうか。そのときにはすでに反対の流れが芽生えているのである。この反対の流れの芽生えに気づくことこそが逆張り投資家にとっての豊かな土壌を意味するのである。

■あるポートフォリオ・マネジャー（逆張り投資家）の回想
　１９９６年、ある大手タバコ会社が締結した喫煙者への法的責任に関する補償契約がタバコ株の急落を引き起こした。人々は、広がった恐怖をかぎとり、実際にそれを感じることができたのだろう。その悪材料でフィリップ・モリス社の株価は、１０％下がった。逆張り投資家は、同社の株式を購入したのだろうか。多くの人が敬遠するので、逆張り投資家はその株式に目をつけたのだろうか。答えは、ノーである。事実は次のとおりである。その当時、多くの投資家は、同社の株式を保有し続けることにした。その補償契約が意味する結果から、アナリストの意見は、真っ二つに分かれた。単純に多くの人が敬遠するという理由で同社の株式を購入するのは、この場合、真の逆張り投資家の行動ではなかったのである。必要とされているのは、真のコンセンサスなのである。マーケットについて極端な意見の偏りがなければならないのである。　　　　　　　　　　　　　　■

　次のことを仮定しよう。１０００人の商品取引のトレーダーがいる。彼

らはコーヒーを扱っていて、その相場予測はニュートラルである。そのときのコーヒーの需要と供給は、バランスが取れている。そのうちの５５０人は、買い持ちをしている。残りの４５０人は、その５５０人に対して空売りを続けている。マーケットの雰囲気がどちらかの方向に強く引っ張られているということはない。価格は１ポンド当たり８０セントで取引され、新聞の取引欄には「熱気がない」とか「静かである」と書かれている。

しかしその後、南米で壊滅的な冷害が発生したという噂が流れる。トレーダーたちは素早く行動する。すぐに１００人のベア・トレーダーがブル陣営に移ってしまう。残りの３５０人のベア・トレーダーは、その１００人に対し、空売りを続ける。現在の価格は１ポンド当たり９０セント近辺を推移しているが、それ以上高くなっても、彼らは空売りを続けると考えられる。その後、冷害の噂が事実であったと確認されると、突如、ほとんどすべてのトレーダーがブルに変身する。わずかに、５０人ほどがベアとして残るのみである。９５０人のブル・トレーダーは、できる限り多くのコーヒーを買い集める。冷害によって、９月までにほとんどすべてのコーヒーの供給がストップすると考えているからである。確かに９月ごろから、北半球ではコーヒーの大消費シーズンが始まる。

コーヒー相場以外のトレーダーも、この騒ぎに引っ張り込まれ、ベア側を圧倒する新規の購入資金が参入してくる。買い方の狂乱とも言うべき状態が価格を１ポンド当たり２ドル５０セント以上にまで押し上げる。

やがて、２人の有名なコーヒー・トレーダーが破産したというニュース（彼らは間違ったサイドに賭けてしまったのである）が流れる。参加者全員は、このマーケットに敵対する賭けは無謀であるばかりか自殺行為であると考えるようになる。まさにこの時点において、コーヒーを買うつもりの人は、みんなすでに買ってしまった。もう買い方の人間はひとりもいない。

翌日、コーヒー相場は、前日の20セント高の2ドル70セントで始まる。しかし、この価格は究極のピークであることが分かる。コーヒー評論家によるハラハラするような強気の予測（例えば、４ドルまで上がるというものである）がみんなをここまで引っ張ってきた。最後の買い方がすでに参

入してしまったことによって、価格は反転し始め、２ドル２０セント以下まで下がってしまう。その下げを説明するどんなニュースもないので、多くのブル・トレーダーは買い持ちを続ける。翌日、さらに多くの空売りによって、買い方は追証に見舞われる。そこにコーヒー豆生産者（農場主）が強力な売り方として参戦してくる。彼らは、自分たちの作物を高値で売却する機会を逃したくない。コーヒー価格は急落する。ある日、ブラジル政府が驚くべき発表をする。その保有しているコーヒーをマーケットに投入する、というのである。ブルに最後の審判が下る。今や、トレーダーは４００人のブルに対して６００人のベアに分かれる。マーケットが下がるにつれて、売り方に回るトレーダーの数が増えていく。彼らは、そのまま模様眺めをするか、公然とベアに転向してしまう。底値付近では、ブルは力尽き、多くのトレーダーがベアになってしまう。力尽きることがなかったり、ベア側に転向しない場合でも、相場に対して関心を失ってしまう。その後の数カ月間、コーヒー相場は何事もなかったように、１ポンド当たり９０セント近辺を推移するのである。

■あるポートフォリオ・マネジャー（逆張り投資家）の回想

　投資家は行動、すなわち、利益を生む可能性に魅力を感じ、引きつけられる。ある銘柄が長期間にわたって上昇してきており、実際にさらに上へと弾みがつけば、その銘柄はもっと強力にその銘柄を買い上げようとする新しい投資家グループの関心を引きつける。人は、過去をベースにして将来を直線的に予想する。しかし残念ながら、その道は続かない。人が未来は過去と同様になると考えたそのときに、その反対が起こるのである。■

　実際に大きなリターンを得られた例をもとに、逆張り投資法の考え方を検証してみよう。

　１９９１年に、シティコープの株式は、１株９ドル前後で取引されていた。当時は、不景気の真っ最中であった。アナリストたちは、アメリカ最

大の銀行に対して引導を渡した。資本ベースは、政府が定める最低額を下回ってしまった。不動産投資の失敗や第三世界への貸付債権などの不良債権の焦げ付きの結果である。ある程度の流動資金を確保する必要があるので、無配に転落すると考えられる。アメリカ最大の銀行は、今や倒産寸前のようである。シティコープの株を「買い」と格付けするアナリストはほとんどいなかっただけでなく、ほとんどの熟練アナリストはこの株式を買わないようにと言っていた。

１９９７年の中ごろ（本書の執筆中）に、シティーコープの株式は１株１３０ドル近辺で取引されている。数人のアナリストは、この株式はいまだ買える水準であると言っている。その理由は、その銀行が強固なリテール店舗網、明確なグローバル戦略、そして盤石な財政基盤を持っているからである。この銀行は復配し、自社株を買い戻している。ウォールストリートの専門家の多くが、その株式がいまだ上昇する可能性があると考えている（シティコープのケースは、逆張り投資家に対して非常に役立つので、本書の後半に、逆張り投資法の完璧なケーススタディとして載せている）。

１９９１年に、シティコープの株式を１００株購入した投資家にとって、売買手数料込みで支払った１０００ドルの代金は配当を含めなくても、１万３０００ドルほどに増えた。何人の投資家がこれと同じ動きをしたであろうか。たぶん、極めて少ないと言わねばならない。シティコープの件はケーススタディとして、後ほどさらに詳しく取上げるつもりである（第７章後半）。

極端なマーケット心理を利用するのが逆張り投資法の真髄である。もし株式を購入したいなら、人気のない株式について、産業について、そして時には海外マーケットについて、悪材料が広範囲に受け入れられ、「新安値を探る声」が強調されているような状況を探すべきである。もしあなたが売り方であるなら、投資家のほとんどすべてが「好材料」を認識している状況かどうかを判断しなければならない。そのように広範囲に持たれた強気な見解はしばしばぼんやりと見える問題を無視するのである。

逆張り投資法には、強靭な胃袋は必要ではない。不人気株で構成されるポートフォリオの組み立て方法が、本書の中に述べられている。それを利

用することによって、他の投資家より実際に少ないリスクで市場平均を凌駕するリターンを得られることが調査によって示されている。逆張り投資法をよりよく理解するために、その他の2、3の例を検証してみよう。どのような場合に、大多数の投資家の予測に反して賭ければ、大きなリターンを得ることができるだろうか。

ゼロックスを取り上げてみよう。1991年初頭に、その株式は10ドル以下で低迷していた（1対3の株式分割の調整後）。配当は、1ドルであった。この価格では、この配当のみで株式を購入した投資家にとっては株価が上がらなくとも、最初の投資金額に対し年利10％の利子を永遠に稼げることを意味している。

ゼロックスは向こう見ずにも、危険な不動産市場に手を出した。その後、保険業や投資顧問業にも手を広げた。その多角経営ぶりは、収益を上げるどころか、その足を引っ張ってしまったのである。さらに悪いことに、ゼロックスの主要市場である国々の経済が最悪になってしまった。そこにある企業が、新しいコピー機やプリンターを購入しなくなったのである。

しかし、1997年の中ごろには、ゼロックスの株価は80ドルまで上昇した。アナリストは買いであると考えた。彼らの何人かは、それが最善の買い物件であると推奨した。ここで誤ってはならない。ゼロックスは、現在もいい会社だ。しかし、9ドルで購入した投資家は1000ドルの投資が8000ドルに増えたことを経験してきている。しかもこの金額には、それ以外の逆張り投資の資金として使うことのできた年10％の配当は含まれていないのだ。ゼロックスについてさらに詳しいことを知りたければ、第11章の終わりのケーススタディを読んでほしい。

他にも、逆張り投資法の好例がある。それらは、クライスラー社（1970年代末期と1990年代初めの2度も）、インドのボパールの大事故（有毒ガスが漏れて、何千人という住民が死亡してしまった）の後のユニオン・カーバイド社、そして、スリーマイル島の原発事故後のジェネラル・パブリック・ユーテリティーズ社である。これらの会社は、いわゆる、"醜い大会社"であり、困難に直面するたびに株価は下がり、その修正が必要となることで知られている。あまりにも巨大な会社であり、倒産させ

ることはできないのだ。

　逆張り投資法の買いのコンセプトは、ある会社が絶望の真っただ中にあるときに始動するというものである。大会社の株式に限定されることはない。多くの小さな会社が同種の問題を経験しているからである。すべての種類の資産が逆張り投資法に向いているときがある。１９９０年代初頭には、金は投資に適さないとの一般的認識があった。金の価格は下がり基調で、１オンス当たり３３０ドルになり、しばらくその価格で停滞していた。当時のアナリストの解説では、次の動きは３００ドル以下を目指すと言っていた。しかし、３３０ドルが底値で４００ドル以上に上昇してしまったのである。

　逆張り投資家は、すべてのマーケットで活躍できる。１９９０年代を通じて、世界の投資業界は、日本の銀行システムには重大な問題が隠されていることに気がついていた。日本のバブル経済が破綻し、その株式市場も破綻した。日経平均は、３万９０００円の最高値から６８％も下がってしまった。日本政府が日本の各銀行に対して、含み損を明確にして、償却するよう強く指導することを決定したとき、東京市場は回復し始めた。

　１９８０年代後半のアメリカの銀行問題（シティバンクを思い起こしてほしい）に極めて似ている状況であるにもかかわらず、多くの投資家は日本への投資を控えてしまった。銀行が公式に認めた含み損問題をその理由としていた。しかし、結果的に、日経平均は、数カ月以内に５０％以上も反騰したのである。彼らは絶好の機会を逃した。

　商品取引にも逆張り投資法の考え方を応用することができる。１９８０年代初頭に、原油価格は１バレル当たり４０ドル以上であった。２０世紀の終わりまでには、１００ドルになると広く信じられていた。このブルな予測は、原油価格がピークに近づいていることを示すシグナルであった。価格が次第に下がって１２ドルになったとき、人々は１０ドルあるいは８ドルへと、新しい底値を探る展開が始まったと言い始めた。これらの「新安値を探る」という言葉は、原油価格が底値であり、やがて反転上昇することを示すシグナルであった。

　もうひとつ例を挙げよう。

■あるポートフォリオ・マネジャー（逆張り投資家）の回想

　１９９２年に、ウォール・ストリート・ジャーナル紙の小さな記事に気がついた。それは、ある大手保険会社が、ゴールド・ミューチュアル・ファンドを清算することを告げていた。金への投資家の興味がかなり薄れており、その会社はもはやそのファンドの採算性のある運営が困難となっていたのである。解約が相次ぎ、このファンドは採算が取れないほどのサイズとなってしまった。このことは、私の逆張り投資家としての本能を呼び起こした。彼らがこのファンドを維持できないということは、金価格の反転が近いのではないか。金市場を見てみると、１オンス３２９ドルを示していた。その当時、金についてのアナリストの解説はあまりなかった。それは、金市場への関心がないことを示していた。過去１０年間も下がり続けたからである。それでもよかったことは、見つけることのできた生半可な解説記事は、無関心であるか、正真正銘のベア相場のどちらかを表していた。新安値を探る動きから、金価格が１オンス当たり２８０ドルに下がるという予測記事が出てくるかもしれない。金価格が、１９０ドルまで下がる可能性を論じた新聞記事を読んだとき、そのマーケットが反転することに明確に気がついた。

　われわれは、ゴールド・ファンド、金関連銘柄、そしていくらかの金塊を買い始めた。次第に、これらのポジションが増加し、結局、数百万ドルを投資したのである。なぜ小さな記事に目が止まり、それに関心を示したか。最初、それは幸運であったからだと考えていた。しかしその後すぐに、次のことに気がついた。私の「幸運」は、日常できるだけ多くの新聞や雑誌に目を通すようにし、常に逆張り投資の考え方で新たな投資機会を探すことに気を使っていたことから生じたのであろうと。　　　　　■

　逆張り投資家として成功するには、普通と異なった思考をしなければならないということ以上のものが要求される。普通と異なった思考がすべてだとしたら、だれでもこのアプローチ法を取り入れたいと考えるであろう。逆張り投資家であることは、一般投資家と意見を異にするということだけ

ではない。その異なった意見に基づいて、始動する時期を知ることである。それは、マーケットの極（陰の極あるいは陽の極）を探し出すことである。ある株価がその適正価格より激しく下がったときに買うことであり、ある株価がその適正価格よりかなり高く買い上げられているときに空売りすることである。

　金の例が示すように、マーケットの極で投資家心理を判定することは、極めて主観的である。まさにその点で、多くの人々は間違いを犯してしまう。逆張り投資法に基づいて始動するには、本当にマーケットが極になければならない。次のような場合には、マーケットが極にあると言えるだろう。すなわち、１オンス当たり８７５ドル以上の金価格が、その１０年後に、そして１０年間のインフレが続いた後に３２９ドルになる。そして、人々は、１９０ドルまで下がると信じている、というようなことである。３２９ドルに下がることは重要なことではない。１９０ドルに下がるかもしれない。しかし、人々がこの種の下げ予測を声高に主張し、企業がゴールド・ファンドを解約し、金関連銘柄を保有する人や金の見通しについて強気な人がほとんどいないとき、それがマーケットの極を提供していることになるのである（あなたは、１９９２年の金相場でブルの立場を取ることができたであろうか）。

逆張り投資法の指標

　逆張り投資法にとっての重要点は、投資の方程式から多くの主観性を取り除くことである。われわれは簡便に利用できる指標を開発した。投資家心理を表すものとして利用するこの指標は、逆張り投資向きの銘柄を見つけだすのに役立つ。また、いつそれを購入すべきかを教えてくれる。さらに、この戦略の中に確立されたルールが、その銘柄をどれだけ保有すれば最大のリターンを得られるかを教えてくれる。そして、資産減少のリスクを低減させることができる。このアプローチ方法の各部分は、他の人々の研究によって、その有効性が証明されている。それらの人々は、学者、証券マン、そしてその他の投資専門家である。われわれは読者のために、こ

の指標を単純化して提示する。

われわれは読者が本書を読み進む間にもこれらのルールを心の中にとどめて置けるよう、この初めの時点でこれらのルールについて強調しておきたい。現時点で、これらのルールは、多くの人には何か変なものに見えるか、しっくりとこないかもしれない。しかし、心配する必要はない。われわれとともに、逆張り投資法の歴史、投資家心理、そして、この考えを支持する研究の存在を知れば、必ず理解することができる。

買いのシグナル

「半値下げ買いルール（down-by-half rule）」と呼ぶものを最初に取り上げたい。逆張り投資家が始動するには、過去１２カ月間に、その銘柄は最高値から少なくとも５０％下がらねばならない。言い方を変えれば、逆張り投資家の投資対象とするには、４０ドルの株価は２０ドルに下がらねばならないのである。しかし、これは単なる出発点にしかすぎない。さらに、次に述べる幾つかの追加基準の少なくともひとつが合致しなければならない。

１．内部者（インサイダー）による、またはウォーレン・バフェットのような精通した投資家による多額の株式取得があること。内部者による多額の取得とは、少なくとも１２万ドルの規模でないと重要な指標にはならない。この金額は平均的な内部者による取得の２倍である。株価が５０％値下がりして内部者の買いが生じれば、事実上、自動的に購入すべきである。あるいは、

２．次に述べる４つの基準のどれか２つが合致すること。
●株価収益率（ＰＥＲ）が１２倍以下
●株価フリー・キャッシュフロー倍率（ＰＦＣＦＲ）が１０倍以下
●株価売上高倍率（ＰＳＲ）が１．０倍以下
●株価純資産倍率（ＰＢＲ）が１．０倍以下

企業の経営陣交代や株式の買い戻しはそれ自体では、われわれの正式な指標ではない。しかし、それ以外の指標と組み合わせたときに、追加的なブル指標とみなすこともできる。

売りのシグナル

ある銘柄の価格が購入価格より５０％上がるか、あるいは購入から３年後のどちらか早い方の時点で、売却しなければならない。例外は、かつて問題を起こした企業の業績予想がかなり改善されているときと、株価がいわゆる「心配の壁（wall of worry）」を登っているように見えるときである。

リスク・マネジメント

１．例えば、購入価格から２５％下がったら自動的に売るという、取り消されるまで有効な逆指値（ストップロス）を置くことである。この逆指値が実際に機能したときには、その株を後で再度買うことができる。しかし、それは、最初に購入したときよりも価格が高くなったときだけである。

２．ポートフォリオの中身を多様化すること。それは、２５～３５種類の銘柄で構成されなければならない。どの銘柄もポートフォリオの５％以上になっていないこと（３％が望ましい）。

３．ポートフォリオの１５％以上を、同一の考えやテーマ（例えば、金や公益事業株など）に従って運用しないこと。１０％以下が望ましい。

４．配当は、現金の形で保有し、すぐに再投資しないこと。逆張り投資法による次の投資チャンスに賭けるためである。

これらのガイドラインを併用することで、逆張り投資にかなった銘柄の売買についての規律あるアプローチ方法を習得することができる。われわれの買い指標は、ある特定の銘柄についての極端な意見を定量化し測定す

るのに用いられる。言い換えると、これらの指標は、極端なマーケット心理を示す代理人と言うことができる。われわれは、正しくこの極端なマーケット心理を探し出そうと努力しているのである。

　研究すれば、次のことが分かる。われわれの戦略のどの部分も、マーケット全体より大きいリターンを稼ぎ出している。われわれは、銘柄選定に使用できる一貫した、また規律のあるアプローチ法を協力して作り上げた。その特徴は次のとおりである。
- ●買いの指標は、長期的に市場平均以上のリターンを得ることができる
- ●売りの指標は、常に難しいはずの売却決定を容易にする
- ●リスク・マネジメント・ルールは、獲得した利益を確保し、損失を限定することに役立つ

　ここで強調してきたルールは、逆張り投資戦略のすべてではないが、その重要な部分は説明している。すなわち、**逆張り投資家は天井では買わないし、谷や底では売らない**、ということである。一般の投資家とは全く反対である。すべての投資家が、安値で買い高値で売りたいと思っているが、実際にそうしているのは逆張り投資家なのである。

　逆張り投資家が一般投資家と違う行動を取るときに、一般投資家は、個々の銘柄、ある特定の業種、マーケット・インデックス、または商品をすでに極端な価格まで押し上げている。当然、それは、逆張り投資家が安値で買って高値で売ることを許す結果になる。前述のコーヒーと金の例を思い出してほしい。逆張り投資家は、１オンス２ドル５０セントという異常に高い価格では決してコーヒーを買うことはない。その時点の投資家の予測が明らかにブルすぎたからである。金が８７５ドルのときも買わなかった。そのときは、投資家心理が非常識なほど強気だったからである。

　簡単に言えば、逆張り投資家はこれらのガイドラインを使用することで、ほとんどすべての投資家が買いを控える銘柄にしか触手を伸ばすことはない。ある会社の株式の悪材料を多くの投資家が話題にするだけでは十分ではない。その株式への嫌悪感が株価に反映されなければならない。つまり、前掲の４つの基準レシオを使って分析したときに、その株価が叩きに叩か

れたものでなければならないのである。

　ある予測を持つこととその予測に基づいて行動することは、全く違う。われわれが敵対したいと考えている投資家は、ある投資テーマについて、賛成、あるいは反対であると言うかもしれない。しかし、彼らがその信念に基づいて行動しなければ、逆張り投資家の興味を引くほどにマーケットが極に至ったとは言えない。

　マーケットの天井および底付近では、これは本当のことであると言える。天井では、投資家はすべての資金をマーケットに投入してしまう。それは、その相場をさらに押し上げる資金のないことを意味する。底では、すべての資金をマーケットから回収し、マーケットが明確に回復基調になるまで、資金投入はしない。

　だれもが間違うと信じることは、バカげたことかもしれない。しかし、歴史を振り返ると、これがいつでも起きていたことが分かる。すべての国を襲った注目すべき熱狂の幾つかについては後述する。ここでは、歴史上起こった有名な予測の例（多くの人が信じていたが、結果的に間違っていた）を挙げる。

　１．ハリー・トルーマンは、１９４８年の大統領選挙で敗れるであろう。

　２．クウェート占領時、イラクは多国籍軍にとって恐るべき強敵となろう（湾岸戦争の開始早々から、株式市場は下がると広範に信じられていた。ところが、現実は全く反対であった）。

　３．寄せ集めのアメリカの植民地開拓者は、世界最強の軍事大国を打ち負かし、独立を勝ち取ることはできないであろう。

　４．連合国の上陸作戦はノルマンディーでは行われないであろう。

　５．ドイツ軍が大量にロシア国境を侵犯していると報告を受けたときでさえ、スターリンは、ドイツが攻め込むとは信じていなかった。

　軍事占領において、あるいはその他の戦争の形態（ある件に関して、政治的努力が行われるときに、それを"キャンペーン"と称することが、結果的にその戦争的性格を強調することがある）において、大多数の人は、その思わぬ展開に驚くのである。前世紀から今世紀にかけての偉大なマー

ケットの戦術家であったジェラルド・ローブは、「投資の世界での生き残りを賭けた闘い」という著作のひとつで、投資についての彼の見解を明確に示している。成功した投資は、成功した軍事キャンペーンと同様に、潜在的に意外な事実とか計算違いを伴うものである。逆張り投資家は、この事実を理解している。そして、それを有効に利用する。

　確かに、逆張り投資家は、金価格が長期にわたって下落した後に、金を３２９ドルで購入し、結果的には２５０ドルあるいは２００ドルまで下がることになるかもしれない。それは、すべての投資が本来内包しているリスクである。この種の計算違いを取り除く方法はない。しかしまた、逆張り投資家が、一般の投資家が沸き立っていることに左右されずに、自分の好む銘柄に資金を投じるのも事実である。彼らは、その一般の投資家の高揚あるいはパニックを自分たちに有利になるように利用するのである。

　大多数の反対に賭けるというメンタリティによって、逆張り投資家は、投資リスクを低減しているのである。予測が間違ったときでさえ、彼らはポートフォリオを滅茶苦茶にする痛烈な下げを見ることはない。彼らは、暴落のリスクを限定する戦略を取っているからである。

逆張り投資法の思考の難しさ

　普通の人が、逆張り投資家のように考えることは難しい。少なくとも、最初はそうである。どうしても噂に引きずられるからである。周りのすべての人が株式市場についてブルであるとき、その反対側に賭けるチャンスを探しているということは頑健な神経と独立心を必要とする。だれでもそれに適した資質を持ちたいと思っている。しかし、逆張り投資家は、孤高の思考家にならねばならないのである。そして、一匹狼であることに快感を覚えるようでなければならないのである。実際、ひとりになることは熱心な逆張り投資家への第一歩である。

　逆張り投資家は、しばしば、引き金を引くのが早すぎる。それは、彼らのマーケット予測が少数意見であるのみならず、時には、その決定が間違っている場合もあるからである。話しかける人のほとんどが反対の意見を

持っているとき、孤高を保つことは落ち着きを失わせるものである。カクテル・パーティー会場にいる自分を想像してほしい。そこでは、参加者全員が株式市場に対して強力なブルの立場を取っている。その中で意見を聞かれ、マーケットがすぐに反転して下げると予測すると、不愉快な感じになる。じっと見つめるまなざし、無言の反応、飲み物の中で溶ける氷を想像してほしい。逆張り投資家であることは、真に孤独になることがあるのだ。しかし、逆張り投資家が利益を得るためには、逆張り投資家の株式売買に対して、その他すべての投資家は間違っていなければならない。

■あるポートフォリオ・マネジャー(逆張り投資家)の回想

　金市場への投資を開始したときのことをよく覚えている。ひとりの顧客が電話をかけてきたからである。彼は、化粧品会社を退職した元重役であった。彼は、われわれが金を保有しているポジションは本当に正しい方向にあるのかどうかを聞きたいといった。彼は、土曜日にいつもの４人でゴルフをした。そのとき、自分の金投資について話したところ、仲間に笑われて、屈辱を感じたのだ。もちろん、私はそれを聞いたとき、それと全く違ったことを感じた。再確認である。実際、われわれは、正しい方向に走っていたのである（彼の持ち分を約１年後に売却したが、３０％のリターンがあった）。　　　　　　　　　　　　　　　　　　　　　　　■

　いわゆる、第二の性格になるまで、逆張り投資家としてのものの見方を訓練しなければならない。あるときだけ逆張り投資家になることは、全く逆張り投資家ではない立場よりも危険である。多数意見と少数意見の間を常に行ったり来たりしているようだと、逆張り投資家の直感を育て、練磨することはできない。成功するには同じ立場を貫かなければならない。
　逆張り投資家は、根っからの懐疑論者である。彼らは、聞くもの、読むもの、見るものすべてに疑問を持つようにしている。この態度は、彼らが他人の言動に信頼感を持っていないということを意味しない。彼らは、うその情報をまき散らす陰謀があるとは信じてはいない。彼らは、逆張り投資法の物差しに合わせて、物事を見るだけである。そのとき、必ず次のよ

うに自問する。「この一片の情報は、一般投資家の意見を極端なところまで動かすであろうか?」

多くの人は、逆張り投資家の本質を誤解している。彼らの逆張り投資家に対するイメージは、陰気な悲観論者で、へそまがりで、決して幸せになれない不機嫌な気難し屋というものである。逆張り投資家がなぜそのように見られ始められたのかは定かでない。しかし、パーティーの席上で他のすべての人がブルの立場であるときに、あなたがベアとして話をする場合、追従の言葉を期待してはいけない。そして、世間が最も悲観的で、逆張り投資家が楽観的でブルであるとき、人々は逆張り投資家を「おかしくなった」とか「現実離れ」した人間であるという見方をするかもしれない。もちろん、われわれは、その反対が正しいことを知っている。「夜が明ける前が一番暗い」という古くから人々の間で言い伝えられている言葉を覚えているだろうか? 逆張り投資家が、最初にそれを言ったのである。

完璧にひとりであると考える必要はない。逆張り投資法には、長く著名な歴史がある。1841年に、チャールズ・マッケイは、大衆行動を主題とした本を書いた。その本の名は、『狂気とバブル——なぜ人は集団になると愚行に走るのか』(パンローリング)(この著作は、今でもニューヨークのクラウン・トレード・ペーパーバックから出版されている)というもので、とても影響力のあるものであった。この本は、大衆がいかにしてオランダのチューリップ球根とか、企業としての実体のない会社の株式とかへの投機的取引にのめりこんでしまうかを説明している。

エドウィン・ルフェーブルが書いた『欲望と幻想の市場——伝説の投機王リバモア』(東洋経済新報社)は、1923年に初版が発行された。逆張り投資法にとっては、現在でも貴重な本である。1954年にハンフリー・B・ネイルは、『The Art of Contrary Thinking(逆発想の素晴らしさ)』(The Caxton Printers, Caldwell, OH, 1954)という本を書いた。ネイルは、近代の逆張り思考についての研究での第一人者として認識されている。その25年後に、デビッド・ドリーマンが、逆張りの発想法について2冊の本を書いた。『Contrarian Investment Strategy(逆張り投資戦略)』と『New Contrarian Investment Strategy(新逆張り投資戦略)』(両書とも、

Random House, 1979&1982）である。低株価収益率（ＰＥＲ）を使用して、逆張り投資戦略を概説している。

　ここ数年の間に、バロンズ誌は、アラン・エベルソンの筆で、逆張り投資法の特集記事を組んだ。そこには、洞察力のある鋭い分析がしてあり、逆張り投資家の思考傾向形態が紹介されている。

　今日、逆張り投資原理は、相変わらず誤解されている面もあるが、総じて敬意を払われている。ひとりの真の逆張り投資家に対して、仮面を被った１００人のニセ逆張り投資家がいる。多くは、バリュー運用をする投資家である。彼らは、しばしば、逆張り投資家と同じ銘柄を買うことがある。しかし、バリュー運用をする投資家は、単に割安株（その本当の価値に対して株価が割安である）を探しているだけであって、マーケット心理が極になったことに興味があって買ったわけではない。ある投資家が人気のない側に立ち、不特定多数には同意しなかったり、安値で取引されている銘柄を買ったからといって、逆張り投資家になるわけではない。逆張り投資家は、マーケット心理の極に興味があるのであって、単純に大多数の意見に反対というわけではないのである。

　また、逆張り投資家のものの見方は、投資に関しての単なる入口と出口に関するテクニックなのだということを記憶しておくことは極めて重要である。逆張り投資家は、売買の正しいタイミングを探している。そして、どの時期が正しいかについて、大多数の投資家の意見を参考にする。しかし一度ポジションを持てば、大多数の投資家がそれに同調するように望むものである。そして、その間は彼らとともに過ごすことになるのである。多数の投資家だけが望ましい利益を得るのに十分なだけ、価格を押し上げたり、押し下げたりすることができるのである。人は、ある銘柄を購入した後、自分の見つけだした銘柄が割安であるということに、他の人にも気づいてほしいと考える。その株価を上昇させるためにどっと参入してほしいのである。

　大多数の投資家はすぐに同調し、何に気がついたかを見いだそうとする。それゆえ、割安株を購入するや否や、素早く頭を回転させて、流れに乗るようにしなければならない。これが逆張り投資法の抱える大きな皮肉であ

る。実際には、逆張り投資家は大多数の投資家とともに時間を過ごすのである。逆張り投資家が売買するとき、大多数の投資家は相場の天井や谷や底では間違っているが、その中間では逆張り投資家に同調する。逆張り投資家は、買いに当たっては大多数の投資家がそうする前に市場に参入しようとし、売りに際しては大多数の投資家がそうする前に市場から退却しようとするのである。

　逆張り投資法が、銘柄選択にとって、リターンの多いものであり、知的刺激を与えてくれるものであり、また楽しいアプローチ法であることが分かった。逆張り投資法とは、固定観念を捨てて、独創的な考え方をするために新しい思考法やアイデアを模索することである。結果として、それは人を束縛から解放する。また、飽き飽きした他人依存の姿勢から脱却させる。約束された土地に導いてくれる指導者を探す果てしない旅を止めることができる。これからあなたが見つけることは、あなたが探求していることの答えはあなた自身にあるということであり、あなたにとって大変に素晴らしいことなのである。

第2章 逆張り投資法の優位性

あたかも助けてくれる友人が世界中にひとりもいないかのように、ひとりの男が自分の仕事を始めようとしている。
　　　　　　——ジョージ・サビル、ハリファックスの侯爵

　逆張り投資法は、いわば孤独な旅と同じである。しかし、その旅の終点にはリターンが待っている。過去の過熱した投機的動きを研究してみると、大多数の投資家はひとつのアイデアに飛びつき、そのまま不合理なほどの極まで引きずってしまう傾向がある。その結果、大衆は、初めはある銘柄の騰落予測にすぎなかったものを、最後はあたかも宇宙の不変の法則として受け入れるまで、その考えを何度も反芻し、さらに強固なものにする。人は以上のように思考する傾向にある。自立した強い信念が欠如しているために、大多数の投資家の意見を自分自身のものとして取り入れてしまう。しかし、逆張り投資家は、これらの大多数の投資家の意見が極に達したところを利用してリターンを得ることができる。
　逆張り投資家が優位な点は、高値で株式を買わないことである。マーケットの破壊的狂乱に屈服することはない。高値とは、大多数の投資家が価格の上昇を予測した結果である。２４ドルから６０ドルへと暴騰した銘柄があっても、逆張り投資家は４０ドル、５０ドル、あるいは６０ドルを支払って、それを購入することはない。逆張り投資法の真髄はこのような買いをしないことである。逆張り投資家は大多数には絶対に従わない。その代わりに、４０ドルあるいは５０ドルから下がって、２０ドル、２２ドル、あるいは２５ドルになる時を待つのである。
　もちろん、大きな暴落の後だからといって、もうそれ以上の下げはないとは言えない。その銘柄を２４ドルで購入して、底値で買ったと信じるこ

とがあろう。しかし、その後、１６ドルまで下落することがある。このケースでは、２４ドルは高値と言わばければならない。

そのような計算ミスは論外として、逆張り投資家が誇大に宣伝された銘柄、またあまりにも広範囲な対象への投資を避けることは正しい。それらは、多くの投資家にダメージを与える恐ろしい下げへの準備をすでに整えているからである。そして、逆張り投資家はそのような大暴落の後でのみ購入するので、下げ相場のときでも、ポートフォリオの価格はあまり下がらない傾向にある。逆張り投資家が購入する前に、これらの銘柄はベア相場を経験しているのである。

逆張り投資家は優位な立場に立っている。下がった後で銘柄を購入するからである。彼らは、高すぎる株価には、投資しない。

大多数の投資家の反対に投資する

大勢と反対に賭けることが愚かに思えるならば、大多数の投資家の行動をよく考えてほしい。右肩上がりの相場では、だれでも成功を収めることができる。ことわざにあるとおり、上げ潮はすべてのボートを持ち上げる。多くの投資家が、その潮に乗って、保有株式が上昇するのを経験している（次の格言がこの場合に当てはまる。すなわち、「頭脳とブル・マーケットを混同してはならない」）。しかし、投資家の勇気はベア・マーケットで試される。ベア・マーケットが長引けば長引くほど、試練の度合いは強くなる。われわれは、多くの投資家が天井で買い、底で売る傾向があることを知っている。彼らはすべきことの反対をしているのである。これらの投資家は、大多数の投資家が損失を被っていても、彼らと一緒であることに安心しているのである。

理論的には、多くの投資家が大きな勝利者になることは可能である。彼らは、必要なツールを持っているからである。一部の投資家は、実際に、マーケットを打ち負かすことだろう。そして、ポートフォリオの資産価値が増えるに違いない。しかし、そのグループの４分の３、あるいはそれ以上の人の投資収益がマーケットのパフォーマンスを下回っている。友人や

職場の同僚を思い起こしてほしい。多くの人が株式資産を持っているが、そのうちの何人が、満足できるリターンを得ているだろうか。もし大多数の投資家がある意見を持っていて、すべての人がその意見に基づいて行動を起こしていたならば、その株価をさらに同一方向に動かし続けるに足る新規の資金はもうないということになる。

例を挙げよう。マーケット全体を３人の投資家で構成していると仮定する。投資家Ａは、ＸＹＺ社の株価が２０ドルで割安と判断し、それを購入した。その次に、投資家Ｂが同社株を２２ドルで購入した。最後に、投資家Ｃがその株を勧められ、２３ドルで購入した。ＸＹＺ社の株式はもうそれ以上に上がることはないだろう。株価をさらに押し上げる投資資金がマーケットに残っていないからである。だれもがブルであり、そしてそれがゆえに、間違った予測をする予備軍と言える。今やこの株式は、下げの可能性しかない。

多くの研究が、この事実の正しいことを証明している。なぜ、投資家たちは異常なレベルまで、株価を競り上げるのだろうか。そして、なぜ彼らはマーケットの底付近で、かくも悲観的になるのだろうか。研究がそのことを解明している。

好材料、悪材料、そして「半値下げ買いルール」

カンザス大学経営学部助教授のジョン・Ｓ・ハウの書いた本を読めば、逆張り投資家の優位性について、よく理解できる（Evidence on Stock Market Over Reaction, John S. Howe, Financial Analyst's Journal, 1986/7-8, p74-77）。彼は、株価変動について研究した。好材料や悪材料をもとにどう変化するかを調査したのである。

彼の定義では、価格が５０％上昇したことのある株式が"好材料株"である。その逆に、５０％下落したことのあるものが"悪材料株"である。アメリカ証券取引所とニューヨーク証券取引所の１９６３年から１９８１年までの株価変動をもとに、好材料や悪材料が現れた翌年の株価変動を詳しく検証した（例えば、１９７６年１月１５日から１９７７年１月１５日

の１年間で、株価５０％上昇を経験した株式のパフォーマンスは、５２週周期で変動することが計測された。このケースでは、１９７７年１月１５日から１９７８年１月１５日である）。彼の発見は、問題をうまく解明している。

「特に（好材料によって）一度高騰した株式はその後の５２週の間、低迷し、その結果、その株式からの投資リターンはマーケット平均の３０％以下であった。この期待外れの投資成績は、ある事柄が起きた直後の短期間に集中して現れたのではなく、ほぼ１年間にわたって見られたのである」（Howeの前掲書, p76）

言い換えると、一度高騰した株式のその後の１年間は、他の株式が上がっているときでも上がらないことに気がついたのである。高騰した株式とは、ハウの定義によると、５０％の上げを経験したものである。

その裏面もある。短期間では、"悪材料株"の方がマーケット全体より上がっているということである。５０％の下げを経験した株式が"悪材料株"と定義されるが、その後の１年間で、その株価上昇率はマーケット平均を抜く傾向がある。この株価上昇には、"好材料株"と違った性質がある。「この反騰の大部分は、暴落後の５週間以内に起こったものであり、さらに多くは最初の週に起こりやすい」（Howeの前掲書）

ハウの業績がわれわれに教えてくれるのは、悪材料で買い、好材料で売るという逆張り投資法は事実に基づいているということである。しかし、ハウの発見をもとに、リターンを得ようと目論んでいる逆張り投資家は、そのためには素早い行動を起こさねばならない。だが、それは実際にわれわれが望んでいるやり方ではない。

ハウは、２つの観察報告をしている。それらは、投資家に正しい方向を示すものである。

- 投資家は、一度大きく上昇した銘柄の持ち株数を減らすべきである。あるいは、ポートフォリオからその銘柄すべてを除外すべきである。
- 投資家は、ある銘柄が暴落すれば、反騰を期待し、その銘柄を購入したがる（Howeの前掲書）。

ある銘柄の反騰を期待して買うというのは、逆張り投資家が求めているものとは異なる。そのような落ち着きがなく、忙しい取引では熟考する時間がなく、売買コストが利益を上回ってしまう。逆張り投資家は、大多数の投資家が不当に安く叩いた銘柄をその後に購入して、長期的な利益を狙うのである。この利益を得るには、有利になるように賭ける必要がある。これから、下記の逆張り投資法の最初のルールが導き出される。

　ハウは次のことに気がついた。株価が５０％下げたときは、絶好の買いシグナルである。つまり、過去１２カ月間において、少なくとも５０％の下げを経験しなかった銘柄は買うべきではない。

　ハウの業績では、次のことが分かる。投資家は上記のルール（５０％の下げを記録した株式は上がる傾向がある）に従うことで、決定的に有利な方に賭けることができる。
　逆張り投資家は、自分がその反対方向に賭けることのできるマーケットの極を探すために、他の投資家の意見を評価する。マーケットに参加している投資家ひとりひとりに意見を聞くのは不可能なので、マーケット心理を表す何らかのシグナルを探すことになる。価格が半分になった銘柄は、大衆にめっきり人気がなくなってしまう。「半値下げ買いルール（down-by-half rule）」という方法は、逆張り投資の分析法を定量化する出発点となるのである。逆張り投資家は、大多数の予測の反対側に賭けることで利益を得ようとしているので、投資家の失望で株価が５０％下がったときは検討に値するのである。逆に言えば、そのとき人気抜群の銘柄の購入を避けることである。すでに大きく高騰した株式は、その株価が下がる傾向にあるからである。
　この"悪材料株"を買って、"好材料株"を避けるという戦略には、心理学的根拠がある。ハウ助教授は、投資家が直近の情報をあまりにも重要に考えがちであるということに気づいた。この発見は、投資家が直近の悪材料を重視しすぎるので、その影響を受けた株価が適正価格よりさらに安くしてしまうということを、投資の世界では示唆している（Howeの前掲

書74ページ)。バッテリー・マーチの尊敬を集めたマネー・マネジャーのディーン・ルバロンはこのことを強調して、次のようなコメントを述べた。「概して、人々は、そのときそのときのニュースに過剰に反応しがちである」(Howeの前掲書)。今やわれわれは、投資家が上昇中の銘柄に対して、なぜよりブルになるかの理由が分かる。これらのケースでは、最も直近のニュースが現実的であると受け止められているのである。

　これらの観察結果は、逆張り投資法の戦略の魅力と、その核となる価値についても強調する。投資家は、直近のニュースに過剰に反応する。その結果、本来であればより説得的な売買の理由になる長期的視点を見失うのである。この過剰反応が、その企業の実際の長期的見通しに反する方向に行けば行くほど、この動きはより急速に修正される。例えば、ある健全な銘柄が悪材料によって暴落すれば、その株価は長期的には上昇するであろうという傾向はより早く現れてくるのである。

　これはまた、なぜベア・マーケットの期間がブル・マーケットのそれより短いのかという理由のひとつになる。

　ワーナー・デボン、そしてリチャード・ターレル両教授の意見は、一致している(1985年にワーナー・デボンはウィスコンシン大学マディソン校で、リチャード・ターレルはコーネル大学で教えていた)。『Does the Stock Market Overreact?(株式市場は過剰反応するか)』という本の中で、この2人の研究者はハウおよびルバロンと同じ結論に達したのである。すなわち、投資家は直近の情報は重視しすぎるのに、過去の情報は軽視しすぎであるということである(Does the Stock Market Overreact?, Werner F.M.De Bondt & Richard Thaler, Journal of Finance, 1985/7, p793-805)。例えば、直近のニュースが悪材料であれば、以前の好材料を忘れてしまうのである。また、もし直近のニュースが好材料であれば、その以前にあった悪材料を軽視する傾向がある。

　この投資家の近視眼的思考形態は、アマチュア投資家だけに限られたものではない。ワーナー・デボンとリチャード・ターレルは、「プロの証券アナリストと経済評論家は、同じ過剰反応をする傾向があるという多くの証拠」(De Bondt and Thalerの前掲書)にも気がついた。

デボンとターレルのこの発見は、人々が頼りにしているプロの資産運用者とアナリストはアマチュアの投資家とほとんど同じように過剰反応しがちであるという逸話の証拠ともなっている。１９６９年の株式市場の崩壊後、市場観察者は１９６７年から１９６８年の間、マーケットが加熱したとき、プロの関係者たちの判断力が貧弱であったということに同意している。十分な分析なしに、多額の資金をマーケットに注ぎ込んでしまったのである。彼らはブル・マーケットによって誘惑された。しかし、その後に続いたベア・マーケットは教訓となったのだろうか。

歴史は、ノーと言っている。１９７３年ごろ、これらの投資家は、"ニフティー・フィフティー（人気の５０銘柄）"に魅入られてしまった。彼らは、成長株とみなされている幾つかの銘柄（例えばインスタントカメラで有名なコダック社などの）を投資家が買えば、その人の将来は約束されたも同じであると考えたのである。その後、ほとんど５０％に及ぶマーケットの暴落が生じて、"ニフティー・フィフティー"の魔力は消滅してしまった。

ここで投資家は、やっと学ぶことができたのであろうか。１９９５年のテーマ株を見れば、やはり答えはノーであることが分かる。インターネット関連企業、半導体メーカー、あるいはハイテク企業全般に関連するものには多くの追従者が現れ、急激な株価上昇を記録した。真の投機的狂乱が発生し、そして、下げが準備されるにつれ、多くの優良会社の株式はすべての「ストーリー株」と一緒に不当な罰を受けてしまったのである。１９６９年から１９７０年の大暴落についてのデビッド・ドリーマンの以下の解説を読んでほしい。そして、１９９５年のハイテク関連銘柄狂騒劇という観点から、それについて考えてほしい。

「マネー・マネジャーたちは、ベンチマークより高いパフォーマンスを上げようとして、商いの薄い株式をポートフォリオに組み込んだり、慎重な調査をする前に"ストーリー"を買ったり、"コンセプト株"を買ったりというような幾つかの重要な誤りをもう繰り返さないと述べた。しかし、その後、数カ月もたたないうちに、轟音を立てて投機地獄が発生したのである」(Psychology and the Stock Market, David Dreman, AMACOM, 1977, p157)

明らかに何も変わらなかった。いわゆる、厳しいプレッシャーにさらされた運用競争において、投資信託のファンド・マネジャーたち、そしてプロの資産運用者たちはだれでも、マーケット平均に打ち勝ち、同僚より良い成績を上げるためにあえて追加的リスクを負う必要があると信じている。われわれは、同じことをする必要はない。他の研究によれば、一度下落した株式が元の高値まで戻るまでに、1年から3年かかる。もしそれが本当なら、プロの投資専門家たちに、真の逆張り投資法の信奉者がいない理由が分かる。パフォーマンスの良否が数年間単位ではなく、週単位で判断されるような人目につく領域で結果を競うには逆張り投資法は時間がかかりすぎるのである（逆張り投資法の3年間という投資期間について、この章の終わりで詳しく述べるつもりである）。

われわれが、本書を執筆している最中に、そして一般投資家に逆張り投資法の概略を説明しているときに、次のことをしばしば質問された。「もし逆張り投資法によって選択された銘柄が最大の上げを記録するのに、暴落後2年、あるいは3年間待たなければならないとしたら、その購入時期を暴落1年後にずらすことはできないのだろうか」

これは、もっともな質問である。これに対する答えを次に述べることにする。そこには、幾つかの重要な点がある。

● 逆張り投資家は長期投資家である。購入した銘柄を2、3年、必要があれば5年間保持することがある。個々の銘柄についてのリターンが年ごとに違うことがあるが、研究は、逆張り投資法はマーケットの平均以上の平均的な年間リターンを稼ぎ出すことができるということを示している。

● 逆張り投資法によって選択された銘柄のリターンは、しばしば購入後2年あるいは3年たってから加速する。時には、最初の1年目に大きく上がることもある。一般投資家が悪材料に過剰反応すれば、株価はそれだけ早く戻るということを覚えているだろうか。過剰反応の度合いは、簡単には把握できない。最初の上げを逃すのはさほど意味はない。われわれが狙っているのは、累積的なリターンである。保持した期間の最終時点で、われわれの平均年間リターンがマーケット全体を

打ち負かしていることが重要なのである。
- ●逆張り投資法の真髄は、他人が買わないときに、買うことである。株価が戻るまで待つことは、基本的に多数の投資家とともに買うことを意味している。逆張り投資家はこれをしない。ハウの著作は、われわれの提唱する「半値下げ買いルール（down-by-half rule）」が、理にかなった出発点であることを証明している。
- ●そして、最後に、逆張り投資家は、リターンだけに目を向けているのではない。リスクをできるだけ小さくしたいのである。逆張り投資法によって選択された銘柄は、他より大きく上下動する傾向がある。それらの株価変動は、一般のそれよりも激しくなる傾向にある。しかし、悪材料がほとんど織り込み済みなので、上下動はあるものの、上方へと動く傾向がある。簡単に言うと、逆張り投資法によって選択された銘柄は、すでに大きな下げを経験しているため、次にそれらが動き始めたときは、上方に向かう傾向がある。それゆえ、上がり始めるまで買いを待つことは、実際にあなたのリスクを増やすことになる。

われわれが紹介しているルールは、首尾一貫して、読者を訓練された長期的投資家にするように、考えられている。

■あるポートフォリオ・マネジャー（逆張り投資家）の回想

パフォーマンスを短期間で測ろうとすると、リスクは増加する。次のファンド・マネジャーのことを考えてほしい。２年間プラスがなく、３年目に３２％のリターンを上げた。彼が運用している特定のセクター、あるいは特殊なファンド（例えば、エマージング・マーケット・ファンドであり、成長株ファンドであり、あるいは健康産業ファンドである）が高騰したのである。その平均リターンは、約１０％である。しかし、そのミューチュアル・ファンドの投資家（受益者）は裏切られたような気持ちになり、もっと良いリターンを提供するファンド求めて、資金をファンドから引き出すため、資金規模は縮小してしまう。

これを、次のファンド・マネジャーと比較してほしい。すなわち、１年

目のリターンが15％であり、2年目も15％である。3年目に20％のマイナスを記録する。彼女の平均リターンは、8％に近い。しかし、彼女のファンドが打撃を受けたときに彼女は、前記の彼より多くの顧客を維持していると思われる。

われわれは、実際に、3年から5年の期間でパフォーマンスを考えるべきである。問題は、多くの投資家があまりにも性急にリターンを求めすぎることである。

企業収益と株式配当の問題点

株価は、将来の企業収益とその株式から生じると期待される配当によって決定される。少なくとも、理論的にはそうである。企業収益と株式配当が増加すると見込まれとき、投資家は株価も上がることを期待する。それゆえ、株価は相当程度に予測でき、その動きはかなり単調であるはずである。

ある研究者は、これが実際に市場でどうなっているかを研究し、根本的な違いに気がついたのである。「投資家は、配当性向に注目すべきであるのに、短期の株価上昇を重視しすぎる」(Some Implications of the Efficient Markets Hypothesis, Torben M. Anderson, Journal of Post-Keynesian Economics, Winter 1983-1984, p281-294)

明らかに何年にもわたり、配当を継続的に増やし続けている銘柄があるとする。もし投資家がその重要な長期的な予測可能性に焦点を当てるとするならば、理論的にはその株価変動は小さくなるはずである。一般の投資家がそのように長期的予測可能性に基づいて投資をしているのではないという事実は、逆張り投資家の興味をわき立てる。なぜなら、長期的には継続して上がる傾向にあるが、短期的には下がることがあるので、利益を得るためにその動きを利用することができるからである。短期情報を重視して、長期予測を無視するという傾向は、投資家の過剰反応がマーケットにおける日常的な事実なのだという議論を支持するものでもある。

ハウと同様に、デボン、ターレル両教授は、長期間のマーケットの変遷

を研究した。１９２６年から１９８２年までの期間において、ニューヨーク証券取引所に上場されたすべての有価証券（株券や債券）について研究したのである。両教授は、それらの有価証券をパフォーマンスに基づいて、幾つかのポートフォリオに分けた。そのとき、３６カ月周期を使用した。驚くべきことに、彼らの結論はハウのそれと似たものになったのである。それは、投資家は情報に過剰反応する、というものである。ハウが保有期間を１年間としたのに、デボンとターレルは、長期的観察をした。この２人の研究者は、"敗者株"（マーケット平均より下回るパフォーマンスしか上げられなかったもの）と"勝者株"（マーケット平均に打ち勝ったもの）のそれぞれに分けてポートフォリオを作成した。彼らの発見は、"勝者株"より、"敗者株"に投資した方が良いと言うものであった。

「過去５０年間において、３５種の株式で構成された"敗者株ポートフォリオ"は、ポートフォリオ作成後３６カ月間で、１９．６％もマーケット平均を上回った」（De Bondt & Thalerの前掲書, p799）

"勝者株"は、その３６カ月間の平均において、"敗者株"より成績が悪かっただけでなく、マーケット全体の株式より５％もリターンが少なかったのである。

「他方、"勝者株ポートフォリオ"は、マーケット平均より５％も低いリターンしか得られなかった。２つの極端なポートフォリオ間の累積平均差は、２４．６％である」（De Bondt and Thalerの前掲書）

この２４．６％という数字は、"好材料株"と"悪材料株"との差を表しているのである。例えば、マーケット平均が５％上昇し、ある銘柄が９％上がったとしたら、その差は４％である（「株式リターン９％」－「マーケット平均リターン５％」＝「パフォーマンス４％」）。

"敗者株ポートフォリオ"は、一般株式マーケットを累積平均で１９．６％上回っている。一方、"勝者株ポートフォリオ"は、実際に、マーケットより５％も劣っていたのである。この試みの結論は、「"敗者株ポートフォリオ"を３年間保有する投資家は、いわゆる、"勝者株ポートフォリオ"を保有している投資家よりも好成績を上げ、そのパフォーマンスが２５％も良い」というものであった。

つまりここで明らかなことは、デボンとターレルは過去パフォーマンスの悪かった銘柄に投資することに大きな価値があることに気がついたのである。彼らが強調する3年間保有説は、ベン・グレアムに影響を与えた。グレアムは、あの有名な投資家のウォーレン・バフェットが投資の師とあがめる人物である。グレアムの結論は、ある銘柄への過剰反応が鎮まるのに、18カ月から36カ月を要するというものである。ジェームズ・リー博士は、後にグレアムが保有期間を2年間に修正したと語った。1976年にバリュー投資家であるグレアムは死んだのであるが、リー博士は、生前にグレアムと共同研究をしたことがある（Ben Graham's Last Will and Testament, Ben Graham, Forbes, 1977/1/1, p43）。

　ハウと同様に、デボンとターレルは、その研究の中で1月を逆張り投資法の株式戦略にとって、より大きなリターンが期待できる期間として示した。同様に重要な発見は、逆張り投資法で選択された銘柄が購入後、2年目、3年目に実際に上昇を加速したことである。

　実際に、1年後の"勝者株"と"敗者株"累積パフォーマンスの差は、わずかに5．4％である。このことは、逆張り投資法に現実的時間枠を設定するのに役立つ。そして、なぜ多くの投資家がこのアプローチ法は使えないと信じているのかという理由を説明するのに役立つ。彼らの見解はあまりにも短期的にすぎるのである。デボンとターレルの業績は、ハウの発見にも根拠を与えている。"悪材料株"はその好ましくない事件が起こった後、すぐに反騰することがある。その反騰はその後、3年間続くのである。

　ハリー・オッペンハイマーは、ベン・グレアムの銘柄選択法をテストした。そして、価格が50％下落したことのある銘柄を保有すること、あるいは、2年間保有するという戦略は1974年から1981年までの期間で、38％という年間リターンを上げることができたということを知った。オッペンハイマーは、それをニューヨーク証券取引所とアメリカン証券取引所に上場された株式を観察して得た（A Test of Ben Graham's Stock Selection Criteria, Ben Graham, Financial Analyst's Journal, 1984/9-10, p72）。

　逆張り投資法のポートフォリオに組み込まれた銘柄が、満足できるリタ

ーンを挙げるのに１２カ月から３６カ月を必要とすると思われる。言い方を変えると、激しく叩かれた株を買った後に売却して手仕舞いができるための"回復期間"が生じるには、１年から３年はかかると思われるのである。成功するには、忍耐と、それにこだわるという決心が必要なのである。投資家にはあまり見かけない資質である。特に、購入した銘柄が１年間も塩漬けになっているときは、そう言える。多くの投資家は、逆張り投資法が効果を表すのに十分な時間を与えてくれない（これは、ミューチュアル・ファンドやプライベート・ファンドの資産運用者に面白い仮説が生じる。逆張り投資法を使って運用しているマネジャーが正当に評価されるためには、過去６年間の実績を検討する必要があるというのはどういう意味だろうか。３年間の実績の投資結果を見るには、長い期間が必要となる。すなわち、１年目、２年目、そして３年目に購入された銘柄が累積結果を表すのは、その後、４年目、５年目、そして６年目である）。前述したように、忍耐強い投資家は、十分な報酬を受け取ることができる。われわれの研究によれば、逆張り投資法で選択された銘柄のリターンは、購入後２年目あるいは３年目に加速する傾向があるからである。

　大多数の人々の意見が一致しており、その予測に基づいて投資された結果がどのように逆張り投資家に投資のチャンスを与えるものかについて述べてきた。しかし、実際の世界では、この意見が一致したかどうか判断をすることは難しい。前述した３人の投資家の例では、それは容易であった。しかし、今日の複雑で相互に密接な関係にある投資の世界では、大多数の投資家の意見を理解するのは、さらに難しいことなのである。すべての人に対して世論調査をすることはできない。また、どの程度の資金量を利用できるかを分析したり、大多数の投資家の特定意見がどのくらいの規模で拡散したかという結論を出したりするのは不可能である。この理由で、逆張り投資法の取引ルールには、その他の信頼できる投資テクニックを取り入れることになる。それは、ある特定の銘柄について、投資家がどのように感じているかを効果的に表す指標となる戦略である。肝に銘じてほしいのは、われわれの目的は、他人が買わないときに株式を買うことである。しかし、いったんわれわれが購入した後は、他の投資家にわれわれが投資

した銘柄に気づいてもらいたいのである。

■**ある新聞記者（逆張り投資家）の回想**

　この最後の点で強調したいのは、パクスン・コミュニケーションズ社のケースである。この会社はフロリダを本拠地にした放送局である。アンソニー・ガレアは、その会社の株式を１９９７年３月６日に１株８．６８７ドルで購入した。その株はそのとき、５２週間の最高値２０．２５ドルから５７％下げていた。この会社の株価は、続けざまに下がったのである。各ケーブルテレビ局が、パクスンのような独立放送局からの番組を買わなければならないという判決を合衆国最高裁判所が覆すという懸念があったことに一部原因があって、その会社の株は叩かれていたのである。

　合衆国最高裁判所の判決が出ていない銘柄への投資は危険であるというアナリストの意見があったのに、その会社の７人の重役たちは社内ローンを利用して、２００万ドル分のパクスン株を購入したのである（Paxson Executives Buy $2Million in Stock Near Lows : Insider Focus, Steve Matthews, Bloomberg News wire report, 1997/3/17）。大幅な下げと、「内部者（インサイダー）による自社株買い」、そして第４四半期の素晴らしい業績などの要因が入り交じって、アンソニー・ガレアの興味をいたく刺激したのである。パクスン株は後日、「内部者による自社株買い」のニュースと独立地方局に有利な合衆国最高裁判所の判決で、急上昇した。その年の８月に、フォーチュン誌は、同社とそのＣＥＯ（最高経営責任者）のローエル・バド・パクスンについて非常に好意的な特集記事を組んだ（Will Uncle Bud Sell Hollywood? Marc Gunther, Fortune,1997/8/18, p185-188）。

　その後５カ月して、パクスン株は急騰した。１２ドル以上に上がり、その上昇率は３５％以上であった。　　　　　　　　　　　　　　■

逆張り投資法に対するニュースの影響

　ある銘柄の判断に必要な情報を取得できることによって、逆張り投資法は効果を発揮する。情報は、印刷物、インターネット、ラジオ、そしてCATVを通じて、信号を発している。それにもかかわらず、多くの投資家は、自分自身のために考えるということについて、あまりにも臆病であるか、あまりにも怠け者である。どちらかというとマーケットを観察することを好み、マーケットの動きに身を委ねてしまう。すなわち、他の投資家任せなのである。マーケットのあるセクターが熱くなれば、彼らはそれに飛び乗ってしまう。価格の変動にはあまり関心を示さない。どうしてその変動が始まったか、どの程度の期間その動きは続くのか、あるいはなぜその動きが続いているのかについては、ほとんど考えることがない。マーケットやある特定の銘柄が上昇中であるという認識だけで、自分たちを投資行動に向かわせるのに十分なのである。大人気銘柄の人気が薄れ、不人気銘柄に火がつく傾向があるということを研究が教えているのに、それを無視するのである。これらのすべてのことが逆張り投資家に真の投資チャンスを与えることになる。

　もしある銘柄が下げていても、大多数の投資家はそれを購入しようと考えない。購入を控えた方がよいと信じている。これはたぶん次に述べる要因が組み合わされた結果、そのような結論に至ったものと思われる。つまり、他の投資家と一緒に走りたい、安心していたい、自分独自の考えを持つことの困難性を避けたがる、そして、流れの反対に賭けることに自信がないというようなことである。

■ある新聞記者（逆張り投資家）の回想

　新聞、投資情報サービス、雑誌、そしてテレビネットワークとCATVなどのメディアは、毎日ニュースを配信するだけで、大衆の意見形成に大きな役割を演じている。いわゆるサウンド・バイト（マスコミ用に用語を簡潔にする）のジャーナリズムの現代において、次々に報じられるその日の出来事（例えば、インテルのような大会社の製品に問題があるとか、公

定歩合が変更されるとか、直近の雇用情勢とか、ダウが１００ポイント下げとか）は、ほとんど長期的な展望を与えることがない。たぶん、それが、投資家が直近のニュースに焦点を合わせ、過去に生じた事件を忘れがちとなる理由だと考えられる。ある銘柄が急騰しているときには、特にそうだと言える。株価が上昇していることについて集中的にマスコミが取り上げることによって、株価がさらに上昇するのである（マイクロソフト社のビル・ゲイツ、インテル社のアンディ・グローブは彼らの会社の株価が新高値をつけると、雑誌の表紙を飾る）。ある会社が困難に直面しているとき、マスコミ各社はそれを大袈裟に報道する。その結果、絶好の買い時期なのに、投資家は即座に買うのを止めようと思ってしまうということも事実である。投資家が好材料をチャンスととらえて、悪材料を注意信号ととらえてしまっても不思議ではない。

　ユーモラスであるが、すぐに冷静になる例を挙げたい。

　１９９６年１２月にアラン・グリーンスパンが出した"根拠なき熱狂"に対する警告を覚えておられるだろうか。それは、行きすぎた投機マーケットへの警告であったが、その日のマーケットを混乱させてしまった。数カ月後、私が記事を書いている新聞は、幾つかのロシア・ファンドの成功を伝えた。それらのファンドは、ロシアの株式市場の暴騰から利益を生じたのである。それから１週間もしないうちに、異なった刑務所（矯正施設）に投獄されている２人の受刑者から手紙をもらった。彼らは、これらのファンドについて、さらに詳しい情報を知りたがっていたのである。刑務所での作業で稼いだ数百ドルを投資しようというのである。

　私と同僚は、この"矯正施設内の熱狂"という言葉について笑い合った。「屈折した編集室のユーモアだ」と言って、笑い合ったのである。そのとおり。しかし、この話は、いかに新聞がある話をねつ造し、その結果、大衆の意見を強化してしまうかということを示している。　　　　■

　メディアは、ある事実について報道することで人々の意見が拡散することを助け、結局、どちらか一方の極に引っ張っていってしまう。マーケットが上昇中のとき、"人気銘柄"とか"注目ファンド"とかいう話が充満

し、読者や視聴者の関心を十分に引きつける。投資家は、取るに足りないニュースの発表を、"心配しながら待っている人"として描かれる。ある銘柄が、3ドル下がって80ドルになったとき、"急落"と表現されることがある。些細な情報が、大きく扱われることがあるのである。しかし、逆張り投資家は、個々の投資家がその日のニュースを重要視しすぎるということによって、短期間に過剰反応するという傾向をさらに強化するということを理解しなければならない（第12章で、正しいメディアについて議論している。それは、逆張り投資法の研究について、重要な武器のひとつである。しばしば、メディアが伝える情報に基づいて、ある決定をする必要があるからである）。研究が示したように、この短期間の過剰反応がある銘柄を正当化し得る価格よりつり上げ、あるいは、実際の価値以下にまで下げてしまうのである。逆張り投資家は、長期的投資を行い、これらの一時的で極端な株価変動を利用するのである。あるマーケットニュース（例えば、連邦準備制度理事会による公定歩合の変更）には非常に重要で注意を要する。しかし、ほとんどのニュースは一時的なものであり、逆張り投資戦略の基本を構成するものとはならない。

例えば、ある指標株は新聞の見出しを賑わすような利益を計上し、それがマーケットを動かすかもしれない。しかし、それはすぐに消える傾向がある。逆張り投資法によって組み立てられたポートフォリオに、何が影響を与えようとも、それが持続することはない。明日、どのような経済情報が伝えられるか心配する必要はないのである。

■あるポートフォリオ・マネジャー（逆張り投資家）の回想

マーケットがピリピリとしているときは、投資家はだれでも、現在がどのような状況にあるかをはっきり見分けるために、最新の経済的数字を待っているように思われる。発表された数字を見て、多くの投資家はイライラする。結局、だれもが次の数字、次の日、あるいは次の週を待つことになることがはっきりするからである。これらの数字の多くには、どんな意味があるのだろうか。それらのほとんどは、何度か変更される。また、あるものは、より正しく理解するには脚注を読む必要がある。そして、残り

は無視されるか、実際よりも過大評価されるのである。私の経験では、連邦準備制度理事会（FRB）が金利を変更するとき、株式市場や債券市場に非常に重大な影響を与える。しかし、それ以外のすべては、もしあなたが叩きに叩かれた株式を3年間保有するつもりで購入する場合には、千変万化するだけであまり価値のないものである。ここでは、ニュースやコメントのすべてが重要ではないと言っているのではない。何に焦点を定めるかによる。もしあなたが長期的視点を持ったときには、これらのすべてについて安心していられるのである。

まとめ

　多くの投資家はトレンドがどうなるかを想定することなく、トレンドに盲従するということを、逆張り投資家は理解する必要がある。大多数の投資家は長期戦略を受け入れる代わりに、短期的なマーケットの出来事やその他のニュースをあまりにも重要視しすぎる。大多数の投資家は、ある価格の上昇トレンドが確実なものであると信頼すればするほど、その信念をさらに確認しようと、より多くの資金を投入する。そして、株価が下がり始めると、これらの投資家は素早くマーケットから資金を引き揚げようとし、それが下げを加速することになる。どちらのケースでもある点で、投資家は、株価を極端なレベルまで押し上げるか押し下げてしまう。そして、その結果、逆張り投資家に売買のチャンスを与えることになるのである。逆張り投資家が成功を収めるためには、独立した分析が必要である。それゆえ、逆張り投資家は大多数の投資家が何をはやして、どんな行動をしているかを研究する姿勢を維持しなければならない。

　逆張り投資法の第一の取引ルールである「半値落ち買いルール（down-by-half rule）"を利用すれば、このことがさらに容易になる。ある株が、52週間の高値から少なくとも50％下がったとき、それは注目する価値がある。株価が半分になったという事実があれば、投資家心理としては買う気にはならない。当然に、われわれは他のルールや"スクリーン（振るい分けする基準）"も持っている。それらは、可能性のない投資チャンス

を除外するものである。しかし、「半値下げ買いルール（down-by-half rule）」は出発点であり、逆張り投資法の中心テーマである。

第3章 大勢の意向に反する投資：逆張り投資戦略の心理

心配とは、実際に支払い期限が来る前に支払わされるトラブルに対する利子である。

——ウィリアム・ラルフ・インゲ

　逆張り投資家が収める成功の裏には、科学的・心理学的基礎がある。集団心理に加え個人の心理を研究することで、いかに逆張り投資家が大多数の投資家の予測と反対に投資することでリターンを得ることができるかを理解できる。この議論はかなり技術的になるが、われわれは個人および集団心理に関連する基本的概念を詳細に調査するつもりである。そして、それがいかに投資に向いているかを理解し、逆張り投資家が利益を得るためにどのように利用できるかについて述べるつもりである（実際的効果）。

妥協することをやめる

　われわれは小さいころから、社会のためになるような行動をするように、条件づけられてきた。そこに属する個人は、社会慣習や行動規範に従わねばならない（この慣習への従属を強制することは普遍的ではない。例えば、フランス人は団体よりも個人の行動により高い価値基準を与える。ノルウェー人は結合力のある相互責任社会に重きを置く——Behavioral Study of Obedience, S. Milgram, Journal of Abnormal Psychology, 1967/4）。あるひとつの社会が存在し、繁栄するためには、その社会内の個人はその社会内で受容されている慣習に同調し、従わなければならない。例えば、赤信号で停車することは、全員が同意している。われわれは赤信号では停車をする。それを怠ると、人身事故や物損事故の原因になると理解しているから

である。

　子供たちを育成することの大きな部分は、社会慣習や行動規範を教え込むことである。それによって、彼らは集団のメンバーとしての役割を果たすことが可能になる。集団が容認する行動には報酬が与えられ、容認されない行動には制裁が加えられる。

実際的効果

　幼いときから、人々（そして、未来の投資家）は規範に従うべきことを教えられる。これによって、人々は、集団のメンバーがすべて物事を同様に認識するという"集団的思考"を受け入れやすくなる。投資の世界では、この集団的思考が極端になる可能性が高く、多くの投資家が同じように考えるのである。その"多数者の意見"を利用しようとして、逆張り投資家は孤軍奮闘努力するのである。

　われわれは、他人を社会規範に確実に従わせる多くの方法を意識せずにも用いる。われわれはチームプレーを進める。例えば、だれかを"真のチームプレーヤー"であると呼ぶことはかなりの不平を意味している。だれかがグループから支持されない意見を述べると、グループは集団でそれを是正しようと動く。意見を変えることに同意しないことがはっきりすると、その人はそのグループから単純に無視されてしまうだろう。取り残されてしまうという恐れや恐怖感は、人々がグループの意見や考え方に従うという強い動機づけになる（言うまでなく、妥協しないことは重要である。ウィンストン・チャーチルに偉大なナイトの爵位が贈られたのは、１９３０年代の彼のほとんど孤立したものの見方に対してであった。そのころ、イギリスにとって、ナチは非常に脅威であったが、チャーチルだけがそのことを認識していた）。

　われわれの言語には、この同調したいという欲望を表す多くのフレーズがある。

●それは私に任せて
●これについて、どう考える？

- 現実的かどうか調べる
- 計画どおりに進めてください
- チームワーク
- みんなと行動をともにするように妥協すること
- 世間一般の通念
- 世論
- チームプレーヤー

われわれが同調しないとき、あるいは、ものの見方が本流と外れているときに、われわれが他人に感じさせたり、あるいは自分自身で感じる痛み、ぶざまさ、また、対立による困難さを表現する言葉がある。

- あなたは孤立している
- あなたは理解していない
- 彼は現実離れしている
- 彼らはデータを誤解している
- 彼女は一匹狼（または、孤立したという意味の他の言葉が当てはめられる）である
- 彼は協力的ではない
- 彼らにやらせるべきではなかったのではないか？

何年にもわたって、われわれは社会規範に従うように、また、社会に受け入れられる方法で考えるように条件づけされてきている。確かに、社会に従順な姿勢を取ることから報酬を受けるが、同時に、この同調をすることによって代償を支払わなければならない。この条件づけによって、独立した創造的思考が抑制される。そして、その結果、精神的無気力を助長する。われわれは、グループ（社会）が何を信じているかを本能的に知っているので、単純に大多数の人と同じものの見方をすることによって、より固い基盤に立っているという気分になるのである。

心理学者のウィルバート・マッキアチーとシャーロット・ドイルは次のように言った。「多くの人々は、独自の思考に従って行動して失敗したと

きの程度に応じて、従順さと同調性を受け入れている。ここに、非常に重大な問題が存在する。同調することが適当である場合と、そうでない場合を区別することである」(Psychology, Wilbert J. McKeachie & Charlotte L. Doyle, Addison Wesley Publishing, 1966, p593)

いつ独自性を発揮してよいのかということを見分けることは、逆張り投資家が投資ゲームからリターンを得る上で習得しなければならない技法である。ウィルバート・マッキアチーとシャーロット・ドイルは、次のようにも言った。そのような「独立性とは、同僚や上司から独立して、理解し、判断し、そして評価した自分の能力を信頼したときにのみ可能であった」(McKeachie & Charlotte L. Doyleの前掲書)

それは、まさに逆張り投資家が懸命に努力しているものそのものなのである。

実際的効果

大多数の人間と行動をともにすべきか、すべきでないかを決断することは難しい。投資の場面では、特にそうである。多くの投資家はある銘柄について、孤立した見解を持つことを恐れる。そうすべきであることを知っていても同じである。安心するために大多数の見解に従うのである。

しかし、投資家が利益を得るためには、マーケットの大多数を構成している大衆の欠陥のある考え方や彼ら固有の非合理さから自由でなければならない。大衆の意見の基盤を構成している前提に疑問を持つのならば、逆張り投資家になるべきである。逆張り投資家は、大衆が明確にある極端かつ非合理的な意見に基づいて行動をしていることに気がついたとき、株式市場に資金を投入し、彼らと反対側に喜んで賭けようとしなければならない。

そのように変化することは、簡単ではない。人々にとって、独立した信念を築き上げ、表現することは難しい。独立した信念が欠如しているゆえに、彼らは集団の考えを自分のものとして受け入れるのである。

職場、学校、あるいは市民グループでのボランティア活動を考えてほし

い。面白い（時には、革新的な）考えが浮かんだときに、それを声に出さないで、のみ込んだことが何度もあるに違いない。バカげた考えだと思ったからである。だれかがその考えは正しい、自分は支持すると言ってくれたときでも、人前で披露することに抵抗があったはずである。その考えは、本当にバカげたものではなかった。それを表明した途端に嘲笑されるのを恐れたのである。なぜなら、それが本流とかなり外れた考え方であったからである。そのとき、瞬時に以下に示す思考プロセスを取ったのである。

- ●ここに面白いアイデアがある
- ●これはグループの考えと真っ向から衝突するかもしれない
- ●それを披露すれば、困った立場に立つかもしれない
- ●彼らはいずれにしても、それに賛成しないだろう
- ●この考えは、今回は胸の中にしまっておこう

　拒絶されたときの不愉快さを感じないで済むように、われわれは自分の考えを表明することを自己規制する。このプロセスはかなり人々の心を蝕んでいるため、今や人々の心を開かせ、自分の考えを表に出させようというコンサルタント業が存在しているのである。これは、ブレーン・ストーミングと言って、しばしば世間から隔離された場所で週末に行われている。ブレーン・ストーミングは、アイデアを矢継ぎ早に発することが特徴である。アイデアは役立つものとそうでないものが出される。このとき、この自由な意見の流れが出てくることを奨励するために、一切の批判は禁止される。行動を変えるためにプロのコンサルタントを雇う必要があるという事実は、人々が臆することなく、自分の新しい、そして創造的な考えを表明するのはいかに難しいかということを物語っている。

　われわれが本当に飛躍したいと思い、独創的な、または"危険な"アイデアを表明する勇気を持っているとき、われわれは相手に対して、拒否しても構わないという信号を言葉で暗示するのである。

- ●取りあえず、それを壁に向かって投げてみて、固着するか見てみよう
- ●ブレーン・ストーミングをしてみよう
- ●考えられる限りのアイデアを出そう。それがいくらバカげていても構

わない。

　確かに、"ブレーン・ストーム"という言葉は、混乱した、そして潜在的に破壊的なアイデアの嵐というイメージを思い起こさせる。しかし、投資家であるあなたにとって、大衆の見方を自分の見方とすることの方がはるかに、破壊的である。そのやり方では、大金を稼ぎ出すことは決してできない。

　だれでも、恐怖心と心配でいっぱいである。だから、他の人と意見が同じであることで安心を得るのである。自分の考えや印象を友人たちや家族に話し、その反応を見ることがある。正しい方向を向いているかどうか確かめたいのである。彼らは、言わば安全な"聴衆"である。そこで再確認が得られて、初めて、彼らは自分の考えや印象に対するより公の場での支持を求めて冒険するのである。

創造的な逆張り投資家

　多くの場合、大多数に同調したいという欲求は社会にとって有用であり、社会が機能し、繁栄することを可能にする。しかし、社会規範に従わないことや逆のものの見方をすることが、重要である場合がある。例えば、研究・開発に従事する科学者は、独創的な考え方を絞り出そうと努力している。科学的発見は、研究者をして月並みな考え方、専門家的意見、あるいは一般に広く受け入れられている意見の束縛から自由であることを要求する。実際に、ノーベル賞を得たいと思うなら、若いときに多くの仕事をした方がよい。中年にさしかかるころには、思考が硬直化してきて、科学的世界を変革するような素晴らしい洞察力を持つことはできない。例えば、アルバート・アインシュタインは、かの有名な相対性理論を明らかにしたのは若いときであった。

　芸術家は過去に頼っている。しかし、新しい発見を求めて努力する。芸術の歴史は、新人の芸術家が新風を吹き込もうとしてもたらす荒々しい争いによってしばしば中断される。ストラビンスキーによって、パリで初演

された春の祭典は、大不評であった。この作品は、あまりにも革新的で、音楽に関する既成概念を壊すことなしには受け入れられなかったのである。伝統的な社会は恐怖を感じ、反感を示したのである。"渇望する芸術家"は、経済的に、そして情緒的に努力する。しかし、真の苦しみは、彼らの進歩性が既存の芸術社会に最終的に受け入れられる前に、やってくる。同様に、逆張り思考をすることが非常に難しいことは不思議ではない。

実際的効果

逆張り投資家は、容易に育成できない。それゆえ、彼らの意見は少数意見である。それは、逆張り投資家がそれに反して賭けることのできる大多数の意見が存在することを意味する。

逆張り投資家は独立している。人と違った思考をする。他の人がしない質問をする。そして、斬新な方法で問題にアプローチする。そのとき、"群衆の考え方"を拒否するのである。このような意識的態度を取るのは決して容易ではない。だれでも周りから受け入れられたいし、時には愛されたいと思っている。一般的に、共有されている信頼に反する意見を述べていては周りから受け入れられない。

逆張り投資家とは、英語でContrarianというが、まさにこの"Contrary（反対の）"という単語には、評判を落とすような雰囲気がある。もしそれが信用できないなら、どのような辞典でもよいから、この言葉の意味を調べてほしい。ローデイル・シノニム・ファインダー（同義語辞典）によると、この言葉の同義語には次のようなものがある。「opposite（正反対の）、counter（反対の方向に）、contradictory（相反する）、contrapositive（対立する）、converse（反対の）、antiethical（道義に反する）、incompatible（両立しない）、incongruous（不調和な）、irreconcilable（妥協できない）」である（Rodale Synonym Finder, Warner Books/Rodale Press, 1978, p26）。

読者は、これらの単語を見て、嫌な感じがしたと思われる。なぜ社会は、逆張り思考を否定的見地に追いやってしまうのだろうか。それは、多くの

人が、自分の意見が他と一致しているかどうかを求めるからである。ある個人が疑問を表明すれば、同意を強いるためにいろいろな手が使われる。意見を異にする人をアウトサイダーとか、トラブルメーカーという烙印を押して、相手にしないのもひとつの手である。

態度はいかにして形成されるか

　ある態度がいかに形成されるかを理解することで、逆張り投資家は、集団思考の落とし穴に落ちるのを避けることができる。ある場面で、その背景が明確になるように、人はいろいろと考えを巡らせる。その結果、ある態度が形成される（この詳しい記述は、McKeachie & Charlotte L. Doyleの前掲書のp506～595の態度についての素晴らしい議論に譲る）。これは、知識、経験、そして信念のすべてによって形成される。ある事柄を分析するときに、そのひとつひとつを心に刻みつけるのである。株式市場のようなものを対象とすれば、それについて、信頼感とか期待感を形成していくのである。

　態度は、種々の方向に変化する。態度の強さ、またはその度合いと態度のポジションと呼ばれる苦痛と快楽のどちらを期待するかが、態度を決める２つの要素である。例えば、ある銘柄が上昇すると強く信じている場合、その人の態度の度合いは強くなり、その人の態度のポジション、すなわち期待は非常に積極的なものになる。また、態度は対象物をどのくらい知っているかによって変わる。アメリカ大リーグの野球選手は、時速１４７キロのビーンボール（頭部を狙った死球）について、観覧席のファン、あるいは記者席のスポーツ新聞記者と、かなり異なった態度を持っている（そうでなければ、スポーツ新聞記者が"あご先の音楽"として、それを表現しているのに、なぜ野球選手はそれを"頭部狩り"と名づけているのであろうか）。

　態度は、必ずしも常に行為を伴うというものではない。自分の考えを述べたとき、態度を明らかにしたことになる。しかし、人は実際に、その態度に基づいて行動を起こしているわけではない。マーケットが上がるとい

う意見を述べることと、実際に資金を投入してある銘柄を買い、リスクを負うこととは違う。態度と行動の間にギャップが存在するのである。すなわち、人々は何かを言うが、その行動は違うことがある。今度、だれかがあるマーケット予想や人気株についての特別な情報を提供してくれるかもしれない。そのときに、思い出してほしい。

人々の態度を形成するのに役立つものは何であろうか。態度は、以下の4つの要因に基づいて形成される。

1. 功利主義
2. ひいき目
3. 自己防衛本能
4. 知識（功利主義によって形成された態度は、生き残りとか安全性に基づいている。価値表出による態度は、自負心や自己の実態認識の必要性に基づいている。自己防御本能によるものは、防御メカニズムを取り扱う。これらすべては、投資に応用することができる）

時にはこの4要素のうちのひとつが優勢になり、また時には幾つかが同時に働くことがある。その中でも知識が態度形成に一番影響を与えるものだと、われわれは強調したい。それが、逆張り投資家に最も関連性があるからである。知識によって形成された態度は、事実や経験によって裏打ちされる。

知識に基づいた態度は、世の中の出来事に関して、一貫した、明確な、そして安定した見解を形成する試みの一部である。経験、知識が限られている状況にあるとき（株式市場での投資行動に似ている）、人々は通常、健全な基盤に基づいていると自分たちが信じることのできる態度を形成するためのガイダンスを求めるものである。投資家は、次の3つの方法で未知の答えを探す。

1. さらなる情報を探すこと
2. 身の周りの人々と同じ態度を取ること
3. 自らが所有するその他の信念や知識と矛盾しない態度を取ること

われわれは、多くの投資家の思考プロセスがいかに集団的な行動や、時

には大衆の狂乱に影響を与えているということに気づき始めている。

実際的効果

投資家は、大いにカネを儲けるのだという強い期待感を持って、マーケットに接近する。利益を稼ぎ出す楽しみは、最高である。したがって、投資家は心理学的見地からは大きく賭けることになる。

態度がどのようにして形成されるかの例として、アーサーという人物を仮定する。彼は、遺産相続で手に入れたおカネで、ある銘柄を購入したいと思っている。過去に投資の経験はないが、今やほとんど無限である銘柄選定の場面に遭遇している。彼は問題を単純化しようとして、幾つかの銘柄か、焦点を絞るべきアイデアを見つけだそうとしている。どの銘柄にするかは、いまだ決まっていない。強力な意見も持っていないし、行動の源になるどのような知識も持ち合わせていない。しかし、インターネット関連銘柄がかなりの成長分野で、このニッチ・マーケットにある株式に投資したくなっている。ここで、われわれは、前述した3つの段階が投資プロセスにどのように適用されるかを見ることができる。

最初に、アーサーは投資について十分な情報を持ち合わせていなかったので、情報を収集する必要がある（第一段階）。基本的に、ハイテク株に関心があることに気がついていたが、どの銘柄の名前もまだ購買リストにはない。

ある土曜日に、理髪店の待合室でコンピューター雑誌の全国版を手に取り、ある見出しに気がつくのである。そこには、大容量のコンピューター記憶装置の新製品が紹介されている。それによると、この革命的装置がアリウープ・デジタル社にもたらす経済効果は計り知れないという。興味がわいたので、この件をもっと詳しく調べることにする。彼は、活発に情報を収集し始めるのである。

アーサーは図書館に行き、アリウープ・デジタル社の新記憶装置について幾つかの情報を見つけるが、これらの記事は最初の記事の繰り返しにすぎない。これら3つの記事すべては、同社のプレス・リリースをもとに書

かれていることに気がついていない。それら３つは、本質的に同じ情報をもとに解釈して書かれた記事なのである（投資に有効な情報を得るために、通常の新聞や雑誌だけでなく、業界紙にまで目を通したいと考えている投資家にとってこの声明は参考になる。多くの人は疑いを持つかもしれないが、パタロンは非常に切れる業界紙の記者を知っている。彼は、異なった１５の記者名を用いて記事を書いている。これはひとりの記者の記事が、確実に多くの業界紙に広がっていくことを意味する。言い換えると、多くの記事がたったひとりのものの見方から書かれていることになる）。いまだ買ってはいないが、アリウープ・デジタル社に興味がわいたが、まだ確信は持てないアーサーは、同僚のトムに相談してみようと思う。トムは、会社の情報システムの責任者である（アーサーは、いまだ第一段階にいて、さらなる情報を探している）。

　月曜日がやってくる。トムは、アーサーからアリウープ・デジタル社の製品の話を聞いて夢中になる。そして言う。それは、まさしく本当のことに思える。トムの興奮がアーサーに伝染する。その結果、アーサーのアリウープ・デジタル社に対するブルの気持ちがムクムクと沸いてくる（アーサーは今や、第二段階にいる。他人の態度を採用しようとしている）。彼は証券マンに電話する。この証券マンも、アリウープ・デジタル社の件を知っていて、非常に熱くなっている。早速、アリウープ・デジタル社についての最新の調査レポートがファックスで送付されてくる（第二段階――他人から確信をより強固にされる）。

　アーサーは、自分が見聞きしたものについて、再検討する。彼の信念と知識を合わせて、確かに、それは買いに値すると判断する（第三段階――テクノロジー株式への彼のブルな見方と矛盾しない）。そして、同社株を購入する。

　アーサーの思考プロセスは、ありふれたものではなかろうか。あいまいな発見からスタートした後で、アーサーはアリウープ・デジタル社に対する態度をだんだんと固めていった。しかし、彼の態度の強さは、単なる言葉による受け入れから、行動（実際に株式を購入すること）へと、気持ちを高めるほど十分なレベルに到達しなければならなかった。証券会社は、

"抵抗しがたい価値"があるとして、この株式を推奨した。アーサーは、証券会社の情報を専門的なものと全面的に信用した。それに付け加えて、同僚のトムの肯定的な反応も影響した。その結果、引き金を引くに十分な態度の強さが生じたのである。トムも証券会社も、それぞれに単独では、アーサーに対して、その株式を買わせるのに必要なレベルの強い態度を形成させることにはならなかったであろう。

しかし、トムと証券会社の一致した意見は、アーサーの態度の強さが反応するのに十分な効果があった。自分の態度のポジションが非常に積極的（カネ儲けについての思考が）になったので、アーサーはその株式を購入したのである。

もし証券会社がアーサーの企てに対して否定的見解を示したとしたら、その株式を買うことはなかっただろう。もしトムがその会社に対して、否定的見方を持ったとしたら、証券会社にコンタクトすることはなかったかもしれない。反対意見に遭遇し、自分自身で意思決定するのに十分な知識がなければ、アーサーはそのような投資はしなかったに違いない。われわれの例証は、なぜうぶな投資家は高値で買うのかということをよく説明している。投資家は知らなければ知らないほど、投資リスクを取る前に、十分な確認を必要とする。活気にあふれたブル・マーケットがなぜその終わり近くなったところで多数の素人投資家を引っ張り込むのか、その理由が分かった。

この仮説のシナリオに、多くの投資家がどのようにマーケットに近づくかが非常によく表されている。投資家は専門家の意見を求める。そして、自分の意見を確認しようとする。そして、その知識に基づいて投資するのである。

アナリストの依拠するところ

過去のバブルについて、2、3の例を研究するときに分かるように、この知識の追求が集団ヒステリーを引き起こすのである。専門家は投資のヒステリーに巻き込まれることはないと、われわれは考えるかもしれない。

結局、専門家とは冷静でいられるだけの十分な知識を持っているのではないか、とあなたは考えるかもしれない。しかし、彼らの世界を詳しく検討すると、非常に高度な投資技術を持った専門家でも、しばしば大多数の意見の方に賭けていることが分かる。われわれが発見することは、一般投資家がかがみとしている投資専門家は、われわれが考えているほど独立した思考をする人ではないということである。

アリウープ・デジタル社のケースに戻ってみよう。すべての証券アナリストが同じ情報源をもとに同社を分析している。財務レポート、会社のプレス・リリース、新聞や雑誌の記事、一般のテレビやＣＡＴＶの株式番組でのインタビュー、そしてライバル関係にあるアナリストの予測、これらすべてが専門家の予測を組み立てるのに使われる。アナリストは、知識不足が理由で悩むことはない。ある特定の株式、またはマーケット全体について、アナリストが態度を決めようとする（推奨銘柄の選定）ときに、知識以外の要因が知識を脇に追いやるという想像より大きな役割をするのである。ウォールストリートのアナリストに最大の影響を及ぼす要因は、たぶん高度な競争社会の過ちを許さない雰囲気の中で、生き残らねばならないという恐怖心だと考えられる。態度をどうするかということを決めるプロセスは、常に生き残りを賭けた闘いなのである。

功利主義的な体質、そして常に生き残りと保身を念頭に置いていること、これら２つの要因で、アナリストは大多数の意見に従う傾向がある。証券アナリストやファンド・マネジャーは、自分たちの予測が標準とかなり離れていて、そして、顧客が彼らの推奨した銘柄を買って損害を被れば、自分たちの信用に傷がつくことをよく理解している。最悪の場合は、職を失うことさえある。それゆえ、アナリストの判断は保身のために、曇ったものになってしまう。間違いは許されるが、甚だしい間違いは許されないのである。

例えば、他のすべてのファンド・マネジャーと同じ銘柄を購入するファンド・マネジャーは、生き残ることができる。彼は間違っているのだが、すべてのライバルも間違っているので安全なのである（このことは、古い投資家の格言を思い出す。"ＩＢＭ株を買ったという理由で、クビになっ

た者はいない。たとえそれが、1株175ドルから40ドルに下がったとしてもである）。受け入れられない行為は、だれも買わない銘柄を購入することによって、結果的に間違い、顧客に損害を与えることである。そのとき、彼は愚か者に見えるのである（金関連銘柄に投資したトニーの顧客がゴルフ仲間から受けた嘲笑を覚えておられるだろうか）。

　ペンション・ファンドやミューチュアル・ファンドのファンド・マネジャーやアナリストは、集団の考え方に非常に影響を受けやすい。自由な考え方や、独自の見解を表明するアナリストは例外的である。

　アナリストの仕事は、一般的に、ある特定の産業、セクター、またはマーケットに関しての分析である。そのため、アナリストは、価値表出バイアスというにものに影響されやすくなる。価値表出バイアスとは、自分が好むことをひいき目に見てしまい、意見を歪めてしまうことを言う。例えば、薬品業界を担当していて、それを気に入っているアナリストがいるとする。彼の担当している会社の株価の予測に、ある肯定的な歪みが生じるのは避けられない。

　最終的に、予想が正しくないことが分かったとき、アナリストがその間違いを認めたがらないのは理解できる。彼らのその態度は、自己防衛本能的な行動で彩られているからである。これらすべての要因は、アナリストを大勢に従う人にしてしまう。すなわち、彼らの仕事は、そのようなバイアス（偏向）を反映しているのである。アーサーのような非常に多くの一般投資家がアナリストの予測に頼っているので、個人の態度を形成する知識のバイアスとともに、アナリストのバイアスは「リーダーに従う」という心理状態を作り出してしまう。あるアナリストがブルな見方の調査レポートを出せば、投資家の投資決定に影響を与える。そして、その銘柄について、よりブルな動きが起こる原因となる。それがさらにその銘柄についてのブルなコメントを引き出す。それはサイクルのようであり、その動きはだんだんと速くなるのである。

　予言は自己実現的になる。その銘柄はさらに上昇し、より積極的なバイアスを作り出し、投資家にさらに高い価格を払ってもその株を買いたいと思わせる。ついには、その会社の業績見通しによっては到底説明のつかな

いレベルまで買い上げられることになる。相場の過熱が生じたのである。

実際的効果

ほとんどのアナリストが聡明で、一生懸命に働き、知識が豊かであるが、彼らの判断力は心理的プレッシャーによって、微妙な偏向の影響を被ることがある。したがって、投資家にとって重要なことは、自分で考えることであり、すべての人にぴったりとした万能サイズの推奨銘柄に基づいて売買することではないのである。

態度の変更、許容範囲の変更

第二次世界大戦中に行われた研究では、ドイツ降伏後も対日戦争は長く続くと信じていた兵隊たちは、そのような見解を支持する一方的な演説を行ったある専門家の影響を受けていた。そのことによって、彼らの戦争に対する態度の集中度合いは著しく強化された（Experiments on Mass Communication, Studies in Social Psychology in World War Ⅱ, Vol.Ⅲ, C.I.Hovland, A.A.Lumsdaine & F.D.Sheffield, Princeton University Press, 1949）。だからブル・マーケットであるという見解は、専門家が同じくブルな予測をすれば、その強度が大きくなる。ブルはますますブルになるのである。

株式市場では、だれでも儲かっているとき、株式に対する投資家の態度の中に、だんだんと積極性が組み込まれてくる。これらの投資家は、新しく市場に対する態度の集中度合いを強化し、次のハードルを乗り越え続ける。それよって、さらにもっと多くの株式を買いたくなる。信用買いをする人が出てくる。また、ある者は、第二のアリウープ・デジタル社を求め物色を始める（ニューヨーク州ロチェスターでは、そこでトニーとビルはともに働いているのだが、投資の見本は第二のゼロックスを見つけることであると、しばしば言われる。事務コピー機を発明したゼロックスはロチェスターで設立され、長い間、そこを拠点にしている。１９６０年代を通じてと１９７０年代の一部の期間、この会社は爆発的な成長を遂げた。そ

の結果、多くの一般労働者を非常に豊かにした。それは嘆かわしいほどに、時代錯誤である。柳の下にドジョウはなかなか2匹はいないのである)。貪欲さでいっぱいになり、恐怖心は忘れ去られる。このサイクルは変化をもたらすに十分に劇的なものが起きるまで続く。

実際的効果

　ある株式あるいはマーケットが弾みをつけ始めると、新しい投資家が競技に参加してくる。そのことが、最初の投資家に安心を与え、最初の投資家集団がさらに資金を投入するように刺激する。その循環は、変化をもたらすに十分な劇的な何かが起こるまで続く。

　次に、態度に変化をもたらす要因は何であろうか。ある株式、またはマーケットがさらに高く上昇した後、何が原因で下がるようになるのだろうか。何が投資家の行動を変えさせるのだろうか。だんだんと恐怖心が募り、その結果、そういうトリックを引き起こすのだと人は考えるかもしれない。結局、恐怖心と貪欲さがマーケットを支配し、損失を恐れる心が高じて、行動を変えてしまうのかもしれない。しかし、驚くべきことに、これは本当ではないようだ。研究によれば、人々は少しでも不安をもたらすような情報を目の前にしたとき、それを無視する傾向がある。それが最大の心配事になる可能性があっても同様である (Effect of Fear-Arousing Communications, I.L.Janis & S.Feshbach, The Journal of Psychology, 48, 1953, p78-93)。言い換えると、人々は心配の種になる情報を持ってきた人に敵意を抱き、その情報を無視するのである。その情報伝達者を攻撃することで、実は、投資家は自分自身に向かって、弾を撃ち込んでいることになる。

　それは、なぜ、人々が不吉なことを言う人にそれほどまでも批判的になるのかの説明になる。もしマーケットが上昇している場合、あるいは、それが下降し始めた場合でも、ブルの人々はマーケットの下げを予測する声を無視する傾向がある。われわれが後に検討する幾つかの熱狂劇において、卓越しただれかが行き過ぎだと常に警告を発しているのだが、この警告は、

常に予想どおりの反応に遭ってしまう。それは、"今回の状況は以前と違う"というものである。そして結局、無視されてしまう。

その他の研究によれば、人々は、選択的に新聞や雑誌を読み、テレビを見ていることが分かる。人々は、すでに保有している態度をさらに強固にする情報を探し、自分の意見を変える可能性のあるものを遠ざけようとするのである（Personal Influence:The Part Played by People in the Flow of Communication, E.Katz & P.F.Lazarsfeld, Free Press, Glencoe,Illinois, 1955）。多くの研究によって、心理学者レオン・フェスティンガーによって提唱された"不調和"理論は、ひとつの解決策を示していることが分かっている（レオン・フェスティンガー。有名な心理学者で、アメリカ心理学協会より、1959年度ディスティングイッシュ・サイエンティスト・アワードを授与された）。

フェスティンガーは、次のことを理論づけた。人々が自分たちの態度および信念と反対の位置にある考え方に直面したとき、"不調和"の状態に陥る。つまり、彼らの世界観は揺さぶられるので、現在のバランスが取れ、満足を感じている心地よい状態に戻るために、この新しい対立する情報と調和を図らなければならないのである。人々が自分の態度を変える状況には、次の3つがある。

　1．不調和を無視する簡単な方法がないとき
　2．事実によって、新しい情報が利益をもたらすと分かったとき
　3．新しい態度をすでに自分のアイデアと感じたときか、新しい態度が自分のアイデアを使っていると感じたとき

実際的効果

人々は、新しい情報と戦い、自分たちがすでに持っている信念を守るために新しい情報の受け入れを拒否する傾向がある。これは本来的に不合理である。みんなが知っているように、マーケットは、しばしば、不合理である。

マーケットが意に反する方向に向かったとき、なぜ人々は手持ち株を処

分しないのだろうか。それは、マーケットが新しくベアの方向に転じたとき、今までのブルな態度を新しいベアな環境に調和させるのが難しいからである。その場合、彼らは、不調和の状態にある。しかし、彼らが空売りし利益を得ることができたときには（予想どおり株価が下がったからである）、さらに多くの株式を売ることはそんなに難しいことではない。株式の売買益は、ＭＭＦ（マネー・マーケット・ファンド）に投入され、利子を稼ぐことになる。それ以上、損を被るのが難しくなる。完璧な空売りは態度を肯定的な方向で強化する。かくして、投資家は、この否定的な見方が自分自身の考え方に由来していると感じ始める。新しいマーケットからのフィードバックが報酬（空売りによる利益）を約束するので、彼の態度は変わる。次に、マーケットが底を打った後に始まる新しいブル・トレンドは、先のベア・トレンドに起こったと同じように不調和と不一致を起こす。すなわち、この新しいブル・トレンドが、ベアの状況のときに形成された投資家の信念と衝突するからである。

　これは、投資家が下げ基調のマーケットでは売るのが遅れ、上げ基調のマーケットでは買うのが遅れる理由の説明になる。既存の考えを新しい状況に合わせるには時間がかかる。態度形成に影響を与える諸要因は、ほとんどの社会的状況下では積極的意味合いを持つが、投資に適用されるときには致命的である。ほとんどいつもほとんどの人を欺こうというとんでもない計画が進行中であるように見える。逆張り投資をしない投資家には実際にそうである。

　あなたは、ある銘柄を天井近くで購入し、それが方向を変えるのを見た後もさらに上がることを念じて、底に至るまでじっと保持し続けたことがないだろうか？　また、あなたは長期間保有していた塩漬け株を泣く泣く処分した途端に、それが急騰し、がっかりし、その株が新高値に向かって爆発したことを経験したことがないだろうか？　大損を被った後で、あなたは新しいブル・トレンドと付き合わねばならない辛い時期が来る。この時期の株価上昇は、株は損をするものだというあなたの態度と一致していない。それゆえ、あなたは自らの間違いを認め、その銘柄を再び買い、新しいトレンドからリターンを得ようとはしないでそれを無視してしまう。

たぶん、このとき、あなたは自己防衛本能が働いて、自分の間違いを認めたくないのである。いずれにしても、あなたの態度を形成するメカニズムは、間違ったシリンダーの中で燃焼しているエンジンのようなものである。人々が正しい選択をすることが難しいのは別に不思議ではない。

実際的効果

ひとつの典型的な銘柄において、ブル投資家とベア投資家が交錯する背景には、この心理がある。

多くの投資家は、理性的な投資はしない。たとえそうしようと考えていても、である。ところが、自分たちが売買を決定した背景には、理性的な思考があると信じている。実際には、彼らの決定はグループと歩調を合わせたいという思いで、違ったものになっている。その思考には、情緒的なものがある。それが理性的なものであると彼らをだますのである。現実問題として、投資家は不合理な必要性、要望、そして欲求に捕らわれた囚人である。

さらなる研究で、投資家にとって、マーケット予測を他人と共有するのは誉められた行動ではないということが分かった。これは、特に逆張り投資家の場合にそうである。逆張り投資家の予測は、大多数の投資家から、徹底的に軽蔑されることはないにしても、拒否される。人々がある話題について、公に自らの態度を表明したとき、仮にそれを変更することが正しい場合であっても、後になって変更をすることは大変難しいことが研究によって分かった（Discussions,Decision and Consensus in 'Group Decision', E.B.Benett, Human Relations, 8, p251-273）。自分の考えを述べることで、投資家は間違った考えを述べたかもしれないという余計な重荷を負ってしまうのである。間違いを自ら認める人はほとんどいないので、その間違ったポジションに固執することによって、予定していないゴールに行き着くことになる。

これが一般投資家に対して、不断に自分の態度を表明しなければならないし、そこからくる危険からわが身を守らなければならないアナリストが、

なぜ弁明の余地のないポジションを弁護することを止めることができるのかということを説明している。アナリスト（あるいは、他の投資家）は、頑固に、間違ったものの見方を変えない。そして、長期間の痛ましい下げの後で、その間違いを認めるのみである。

トレンドと闘う

　大多数の投資家とともに進まねばならない時とそうすべきでない時を見分けるのは大変難しい。投資決定は不安を募らせるが、投資の世界では、人々は安心感を得るために、大多数の意見を追求し、それに従うというバイアスを持っている。

　一度、大多数の意見が持っている脆弱さを理解できれば、それと闘うのはやさしい。ある銘柄の値段が上がり、それが何カ月も持続するかもしれない。しかし、その銘柄を購入した人は何千人もいるかもしれないが、実際に独自に形成した考えを持ってその株を買った人は少ないといっても間違いないであろう。大多数は、単に流れに乗るだけである。そのとき、その投資が独立した信念に基づいてなされていない、ということに気がついていない。

　すべての投資家が自分自身の信念を築き上げるために必要かつ困難な仕事をしていれば、毎日のマーケットで起きている不合理で野蛮な株価変動を把握することができるだろうか。人々は気まぐれな考えで、素早く購入するのだろうか。投資家は、上昇中の株式は上がり続けるに違いないという根拠に乏しい理由に基づいて、その流れに飛び乗るので、些細な下げが生じたとき、すぐに売却してその流れから脱出すると考えるのは合理的ではないだろうか。

実際的効果

　人々は、新しい情報と戦い、自分たちがすでに持っている信念を守るために新しい情報の受け入れを拒否する傾向がある。これは本来的に不合理である。みんなが知っているように、マーケットはしばしば、不合理であ

る。

　実際的効果。マーケットと株式は、素早く上下動する。しかも、最も些細な理由に基づいて。１９８７年の暴落のような事件について、ひとつだけの原因を探求する試みは、実を結ばない。それらにはしばしば、明確な答えがない。真実はおそらく、いかなる合理的な理由もない大多数の投資家が引き起こした狂乱というものにあるのだろう。

　これは、まさしく逆張り投資家が努力して学ばなければならないものである。このような狂乱をいかに見極めるか、いかに詐欺師を詐欺師としてみなすか、そして、他の道を選択することを学ぶのである。

　結論。投資で成功を収めるには、独立した態度を強固にしなければならない。そして、活発で明確な考え方をしなければならない。専門家の意見で、有名な専門家の暗示によって、あるいは、その他の人の意見によって、いたずらに動揺してはならない。逆張り投資家は、目的地にひとりで歩いて行かなければならない。

第4章 過熱したマーケット：逆張り投資家のレッスン

ウォールストリートでは常に歴史は繰り返す。
　　　　　　――『欲望と幻想の市場――伝説の投機王リバモア』
　　　　　　　　　　　　　　　　　エドウィン・ルフェーブル

　ルフェーブルは正しかった。ウォールストリートでは、歴史は常に繰り返している。実際、投資に関しては、大きな周期で、何年もの間、歴史は繰り返されている。不幸にも、行きすぎたバブルが何度か起こった。投資家は、それらから、何度となく、学んできたのである。本当に学ぶのは難しいことではあったが。

　これまで、逆張り投資家とは何かを説明するのに多くのスペースを割いてきた。しかし、逆張り投資家がしないことは何かを理解するのも、非常に重要である。今まで、幾つかの劇的かつ破壊的な投機バブルがあった。それらを検証するのに時間を使うのは、価値があると考える。

バブルを理解する：逆張り投資家の見通し

　バブルとは、正気でない狂気の期間である。そこでは、信じられないほどの興奮が起こり、妄想的な投機が行われる。そして、暴力的な、通常は破壊的な絶頂期を迎える。狂気はすべての人に感染する。そこでの取引は、活発で、熱狂的で、そして病的な幸福感に満たされている。大多数の投資家は自分たちの投資の本質的価値に関する関心を失う。これらのバブルでは、人々はいとも簡単に貪欲さによって堕落させられ、大多数の心理に屈する。大多数の心理に反して賭けるべき時を認識し、理解することは逆張り投資家としてリターンを上げることの第一歩である。

ハリケーンの発生源が熱帯低気圧であるように、バブルの発生源はマーケットの思惑買いである。多くの熱帯低気圧がハリケーンに成長することはない。ほとんどの投機的な動きは、その最大限にまで膨張したバブルにはならない。熱狂とバブルとの違いは、その程度による。真のバブルとは、すべてのセクターで行きすぎが起こる。マーケット全体を巻き込んでしまう。

　例えば、マーケット研究家は１９９５年の夏、ハイテク関連株、特にインターネット株に対して投資家が見せた投資意欲に驚かさせられた。しばしばインターネット株の株価は、いかなる投資基準に照らしても正当化できないほどにその適正価格よりも高いものとなった。それらの会社の多くは利益を上げることなく、まだ、立ち上げたばかりのものであった。中には、売り上げが全くない会社もあった。この激しい動きを示した投機のときでさえ、真のバブルとは言えないのである。そのときすぐかたわらには一部ではあるが、注意を喚起する人たちが常に存在していたのである。真のバブルではそのような注意でさえ、自分を無敵と信じている投資家には無視される。

　バブルにおいては、高すぎる株価を指摘し、恐ろしい暴落を予測する大胆な人は嘲笑される。警告は無造作に忘れられる。

　ジョン・ケネス・ガルブレイスが、１９２９年の大恐慌について書いたことを考えてほしい。それによると、「１９２９年の株式市場の投機において驚くべきことは、その投機にいかに多くの大衆が参加したかということではない。むしろ、投機が文化の中心になったということが驚くべきとなのである」（『ガルブレイスの大恐慌』、Ｊ・Ｋ・ガルブレイス、徳間文庫）

　バブルでは、投機があたかも"文化の中心"になる。そういう状況では、だれもが投機に参加するようになる。だれもそうする理由を理解しているつもりでいる。１６００年代のオランダでのチューリップ・バブルを書物で読んだが、この話にはうなずきながらも、ついには笑い出してしまう。なぜ一国全体がチューリップ球根への投機に夢中になってしまったのか、不思議で仕方がない。

バブルは、大衆がいかに間違うかを証明している。バブルを理解することで、逆張り投資家は大衆をよりよく理解することができる。後から考えると、投機的過熱はある周期で起こる。それらは、次のようなものである。
- １７００年代前半の大英帝国南海会社
- １９２０年代のアメリカの株式とフロリダの不動産
- １９６０年代後半から１９７０年代前半までの"ニフティー・フィフティー"
- １９７０年代後半の金
- １９８０年代のベースボール・カードと「マッスルカー」

　２つのバブルを検討したい。最初は１７世紀のオランダで起こったチューリップ球根投機である。その当時のオランダは、チューリップ投機を懸命にやることで世界支配への道が開けると、本気で信じていた。そのすべてのアイデアは信じられないほどバカげている。その次は１９２９年の大暴落を検討したい。

チューリップ・バブル：花がもたらした大惨事

　チューリップ投機は仲間内で行う春のイベントでもなければ、地方のガーデンセンターでよく見られる５０％割引セールでもなかった。１６００年代半ばに、オランダ経済は金融上のバブルですごく痛めつけられた。その結果、先進国であったオランダは経済的に停滞することになったのである。
　チューリップ投機は２つの理由で、歴史上、最も有名なバブルである。それは、詳しく歴史に記された初めての金融的狂乱劇であった。質素で実利主義者のオランダ人がそのような投機に巻き込まれるとは考えにくい。しかし、彼らが犠牲者になったことで、集団心理と貪欲さがいかにすさましいものであるかをよく表していると言える（この件については、ロバート・ベックマンの「Crashes, Why They Happen——What to do」を読まれることをお勧めしたい。歴史上の多くの大暴落について、実に素晴らしい

コメントを残している)。

　その投機の真っ最中に、あるひとりの船乗りが貿易商の事務所の調理場に置いてあったチューリップの球根を、昼食時にニシンと一緒に食べてしまった。玉ねぎと間違えてしまったのである。彼は重罪で投獄されてしまった。いろいろな家族が投機に一生懸命になった。家を売り、事業を売り、その資金をチューリップ球根の投機市場に投資することで将来を台無しにしてしまった。オランダには、金本位制からチューリップ球根本位制へと変えるべきだ、と真剣に考えた人たちがいたほどである。そのようなマーケットの暴落は当然避けられないものであったが、それが起こったとき、オランダの世界における位置づけは永久に変わってしまった。

単なる花から貴重品へ

　チューリップ投機は1634年から1637年の初頭にかけて、最高潮に達していた(『ウォール街のランダム・ウォーク——株式投資の不滅の真理』、バートン・マルキール、日本経済新聞社)。しかし、それがヨーロッパに伝来したのはずっと前のことであった。このたくましいチューリップは、中東から1500年代の中ごろにやってきた。チューリップの人気は、その後ベニスからドイツやオランダに広がっていった。1570年代にイギリスへ、1600年代初頭にはフランスに伝えられたのである(Why They Happen——What to Do, Robert Beckman, Sidgwick & Jackson, London, 1988, p2)。

　フランスでもチューリップへのミニバブルが生じたが、オランダの比ではなかった。その当時のオランダは列強国のひとつで、世界文化の中心地でもあった。その保有艦船は世界の船舶数の半数にも上ったのである。オランダは、新世界と呼ばれた多数の植民地を持った新興富裕国であった。そこでは、チューリップを所有することが富の象徴であった。

　その花は美しく手に入れるのは難しかった。チューリップ投機が始まる以前に、その価格はすでに高かったのである。その花がますますステータス・シンボルとなるにつれて、オランダ人の間には隣人に対して後れを取

りたくないという機運が蔓延した。チューリップを所有したいという欲望が大衆の間で広がったのである。ある時点で、チューリップ球根はおカネのかかる罪のない趣味の領域を越えており、最も有名な１７世紀の投機的市場の大崩落への道をたどったのである。

■あるポートフォリオ・マネジャー（逆張り投資家）の回想

池に投じられた一石がだんだんと周囲に波紋を広げていくように、投資情報が特ダネとして、次第に人々の間に伝播して行った。最初、そのさざ波の勢いは強く、波と波の間も密になっている。しかし、中心点から離れるに従って、その間は広くなり、その強さも失われていく。投資の世界でも、これと同じことが起こる。内部者（インサイダー）や初期の投資家は、最大のリターンを得ることができる。すなわち、そのようなときの投資効果は最も強力であり、それを知っている投資家の数は最も少ないのである。

ある投資に勢いがつくにつれて、だんだんと追従するものが現れてくる。すぐに、年金ファンドやミューチュアル・ファンドの洗練されたファンド・マネジャーが、参戦してくる。株価の上昇とともに、より多くの人々がその波に乗ろうとする。それらの人々の中には、素人の個人投資家も含まれている。彼らは銀行預金を取り崩し、少しでも多くのリターンを求めて、株式投資に乗り換えるのである。メディアは、株価が上がり続けていることを高らかに伝えるのである。そして、ついにはその話はすべての人の知るところとなり、最後の１ドルがマーケットに投じられた後、そのさざ波は消えてなくなるのである。　　　　　　　　　　　　　　　　■

チューリップ球根の需要が高まるにつれて、数が足りなくなってきた。皮肉にも、突然変異で生まれた花弁に割れ目のあるものが、最も好まれるようになったのである。ウイルスによって、鮮やかな色のコントラストを示す花弁が生まれたのである（マルキールの前掲書）。

点があり、凹凸な花弁、あるいは火炎のような大きな縞模様を持ったチューリップは、貴重品として大いに重宝されたのである。チューリップの花について、ランクをつける基準もあった。模様が派手であればあるほど、

価格は高くなったのである（Beckmanの前掲書）。

　栽培農家は、突然変異が起こることを心待ちにしていた。それは、普通のものより価格が高くなるからである。変種の獲得は、金鉱の発見や宝くじに当ったようなものであった。

　チューリップ投機がそのような特殊性だけを目的とするビジネスのみであったなら、この騒動は植物史の中の興味ある脚注のひとつでしかなかったであろうが、そうではなかった。チューリップは巨万の富を生むという話が広がるにつれ、その栽培家が全国に急に出現した。チューリップ価格は上がり続けた。それに伴い、新しい職業も生まれた。チューリップ・アナリストを始め、包装業者、運送業者、保険会社、そしてさらに倉庫業者が出現したのである。

　チューリップ投機は、オランダを代表するビジネスになった。約２００年の後、小説家チャールズ・マッケイは次のように書いた。「１６３４年、オランダ中に蔓延したチューリップ投機が過熱しすぎたため、この国の通常の産業は無視された。この国の人々は、最下層の人々を含め、すべての人がチューリップ取引に参加したのである。チューリップ熱が高まるにつれて、１６３５年までその価格は上昇し続けた。多くの人々が、１０万フローリンという巨万の富を４０個のチューリップ球根に投資したことで知られていた」（チャールズ・マッケイ著『狂気とバブル──なぜ人は集団になると愚行に走るのか』［パンローリング］）。

　この数字の理解のために、ある数字を挙げる。１７世紀のオランダでは、都市部に住む中産階級の家族は、年間２００から１０００フローリンで生活していた。マッケイは、次のことを指摘している。４頭の太った雄牛の価格が４８０フローリン、８頭の豚が２４０フローリン、２樽（１樽：約２３８リットル入り）のビールが７０フローリン、そして１０００ポンド（約３７３キロ）のチーズが１２０フローリンであった（MacKayの前掲書, p95）。これらの数字は、本当の数字である。そのころオランダ人の農夫は、雄牛の後ろで畑を耕し、そして羊の番をし、チーズを食べ、ビールでそれを飲み下すような生活をしていた。

　それでもなお、球根の価格は上昇を続けたのである。このような状況で

は、球根泥棒が問題になった。

　手っ取り早くカネ持ちになりたいと考える大衆がこの投機に参戦してきた。それらの人々は、プロモーター、暴利を貪る人、そしてマーケット扇動者である。彼らがチューリップへの投資を煽った行為は、詐欺師のそれに似ている。それは、価値のないペニー・ストックと呼ばれる低位株（5ドル以下の株式）への投資を勧める現代の詐欺師と同じである。

　相場を操作しようとする人は、特に訓練された動物をチューリップ畑に放して、掘り返させ、食べさせ、あるいは球根を踏み潰させた。それらの動物には、犬、鶏、そして豚が好んで使われた。それは人為的にチューリップ球根の数を少なくするためであった。その他の不埒な取引業者は、特定の種類の球根を買い占めた後で、ある種類の球根が動物の襲撃を受け、大損害を被ったという噂を流すのである。当然、業者はかなりの利益を得ることができた。彼らの流した噂によって市場に品薄感が広がったためである（これによって、19世紀後半から20世紀初頭にかけて暗躍した一群のいかがわしい株式ブローカーのことが思い出される。彼らの「操作」は、ある銘柄の買い占めた後、悪材料を流し、空売りを得意とする投資家をはめたのである）。貪欲さが正常な判断を狂わせたのである。

■ある新聞記者（逆張り投資家）の回想

　信じようと信じまいと、逆張り投資法では、詐欺行為の出現は重要な指標と考えられている。それは、マーケットが過熱し始めていることを示すからである。業界紙のレポーターは、常にそういう場面に出くわしている。あるセクターが過熱したり、多くの人が投資に参加し始めると、それらがテクノロジー株、貴金属、イーグル銀貨あるいは携帯電話会社のいずれであれ、熱くなった大衆はそこに参加し、他の投資家からカネを巻き上げようとする。不幸にも、向こう見ずな投資家は、あまりにも簡単に大切な資金を価値のない銘柄やマーケットに注ぎ込んでしまうのである。投資家は、資金を投じるときに、少しばかりの間、熟考すれば、詐欺師的なブローカーが売ろうとする銘柄について真実が見えてくるはずである。それらには投資価値がないことが分かるはずである。もし新聞や購読誌の中から新し

い噂を見つけることができたら、それはそれまでのニッチ・マーケットやそのブル・マーケット、あるいは投資が非合理的なほどにブルの極限に近づいていることを示しているのである。■

　真面目な投資家は、価格変動のニュースを知るためにメッセンジャーを雇った。しかし、その投機的過熱を最終的に究極の天井を打つところまで推進したのは、オランダの中産階級による市場への参入であった。だれもが早急に簡単に利益を得たいという誘惑に負けてしまったのである。ある人々はチューリップ球根への投機資金を得るために、家、農場、事業、馬などの家畜を売ってしまった。その他の人々は、資産を担保に入れて投機資金を賄った。チューリップ取引所は、アムステルダム、ロッテルダム、そしてその他3つの都市に設置された。そして、先物市場が発生したのである。取引業者は、特定のチューリップ球根を引き渡す先物契約を約定したのである。彼らは、この約定を実行する気は全くなかった。彼らは、この契約（大きなマージンを乗せて）を期間満了前にだれかに売りたいと思っただけである（読者は、今日の商品取引所もそうであると誤解してはならない。商品先物取引所は正当な目的で設立されていることを覚えておいてほしい。それによって、利益を確定したい投機家のリスクヘッジが可能になる。たとえ、チューリップの売買と引き渡しを約定する契約が今日の商品取引の中で普通に見られる形態であったとしても、実際に経済的用途がある小麦やガソリンについての取引と、チューリップ球根への投機は全く違ったものである）。最初、チューリップ球根取引には、正当な目的があり、冬の期間だけに行われた。栽培農家が春の植付けシーズン前に、球根を手に入れたかったからである。しかし、投機家がそのプロセスを悪用してしまった。今や、球根は栽培目的ではなく、投機目的のために取引されるようになったのである。その結果、人々は年間を通じて取引を要求するようになった。

　先物市場の創設は、極めて自然にオプション市場へとつながっていった。そこでは、投機家はチューリップ球根を売る権利（プット・オプション）や買う権利（コール・オプション）を取引することができたのである。暗

第十章　過熱したマーケット：逆張り投資家のレッスン

い見通しを持った投機家がプット・オプションを購入した一方で、価格が上昇すると考えた投機家はコール・オプションを買ったのである。

　チューリップ投機が過熱するにつれて、すでに最高値圏にあると考えられた価格はさらに上昇したのである。ついに、その価格はほぼ連日2倍になった（Beckmanの前掲書, p7）。あるトレーダーは、最も人気のあったチューリップに対して、売り方がどのような値段をつけようとも購入するつもりであった。それは、明日になったら、別の買い手がもっと高い値段で引き取ってくれるであろうと考えたからである。このチューリップへの狂った投機は、価格が上昇を続けている限り、危険はなかったのである（すべての投資家は、特に逆張り投資家は、いわゆる「より愚かな人」に売りつける戦略を使っての銘柄購入は大いに間違っているということを理解する必要がある。これは、われわれが避けている投資戦略でもある今日の「モメンタム投資」をしている投資家を思い起こさせる）。オランダのエコノミストは次のように言った。チューリップの価格は、その他の投資とは違って上がり続けるだろう。その結果、オランダは世界一裕福な国になり、国民の生活水準は永遠に上がり続けるであろう、と（これがオランダで起こっているときに、イギリス人たちは資金を船舶、軍隊、そして植民地発見のための大航海に投じていたということは述べておくべきだろう）。外国投資家も、このマーケットに参入し始めた。

■ある新聞記者（逆張り投資家）の回想

　もし私がビジネスの年代記作者として何かを学んだとすれば、「以前の出来事は、今回には当てはまらない」とだれかが言いだすようなことが起きたら、とっととそこから手を引けということである。本質的に、その当時のオランダ人がチューリップ球根を投資対象としたときに信じたことは、まさしくそのことだったのである。その他の投資と違って、彼らはその球根の価格が一方向にしか動かないと考えた。すなわち、上がる一方であると考えたのである。当然、価格は2つの方向に動く。下がることもあり得るのである。一時代や歴史を通じて影響を及ぼした投資のルールは、これからも何度も繰り返し影響を与え続けるだろう。

このチューリップ投機を子細に観察すると、投機の種は常に足元に転がっていることが分かる。狂気の連続的変動があるとき、投資家は屈しやすい。そして、古い投資ルールがもはや役に立たないと簡単に信じてしまうのである。しかし、最終的に、やはり投資ルールには新しいも古いもないことが分かる。短期的には、株価は適正な価格よりも買われ過ぎたり過小評価されたりする。しかし、最終的に適正な価格よりも安い株の価格はだんだんと上がるものである。適正な価格より高い株の価格は実際の適正な価格を反映して、逆に下がる。そうでないと言い張るのは、間違いのもとである。　■

　抜け目のない市場関係者は、勢いを維持することに一生懸命であった。ハーグの靴修理職人が、自分の庭で黒いチューリップを育てた。そして自分の幸運を自慢した。すぐに他の都市から、チューリップ取引業者が訪ねてきて、その球根に対して、１５００フローリンを支払った。その取引が終了するや否や、その取引業者のひとりは、球根を床に落として踏み潰してしまった。その理由は、すでに黒いチューリップを所有していたからである。価格維持のために、似たような種を根絶やしにしたかったのである（Beckmanの前掲書, p10）。
　１９２０年代後半のアメリカ株のように、チューリップ取引はオランダの社会体制の一部になった。両親は赤ん坊にその日のチューリップにちなんだ名前をつけた。そして一般の人までが毎日のチューリップ相場をチェックしていたのである（Beckmanの前掲書, p5-6）。船乗りがチューリップの球根を食べてしまったことを覚えておられるだろうか。その値段は非常に高く、彼が同僚の船乗りを１年間食べさせることができるほどのものであった（マルキールの前掲書）。
　１６３４年ごろまで、チューリップ取引はオランダで唯一の資金の集まるビジネスであった。より正当な企業が資本を必要としていた時でも、無視されたのである。

代金の支払い

　いかなる投機も永遠に続くことはない。最終的に、より高い価格でチューリップを購入したいと考える「よりバカな人」がいなくなった。その後、時がたつにつれて、価格が下がり始めた。以前にもこのようなことがあったが、今回は価格が戻ることはなかった。それがパニックを引き起こし、価格は急激に下がった。高値でチューリップを先物契約で購入した投機家は決済期日に新安値をつけたチューリップの受け取りを拒んでしまった。

　その結果、支払い不履行が蔓延した。オランダの何千という投機家が破産し、価値のないチューリップ球根が残ったのである。投げ売り価格でも、だれもこれらの球根を買おうとはしなかった。

　急激にカネ持ちになった元貧乏人は、再び貧乏人に戻った自分に気がついた。多くの銀行が倒産し、オランダの経済が崩壊する原因になったのである。あまりに長期間、そしてあまりに多額の資金がチューリップ投機市場に注入されてしまい、その間、オランダのその他の市場に資金が投入されることはなかったのである。

　オランダ中の投機家が団結して要望書を提出した。それは、政府介入によってチューリップ取引への信頼を回復させることであった。しかし、政府はその要望を拒絶して、投機家たち自身で合意をするように任せた。市場関係者は、合意に至ることができなかったし、争いが絶えなかった。そのため政府は、その投機期間中のすべての契約──つまり１６３６年１１月以前の契約──は無効としたのである。その後に締結された契約は、売り方に１０％支払うことで無効にすることができた。売り方、買い方双方ともに、この決定には満足しなかった。ある時点で６０００フローリンもしたチューリップが、今や売り値で５００フローリンになってしまったのである（MacKayの前掲書, p99）。

　多くの訴訟が契約違反として起こされた。しかし、裁判所は、それらの契約はギャンブル以外の何ものでもないとして、それらの契約の実行を強制することを拒否した。最終的に、ハーグ地方裁判所は状況を調査するように要求された。数カ月間にわたる審査の後、暫定解決策を提示した。す

なわち、各裁判所はその契約の遵守を強制しないということである。その混乱が収まるのに何年もかかってしまった。そして、今日まで、オランダ経済がグローバル市場の最前線に立つことは二度となかったのである。

　チューリップ投機から得た教訓は多くある。それらに注目されたであろうか。われわれが見てきたように、オランダはチューリップ投機によって金融的に破綻してしまった。その結果、イギリスやフランスとの競争に敗れて、多くの植民地を失ってしまった。もしそれがなかったなら、ウォールストリートで使われる用語はオランダ語であった可能性があった。しかし、オランダ語ではなく、英語が新世界を目指した熾烈な戦いに勝利するのであった。

　しかし、われわれがこれから見るように、アメリカ人もこの教訓を学んでいないのである。

1929年の暴落

　その大暴落は歴史上の事実であるが、今や伝説になっていると考えられている。それは、どんなにひどい事件であったのだろうか。その後の深刻で悲劇的な景気後退の原因になったのだろうか。今日でも、その議論は続いている。しかし、誇大宣伝、投機や群衆の心理について逆張り投資家が学ぶべき教訓がある。

　１９２９年９月に、マーケットは天井をつけた。そして、四半世紀後の１９５４年後半まで、その水準が回復することはなかったのである。ダウ・ジョーンズ工業株平均指数は、その価値の８９％が失われてしまった。１９２９年９月の３８１ポイントから１９３２年７月の４１ポイントまで下がってしまったのである。

　今日の状況で言えば、１９９７年８月の最高値の８２５９ポイントから、その後３年間下がり続け、８０８ポイントまで下がる。そして、その後、２０２２年まで回復をしないというのに等しい。

　信じられない暴騰の後、１９２９年から１９３２年まで下げが続いた。１９２８年３月から１９２９年９月初めの１８カ月間において、平均株価

は2倍になったのである。パーセンテージで先の5年間の利益に等しいリターンを得ることができた。われわれが記録した他の投機市場とは違い、1928年から1929年の株式市場は、堅実な会社の株への買い注文が集中することで始まった。それらの会社は、GE、RCA、そしてモンゴメリー・ワード社である。これらの株式購入は、手持ち資金で行われた。投資家が借金をして株式を買い増すのは、その暴騰の終わりの時期近くである。

　この大暴落の要因には多くのものがあるが、そのうち2つが注目に値する。借金や「信用取引」で銘柄を購入することと、投資信託の発展である。

　投資信託は面白いものである。ミューチュアル・ファンドが今日果たしているのと同様の役割を、ある時期果たしていた。基本的に、投資信託とは、十分な投資資金のない個人投資家に、直接マーケットに資金を投じる道を設けたものであり、さらに投資の多様化を図れるようになっていた。

　投資信託が1929年初頭に、合衆国で初めて出現したときに、それは厳格に規定された運営規則によって保守的に運営されていた（本来、投資信託は、スコットランドとイギリスで始まったものである）。

　投資信託が一般的になるにつれて、監視と説明責任がおざなりにされてきた。投資信託は受益証券を一般投資家に販売し、その代金を好きなように投資することができた。投資信託は初めて上場されたときに、その保有株式の価額を公表しなければならなかった。そしてその後は年一度、価額を公表すればよかった。1927年以前には160の投資信託が設立された。1927年中にその数は2倍になった。1928年になると、さらに186の投資信託が設立された（ガルブレイスの前掲書）。1929年の初頭には、新しく設立された投資信託は毎営業日に1社の割合で設立された（ガルブレイスの前掲書）。

　投資信託発行残高は、1927年の約4億ドルから1929年には30億ドルへと跳ね上がったのである。この資金の流入は、一種の永続可能と思わせる連鎖反応を引き起こした。投資信託への資金がさらに流れ込むことによって、ますます多くの資金が株式市場に投入された。その結果、株価はさらに上昇し、ますます多く投資家が株を購入しなければならないと

考えたのである。

　市場でのひとつの通念は、だれもがマーケットに参加し、だれもが信用取引（証拠金取引）で株式を購入したというものである。それは全く正しいとは言えなかった。ジョン・ケネス・ガルブレイスは、彼が書いた『ガルブレイスの大恐慌』の中で、上院委員会が後になってその当時の投機がいかに広範に行われたかを調査したと述べている。２９の取引所のメンバー会社は、１９２９年には１５５万人の顧客がいたと言っていた。この数字は、合衆国人口（１億２千万人）の１％、合衆国の世帯数（２９００万～３０００万所帯）の５％より若干多いのである（ガルブレイスの前掲書）。

　１５５万口座のうち、９５万は現金勘定である。それは、一般的に銘柄購入は現金取引であることを示している。残りの６０万は信用取引口座であった（ガルブレイスの前掲書）。もうひとつ注目すべき点がある。投資信託には、広範な証拠金取引による負債があった。それは、大暴落の２つの原因が同じところに潜んでいたことを意味するのである。

　だれもがマーケットに参加したというのは真実ではなかったが、ほとんどすべての人がマーケットやその動きに関心を持ち、話題にしていたというのは事実である。その当時の株式市場関係者は、今日のスポーツ選手やハリウッドのスターのような憧れを持ってみられた。

　『かつて宝の山で（Once in Golconda）』という本に、あるイギリスの新聞社のニューヨーク特派員が、アメリカ人の株式への偏愛がいかにすごいかを報告した事例が載っている。「人々は、禁酒法を話題にした。あるいは、ヘミングウェイ、空調、音楽、そして競走馬を話題にした。しかし、最後には、株式市場を話題にする必要があった。そして、その途端、話は白熱を帯びるのである」（マルキールの前掲書）

　ところで、ゴルコンダ（Golconda）とはインドにあったと言われる古代都市の名前である。そこを通過した人々のすべてがカネ持ちになったそうである。その都市は、現在消滅している。何かに非常に似ていると、われわれには思えるのである（マルキールの前掲書）。

大暴落への布石

　１９８７年の暴落とは違って、１９２９年の大暴落は少なくとも部分的にではあるが、経済の後退と関連があった。この事実は、最近明らかにされたことである。第一次世界大戦以前、アメリカは世界最大の債務国であった（常識的には、債務国であるという状態は、その国の株式市場には良いことではない。最終的には、これが正しいということは証明できるであろうが、直接的に明確な原因と影響はないということは正しい）。しかし、その後、デモクラシーの宝庫として世界最大の債権国となった。

　第一世界大戦後、平和な時代が続いた。しかし、それは１９２０年から１９２２年にかけての深刻な不景気によって中断された。１９２０年４月から同年１２月までの半年間で、ダウは２５％も下がった（Beckmanの前掲書、p124-125）。その後、景気は２０年代の中ごろまで回復が続き、再度、失速し、２０年代の終わりには再び大きなブームを迎えるのであった。

　１９２４年５月に、ダウは９０ポイントであった。１９２４年末には、１２１ポイントに、１９２５年末には、１５１ポイントに上昇した。翌年、１９２６年には、問題が待っていた。その年、１５１ポイントから始まったダウは、基本的に２月末までは何の変化も見られなかった。しかし、３月末に１３５ポイントに下がった。それは、ダウが再度、堅調になる前であった。

　１９２７年に、マーケットはしっかりと運命的な上昇を開始したのだった。２８％上昇して、２００ポイントで終わった。その年の上昇は堅実なものであった。１９２８年に起こったような投機の産物ではなかった。

　１９２８年に、マーケットは大幅上昇を示した。すぐに賭けから儲けを引き出そうというマーケット心理が働いていたものと思われる。毎日の営業時間内の証券ブローカーの店先は、人で混み合っていた。

　１９２８年３月だけで、マーケットは１０％も上昇した。優良株は、いわゆる「高利回り安全」株としての仮面を脱ぎ捨てた。しばしば、１日で１０から２５ポイントも跳ね上がったのである。ＲＣＡ社の３月１２日から１５日までの動きを見てみよう。その動きは、２６ドル上昇、１８ドル

上昇、７ １/２ドル上昇、４ドル上昇であった。その当時の新聞の伝えるところによれば、この銘柄は、９３．５ドルから１５０ドルまで急騰した。その累積リターンは５９％であった。

　出来高は、ある銘柄にどれだけ投資家が興味を持っているかを知る重要な尺度である。毎日の出来高が３００万株から４００万株へと増加した。とうとう、６月には１日の出来高が５００万株という当時としては信じられないほどの量へ膨れ上がったのである。これらの営業日に、相場表示機はしばしば現時点の数字を表示できなくなった。つまり投資家は、今現在の正確な相場の状況を知ることができなかったのである。１９２８年１１月に、６００万株以上が数日続いて取引された。

　１２月初めに、最悪の事態の前兆が表れた。ＲＣＡ株が１日で７２ポイント下がったのである（それは、１年間で８５ドルから４２０ドルに上昇していた）。しかし、それでも、マーケットは落ち着き、再び前進を開始した（Beckmanの前掲書, p120）。

　１９２８年を通じて、ダウは９７ポイント、すなわち４８％上昇した。それは、２０３ポイントで始まっていた。１９２７年に記録した２８％の上昇に続いて、この驚愕のパフォーマンスは、多数の投資家をマーケットに引き込むのに十分であった。ＲＣＡ株は５倍になった。モンゴメリー・ワード株は、１１７ドルから４４０ドルへと、ほぼ４倍になった（ガルブレイスの前掲書）。その年の出来高は１９２７年のほぼ２倍であった。

　しかし、これらの数字の裏では、投資家の行動の根本的変化が生じていたのである。もはや人々は、長期的投資の目的で株式を購入しなくなったのである。投資家は、株式投資を手っ取り早いカネ儲けの手段とみなしたのである。

　信用取引は、さらに投資家を投資に駆り立たせる。投資家は、レバレッジによって借りた資金の何倍にも投資することができる。ある銘柄を買うときに、１０％の証拠金を納めればよいのである（Beckmanの前掲書, p128）。手持ち資金だけでは、ひとつか２つの銘柄にしか投資できないのに、信用取引の仕組みを利用すれば、３つ、４つ、あるいは５つの銘柄に投資することができるのである。通常、それは投資家が投資を分散するこ

とを可能にする。しかし、そのときの投資家は投機をしていた。問題があるような銘柄を買ったり、レバレッジ効果でそのリスクをかなり高めていたのである。

　ここに、投資家を引きつける力があった。この仕組みを利用して、銘柄を購入し、株価が2倍になれば、投資家は自分の資金を3．5倍に増やせるのである。

　信用買いの増加を知るための指標が、2つある。
●いわゆる"証券担保貸付"額の急増、そして、
●これらに適用される金利の変動

　証券担保貸付金利は、1928年初頭には5％であったが、1928年末にはほぼ12％に上昇した。市中銀行は、FRB（連邦準備制度理事会）から、5％の金利で資金を借り、それを12％で貸し出したのである。この差額が利益であった。ニューヨーク州の各銀行はこのローンを実施した。そして、貸し手と借り手を引き合わせるブローカーが国中に現れたのである。金融機関やその関連会社以外の一般会社がそれらのローンを利用して株式市場に参加するのに、時間はかからなかった。通常、それらのローンは、新工場建設とか設備投資に使われるはずであった。12％リターンという魅力的な数字ゆえに、世界中から資金が流入してきた。そして、それらのローンは、投資家が信用取引で購入した株式を担保にしていた（ガルブレイスの前掲書）。

　これらのローンの取引量や金利は、次第に上がった。1920年代初めには平均貸付総額が15億ドルであったのが、1926年の証券担保貸付では25億ドルに、1927年末には35億ドルまで増えたのである。そして、借入額が急激に増えたのだった。1928年6月初めには40億ドルであったのが、11月初めには50億ドル、その年の終わりには60億ドルに増加した（ガルブレイスの前掲書）。証券担保貸付は、1929年には20億ドル以上増加した。6月30日から10月4日までの期間だけで、70億ドルから85億ドルへと増加したのである（Beckmanの前掲書, p128,130）。

これらの安易な資金供与が、やがて来る大変動の舞台をしつらえるのを後押ししたと言わなければならない。

株価がほとんど垂直的に上がるにつれて、投資家の売買スピードが速くなってきた。それは、まさしく投機の兆候である。マーケットの天井付近では、すべての投資家がこの饗宴は永遠に続くと感じるものである。

大暴落の直前までは、証拠金勘定の負債額はニューヨーク証券取引所の取引総額の１０分の１であった。それは、株主ひとりに対して５０００ドルになったのである（Beckmanの前掲書, p128）。しかしこの金額は、法人株主や現金だけで株式を買った典型的な投資家を加えた株主数の平均証拠金であり、全体を十分に表わしていない。証拠金勘定の負債は、実際には非常に活発に投機をしているトレーダーに集中しており、これらの投資家はマーケットが意に沿わない方向に振れたとき、最初に売りを出してくる可能性がある。

あの1929年の到来

株式は上がり続けた。１９２９年１月現在で、ダウは１７ポイントの上昇であった。その翌月、実力政治家たち（主に、退陣するクーリッジ大統領政権のメンバーであった）とＦＲＢは、投機レベルがどの状態まで進んでいて、それに介入すべきかどうかについて審議したのである。この秘密会の内容は、３月にリークされてしまった。そして、再度マーケットの深刻な下げの原因のひとつになったのである。

幾つかの銀行が、今まで積極的であった証券担保貸付分野から撤退し始めた。旺盛な需要があるときに、供給を減らしたのである。金利も１４％に引き上げた。１９２９年３月２５日、暴落の恐怖に取りつかれた投資家が成り行きで株式を処分してしまった。その結果、マーケットは１３ポイント（当時３００ポイントであったダウ平均の約４％に当たる）下がってしまった。相場表示機は、再び、そのときに現在の相場を表示できなくなった。証券担保貸付金利は２０％に届いてしまった。それは、その年の最高金利であった（ガルブレイスの前掲書）。

ナショナル・シティ銀行会長であり、ニューヨーク連邦準備銀行の理事でもあるチャールス・E・ミッチェルは、避けられない事象を単に遅らせただけであるが、その瞬間は英雄であった。ミッチェルは、自分の銀行が投資家に対して、信用取引を継続するのに十分な資金を提供することを約束した（ガルブレイスの前掲書）。この発言によって、投資家の危機感が和らいだ。その重大な誤りの後、FRBは投機撲滅キャンペーンを中止してしまった。

レバレッジが投資信託に好まれる投資方法になった。現在のゴールドマン・サックスは、ゴールドマン・サックス・トレーディング・コープとして１９２８年後半に設立された。そのとき、１株１０４ドルで株式を公開した。１９２９年になって、他の投信会社を買収。その結果、同社の株価は、１３６ドルから２２２ドル以上へと数日で跳ね上がった。この株価は、信託財産価額の２倍であった。しかし、この会社はいくらかの自社株を買い戻すことで、懐疑派の人を黙らせた（ガルブレイスの前掲書）。

その夏に、ゴールドマン・サックス・トレーディング・コープは、新たに２つの投資信託を設立した。それらの名称は、シェナンドーとブルーリッジである。シェナンドーの受益証券は、募集価格１７．５０ドルで発行され、３０ドルで販売されたが、すぐに３６ドルに上昇した（その年の終わりには、８．００ドル付近まで下落し、後には５０セントになってしまった）。ブルーリッジも、シェナンドーとほとんど同じ経過をたどったのである。ゴールドマン・サックス・トレーディング・コープは、この２つの投資信託で赤字を被ってしまった。１０４ドルで公開されたこの会社の株式は、１９３２年までにマーケットの暴落とともに１ドル７５セントまで下がってしまったのである（ガルブレイスの前掲書）。

それは、ウォールストリートの暑い夏であった。ダウは、６月に３４ポイント、７月に１６ポイント、そして８月に３２ポイント上がった。トータルで２８％の上昇があった。合計８２ポイントというこの夏の上げは、１９２８年に１年をかけてダウが上昇した数字にほぼ匹敵している。

いつものように、証拠金負債の大きさと国中に蔓延した投機熱に警鐘を鳴らす２、３の悲観論者がいた。彼らは、つむじ曲がりな人として、相手

にされなかった。だれもが、おカネを儲けていたのではなかろうか。その当時、新しい時代の到来であり、アメリカの企業は絶対につぶれない、と少なくともそう信じられていた。

　１９２９年８月９日、投資家は、難しい時がいよいよ到来するのではないかという危惧を感じた。ニューヨーク連邦準備銀行は貸出金利を５％から６％に引き上げ、金融を引き締めたのである。しかし、マーケットは、数日でこの事実を織り込んでしまった。

　ビジネスはすでに下降気味であった。保守的なハーバード・エコノミック・ソサエティ誌は不況とは書かなかったが、景気後退を予測した（ガルブレイスの前掲書）。当時のマーケットは低利の資金で維持されていたため、ちょっとした引き締めでも、マーケットに与える影響は甚大であった。

　１９２９年９月３日、マーケットは最高値を記録した。ダウは３８１ポイントであった。その後、このレベルに回復するまで２５年もかかった。１９２８年３月３日以来、ＲＣＡは４３５％の上昇を示した。モンゴメリー・ワードは２５１％、そしてＧＥは２０８％の上昇を示したのである。

　その２日後、マサチューセッツ州ウェルズリーから来たロジャー・ボブソンが投資専門家の昼食会で出席者に対して、「遅かれ早かれ、暴落は起こる」と述べた。これは、国中を意気消沈させるには十分な言葉であった（ガルブレイスの前掲書）。この意見が表明された時点でダウは９ポイント（約３％）下落した。そして、多くの大会社の株式が暴落してしまった。これは、"ボブソン暴落"として有名である。金融界は、暴落は彼の発言のゆえであるとして、ボブソンを攻撃した。バロンズ誌は、"ウェルズリーの賢人"というアダ名をつけて嘲笑した。ボブソンは、虚弱体質で山羊髭をはやした貧相な男であった。

　エール大学教授のアービング・フィッシャーが株価は下落するかもしれないが、暴落を思わせる要因は何ひとつない（ガルブレイスの前掲書）と発言した。彼は、その１カ月後、この歴史的な大暴落に関連して、汚点を残す発言をする。株価は一時的に回復したが、その後、あたかもアメリカが滝に向かって動き出したかのように、暴落に向かって押し流されてしまったのである。

第十章　過熱したマーケット：逆張り投資家のレッスン

不吉な緊張がマーケット全体に広がった。

すべての熱狂には、問題をはっきりさせる瞬間がある。それは、ある公的ポジションにある人が「事態は、今回は違うのである」と言って、大衆にこれからも良い時代が続くことを保証しているときである。１９２０年代後半の過熱株式市場の最中では、それはフィッシャーの発言であった。１９２９年１０月１５日に行われた投資専門家の昼食会の席上で、フィッシャーは次のように言った。「株価は、"永遠に高さを保つ台地"に到達したように思われる」（ガルブレイスの前掲書）

同日、ナショナル・シティ銀行会長のチャールス・ミッチェルは、ドイツから帰国したばかりであったが、このマーケットで「株価の上昇を阻止するいかなる兆候も見つけることはできない」と発言した（ガルブレイスの前掲書）。

不幸にも、アメリカの一般投資家は、フィッシャーやミッチェルのように、株価が"永遠に高さを保つ台地"の位置にあるように考えたのである。そして、自分たちの投資が株価を思うままに上昇させることができると信じていたのである。株式市場は、過去２５年間でその時価総額を２倍にした。しかし、それはたった２年間でまた２倍となったのである。

１９２９年１０月２１日（月曜日）、６００万株以上の株式が取引された。その結果、相場表示用ティッカーは１時間以上遅れてしまった。その日遅くに相場が回復したことで、大敗北は免れた。しかし、下げは１０月２３日（水曜日）まで続いた。この日の下げは７％しかなかったが、投機家の１０％を破産させるのに十分であった。

１９２９年１０月２４日（木曜日）、出来高は１２００万株以上に膨れ上がった。そして、午前中は売りに対して、買いが全くなかった。ある株価はほとんど垂直に降下した。正午まではまさしくパニックであった。そのころになってトレーダーたちは、チャールス・ミッチェルを含めた銀行界の指導者たちがＪ・Ｐ・モルガンの会議室でミーティングを開いているのを知った。そこで、マーケットを救済するために、組織的な買い支えが行われるという噂がまことしやかに囁かれていた。銀行家たちは、資金を出し合ってプールを作り、株式市場を買い支えることを決定したのである。

その日の午後、マーケット史上、劇的な瞬間が訪れた。証券取引所のバイス・プレジデントであるリチャード・ホイットニーが、USスティールの取引ポストに大股で近づいて行って、1株204ドルで1万株の買い注文を出したのである。この指値は、数ポイント市場価格を上回っていた（ガルブレイスの前掲書）。この行為は、トレーダーたちを安心させ、その日のマーケットは6ポイント下げただけで終わった。金曜日と土曜日の出来高は大きかったにもかかわらず、株価は冴えなかった。しかし、完全な惨事を避けることができたように思われた。

しかし、それはすべて遅れてやってきた。

1929年10月28日（月曜日）、ダウは1日で41ポイント下げてしまった。13％（この数字は、8000ポイントの水準に換算すると、1040ポイントの下げに等しい）の下げである。GEは290ドルから48ドルの下げ、ウェスティング・ハウスは175ドルから34ドルの下げであった。銀行家たちは、再びJ・P・モルガンの会議室に集合した。しかし、今回は買い支えのためのいかなる意思表示もなされなかった。

火曜日の状況がさらに悪化するのは明確であった。

火曜日のニューヨーク・タイムズの朝刊には、次の大見出しが第1面に掲載されていた。「全国の投資家による持ち株の大量処分で株価が暴落し、140億ドルが吹っ飛ぶ。銀行が本日、市場の買い支えをする」（ニューヨーク・タイムズ, 1929/10/29, p1A）

それは、希望的観測であったことが分かった。

その日の朝も、太陽はいつもどおり上がったが、ほとんどの投資家にとっては暗い1日であった。3300万株が取引され、相場表示機は2時間半遅れていた（このとき、国中の投資家が感じた恐怖がどのようなものであったかは想像しかできない。彼らは売却依頼中の持ち株が、今どのような状態か分からなかった。暴落は広がっていくことは分かっていた。しかし、自分たちの持ち株がどこまで下がるかを知るすべがなかったのである。不幸にも、その日の恐るべき現実は彼らの感じていた恐怖をはるかに凌駕するものであった）。ダウは、30ポイント（他の言い方をすれば、13％）下落した。そして、午後遅くに、空売りの買い戻しが出てきて、損が拡大

するのを防いだ。１６００万株以上の出来高があった。その規模は、今日の出来高に換算すると１０億株の出来高に等しかった（マルキールの前掲書）。投資信託は、全滅してしまった。９月３日には、２８６ドルで引けたウェスティング・ハウスは、１３１ドルで取引が開始され、１２６ドルで引けたが、一時１００ドルまで下がった。

この恐ろしい１週間で、株価が暴落したために、広範囲な規模で追加証拠金が請求された。それに応えられなかった投資家は、預託株の投げ売りによる強制清算という事態に直面した。証券担保貸付水準は、９月中には６億７０００万ドルまで増えたが、そのときは１０億ドル以上になっていた（ガルブレイスの前掲書）。

その後、遺症はかなり長引いたため、さらに悲惨であった。１９２９年９月３日３８１ドルの最高値であったダウは下落を続け、１９３２年の７月８日には４１ドルになった。

３０年はかからなかったが、３８１ドルの壁を再度超えたのは１９５４年１１月であった。

熱狂から生じた悲惨さを避けるには

ホレース・アネスリー・バッチェルは次のように言った。「本来、どのような報酬もないし、どのような罰則もない。あるのは、結果だけである」。過熱したマネーゲームは極めて誘惑的なものである。非常に経験を積んだ投資家さえも、なぜに安直で一見リスクがないように見える利益の魅力に屈してしまうのかということを理解することは簡単である。家族、友人、そして職場の同僚など自分以外の投資家がほんのわずかな努力で大きな利益を上げているようなときに、自分の資金を投資に回さないでポケットにしまっておくということは本当に難しいことであるからである。

逆張り投資家として成功するには、訓練が必要である。大多数の投資家の発言に惑わされることなく、投資チャンスを見つけなければならない。人は、またとないチャンスを見つけだした後に、大多数の投資家がそれに追従するように望むものである。これは間違ってはいない。しかし、逆張

り投資家は、株式、債券、不動産、あるいはその他の投資商品の価格が適正価額をはるかに上回っているような熱狂を避ける必要がある。バブルは、病的幸福感を伴った狂乱である。その発生は、マーケット機能が麻痺していることを示す。それが現れると、さらに株価が高騰し、そして暴落へと続くのである。その結果、一生懸命に働いて蓄積した一般投資家の財産が一瞬にして消滅してしまう。その真っただ中にいるとき、過去の経験を生かして、落ち着いていたり、冷静でいることはできない。人のバカさ加減を測定するのは不可能である。

逆張り投資家は、バブルの種が投機ブームの中にあることも理解している。逆張り投資家は、チューリップ球根や行き当たりばったりの投資プールを思い起こさせる行動をみると、それを避けてやり過ごすべきであるという警告が出ていると考えるのである。

しかし、それをするためには、バブルかどうかということを認識する方法を学ぶ必要がある。チューリップ・バブル、１９２９年の大暴落、ニフティー・フィフティーの壊滅、そして日本の不動産市場や株式市場の崩壊を研究した今、われわれはバブルと健全なブル・マーケットとの違いを理解するうえで役立つ幾つかの手掛かりを提供するつもりである。

これらのバブルにはある共通の特色がある。しかし、真のバブルは少なく、またその発生する間隔は離れている。というのは、すべての真のバブルには多くの投機的熱狂が出現する。それらは、あるセクターやマーケットの一部分に影響を与える。しかし、それらの熱狂は、真のバブルではない。そして、それらの熱狂において人々は利益を出したり、損を被ったりするが、これらの熱狂はバブルの崩壊を原因とするような破滅的な結果をもたらすことはない。

次のサインを覚えておいてほしい。

１．バブルはほとんど、繁栄の真っ最中に起こる。それは直感的に理解できる。余剰資金が投機に回るのは、繁栄の最中だけである。１７世紀のオランダは、巨大な金融力を持っていた。１９２０年代のアメリカ、そして１９８０年代の日本もそうであった（オランダの１世紀後、イギリスも

バブルの崩壊があった。イギリスのいわゆる"南海バブル"も同じように崩壊し、多くの市民は債務者が投獄されたのを目の当たりにした）。各々のケースにおいて、その国の生活水準は、非常に上昇していた。個人預金は大きく伸び、余暇時間は増加し、そして本業で稼いだおカネを投資に回すために、より多くの投資機会が提供されたのである。

　繁栄だけでは、投機の開始を告げるシグナルにはならない。繁栄は、株式の健全なブル・マーケットにとって、あるいは、不動産、貴金属、非課税債券の活気あふれたマーケットにとっての重要な構成要素である。

　日本は、自動車およびエレクトロニクス製品の強力な輸出国として出現した。その長年続いた輸出超過額は、一躍日本を富裕国にした。日本国民の富と貯蓄への倫理観は、誠に称賛に値するものであるが、皮肉にもそれが、株式、債券、不動産、そして海外の企業に対する日本人の欲望を高めたのであった。その欲望がこれらの資産価格を高騰させた。ついに、長期間続いたバブルにおいて日経平均は４万円に近づいていった。その結果、バブルは崩壊し、マーケット・インデックスは大きく下げ、その後、何年にもわたりベア・マーケットが続き、日経平均は１万４０００円以下にまで下落したのである。株式市場の崩壊は、それ自身バブルを構成していた日本の不動産市場と銀行セクターも崩壊させてしまった。本書の執筆時点で、いまだ日本の経済は回復していないのである。

　２．ほとんどのバブルは、低利な資金と信用緩和により助長される。低金利の資金が調達できる状況が投機を呼び起こすのである。オランダでは、チューリップ球根についてオプション取引が創設された。それを利用して、投機家たちは、「センペル・アウグストゥス」という名のチューリップ球根に多額の資金を投入したのである。１８世紀の大英帝国では、南海会社の新株が分割払いで販売された。アメリカにおいては１０％の証拠金による信用取引制度の利用額は、１９２９年においては１０億ドルから大暴落時の９０億ドルにまでに増加していたのである（マルキールの前掲書）。日本では普通預金の金利が１％以下であった。そのため、投資家は、より高いリターンを求めて、マーケットに参戦したのである。

価値が上昇する安易な信用供与を利用して投資が行われたため、貸し手はさらにガードを緩めて、次第に多額の資金を借りやすくしたのである（担保物件は、このケースでは株式であり、その価値が上がり続けるため、その貸付は健全であるかのように見えた）。しかし、貸し手が金融を引き締めたとき、崩壊は一層激しくなった（しばしばわれわれは学ぶ。１９８７年の暴落で、ＦＲＢはマーケットの流動性を維持するために必要な資金を投入する用意がある、と即座にかつ明確に発表した）。

　３．あらゆる投機的バブルは、広範囲な人々に受け入れられていることが特徴である。われわれが研究したどのケースでも、バブルの種は、豊かな投資家とプロの投資家によって育てられる。株価が正当な価額を超えて急騰したのは、一般投資家が参入してきて、マーケット・メーカー（自分の責任で顧客の証券売買注文に応じる業者）と張り合おうとした後である（豊かな投資家がバブルの犠牲にならないとは言っていない。人々は、自分の考え方が正しいかどうかを確認するために、いろいろな専門家の意見を参考にする傾向があり、資金力のある投資家はまさしく専門家であると考えられていると言いたいのである。真実は、さらに広範な人々に受け入れられて拡大することは、部分的には何度もマーケットに参入してくる資金力のあるプロの投資家が存在していることによっている。彼らは益出しをせず、利益を安全なところに置いておくのである）。平均的投資家は、１６３５年の「センペル・アウグストゥス」の球根や１９２９年のモンゴメリー・ワード社の株式を、実際にマーケットに影響を与えることができるほど大量に購入することができなかった。しかし、普通のチューリップ球根や１９２０年代の投資信託（かなりレバレッジ効果がある）を買うことはできたのである。結論としては、より多くの資金がより多くの内容にますます疑問が持たれる投資対象を求めてマーケットに参入してきたのである。

　４．バブルは通常、投機家行動を是認する、いわゆるその筋の権威の意見で支えられている。その筋の権威とは、１７世紀のオランダの経済評論

家たちと1920年代に活躍した不幸なフィッシャー博士のような人たちである。これからも、バブルを、単に情報を有する投資家による適正な行動として正当化する専門家が出てくると思われる。これらの人々は、自分の説を固く信じている。彼らは、他の人々同様に、バブルによって物事が見えなくなっているのである。

　5．マーケット参加者は、運命の声に耳を貸さない。それは、実際に理性の声である（逆張り心理学の章でこの現象を取り上げる）。ロジャー・ボブソンのような人たちは嘲笑される。さらに、最悪の場合、その後"良い時代"を終わらせてしまった嫌疑で責められるかもしれない。

　6．普通のマーケットの天井や底を予測することが不可能なように、バブル相場の天井を予測するのは不可能である。バブルの最中では、投資家は理性的に考える能力を喪失している。株価の天井を合理的に予測しようというすべての試みが、無駄に終わったのだ。あらゆるバブルは、振り返ってみたときには非合理的と思えるほどの高さの価格になるということに特徴がある。それらは、荒々しく上がり、2倍、3倍、あるいはそれ以上になるのである。そして、その期間がしばらく続くのである。バブルでは、マーケットは合理的な価格決定ができなくなる。したがって、逆張り投資家は、非合理性には限界がないということを知るべきである（これにも意味がある。結局、逆張り投資の買い指標が正常に作動するためには、他の投資家がある銘柄の価額を正当な価額より下げる必要がある。逆張り投資の指標は、それが生じたときを示してくれる。しかし、株は売り越されることがあれば、また買い越されることもある。すなわち、株価はすべての合理的な価額と無関係に変動するのである）。

　7．バブルで投資に成功を収めるのは不可能である。バブルは、スピードを出した貨物列車のようなものである。幾つかの地点でスピードを落とすが、走行中スピードを上げ続ける。ちょうど良いときに乗ったり降りたりするのは不可能に近い。乗ろうとしても、あなたを圧倒して動けなくし、

結局、その前に立ちつくすだけということになろう。

　8．すべての投機的バブルは、大暴落で終わる。その壊滅的痛みは、何年もの間、時には数十年も、続くことがある。バブルが終わったかどうかを認識する最も簡単な方法は、単純に疑わしきバブルの終焉が本当の悲惨な状況をもたらしたかどうかを自問自答してみることである。多くの人が、１９９５年のハイテク相場はバブルであると言った。かなりの銘柄が非合理的な上げを示したが、この投機相場はバブルになるほどの十分な数の投資家を巻き込むことができなかった。ハイテク株が暴落したとき、他のセクターに影響は及ばず、マーケット全体が崩落する原因にはならなかったのである。実際に、優良なハイテク関連企業の株式は、その後すぐに反騰したのである。狂乱であったかという質問に対しては、イエス、真のバブルであったかという質問に対しては、ノーである。

　逆に、日本を見てみよう。この本の版が組まれた時点でも、日本経済は回復していなかった（１９９６年に調査のために日本に出かけ、東京だけでなくいろいろなところを訪ねた。そのとき、多くの商店主、飲食店経営者、そしてタクシー運転手までが１９８０年代後半の好景気の水準には戻っていないと愚痴をこぼしていた。その崩壊のショックはいまだ残っていたのである）。

　9．バブルが進展するにつれて、大きな投資需要が起こる。新株、新上場銘柄、そしてその他の金融商品が開発されマーケットに供給されることになる。しかし、これら新しく提供されるものは、その内容に問題があるものが多い。最初、取引されたチューリップは質の良いものであった。終わりごろには、いかなる質のチューリップでも投機のための適格物件と考えられた。１９２０年代に、投資信託（レバレッジ効果がある）が優良銘柄に取って代わり、一受益証券が数百ドルで取引されたのである。

　１０．あらゆるバブルは、何の前触れもなく、突然に終わる。バブルは避けることができるといかに信じていても、実際は、それが終わった後で、

あれはバブルであったのかと回想するのが関の山である。１９２９年８月時点で、成功した幸福な投機家は本来ならすべての財産を失うのに、その１０％の損失で済ますことができたということについて事前にはいかなるヒントも持っていなかったのである。ないに等しい数少ない警告は、通常は無視されるのである（運命論者は、１０のベア・マーケットを予測する。そのうち、実際に起こるのはひとつである。それゆえ、バブルの真っ最中に行われる彼らの警告は、狼少年の警告のようにみなされてしまう）。

まとめ

　本書では、２つの重要なバブルを例に取り上げて説明した。確かに、バブルは滅多に起こらないが、他にも幾つかある。１９２０年代のフロリダの不動産、１９８０年代の日本株、１９７０年代後半の貴金属ブームである。逆張り投資家は、他の投資家が無視したり、好まない銘柄をポートフォリオに加えようとするので、万が一、株式市場に狂乱が生じても、損害を被ることはない。もし逆張り投資家が確実にバブルの出現を認識できれば、その脇で見物するのが唯一で、最良の方法である。それがいつ終了するのか予測する方法はない。

第2部
逆張り投資法による買いのシグナル

Contrarian Buy Signals

第5章 テクニカル分析：
逆張り投資戦略の要点

あるものが人々の慣れ親しんでいるものとは異なっていればいるほど、人々はそれを信じることが難しくなるということは、ほとんどいつも真実である。

　　　　　　　　　　　　　――『ユートピア』トーマス・モア卿

　すべての投資家のように、逆張り投資家は、株に関して２つの決定をしなければならない。それは、買い時と売り時である。両方とも難しい。そこで、簡単に決定できるように、２つの重要なツールを用意した。テクニカル分析とファンダメンタルズ分析である。一方だけ使用するのも可能である。もちろん、両方を駆使して、銘柄選定のための効果的なシステムとして利用することもできる。

　ここでは、逆張り投資法の銘柄選択戦略で"買い"についての２つの最も重要な指標はテクニカル・ツールなので、最初にテクニカル分析を紹介する。

- 逆張り投資法の基本的な指標は、「半値下げ買いルール（down-by-half rule）」である。ある銘柄を購入するには、過去５２週の高値から少なくとも株価が５０％下がらなければならない。
- 逆張り投資法の次に重要な指標は、内部者（インサイダー）による少なくとも１２万ドルの公開市場での自社株買いがあるか、著名な外部投資家による大量の買いがなければならない。

　上記の２つの条件が満足できたら、その銘柄は無条件に購入すべきである。

この章では、全体としてテクニカル分析について述べる。その後の章では、株価トレンドと「内部者による自社株買い」を研究する。その後で、ファンダメンタルズ分析について学び、常勝の逆張り投資法による銘柄選定システムを構築するために、テクニカル分析とファンダメンタルズ分析の両方をどのように結合するかを見る。

テクニカル分析：逆張り投資法の概略

テクニカル分析とは、株価、出来高、そしてマーケット心理についてのデータを使って、将来の株価変動を予測することである。この分析を使う投資家は、"テクニシャン"と呼ばれている。彼らは、彼らの対極に位置し、ファンダメンタルズ分析を用いる"ファンダメンタリスト"と呼ばれている専門家たちと、自分たちを区別している。

ファンダメンタリストは、彼らが調査の対象とする会社の業績に本来的にかかわる経済や経営データを重視する。その例としては、売上高、収益、現金収支、負債額、そして利益率のような主要な財務指標がある。新製品やマーケットでの主導性などに関する量的データも考慮に入れる。

ファンダメンタル・アナリストはこれらの要素を使って、企業がその企業活動からどのくらい収益を上げることができるか、どのくらい配当を出すことができるかを評価する。そして、最終的にはこれらの数字から、現在の株価が妥当であるか、割安であるか、あるいは割高であるかの判断をするのである。

それとは対照的に、テクニシャンは過去の株価変動のようなマーケット・データを使用することで、株式や他の金融資産についての将来の価格変動を予測できると考えている。人間の性格が売買決定に影響を与えており、人間の性格は変わらないので、テクニシャンは株価の動きを示すチャートを見れば、人間の反応やそれに対する再反応を何度でも読むことができると考えているのである。テクニシャンによれば、チャート上に姿を表している歴史的なパターンは繰り返す傾向があり、それゆえ、過去の株価変動を分析すれば、将来の株価を予測することは可能であるということに

なる。

　テクニシャンが重視する領域には、企業の日常業務にとっては株価変動ほどは重要ではない「内部者による自社株買い」や、マーケット心理も含まれる。

　テクニカル分析に関してすべての側面を採り上げるには本１冊が必要となる。巻末の「付録Ｂ：逆張り投資家のための図書目録」に、読む価値のある関連書籍を挙げている。しかし、少なくともある程度のテクニカル分析についての知識がなければ、逆張り投資家になることは難しい。それは、逆張り投資法は大いにマーケット心理を分析しようという試みだからである。そして、マーケット心理分析はテクニシャンの守備範囲である。後続する章で、逆張り投資家になる上で必要なものを述べるつもりである。それを理解すれば、読者は逆張り投資家になることができる。

　ある銘柄についての情報はその価格にすべて織り込まれていると、テクニシャンは考える。このアナリストにとって、株価は投資家の意見や予感も含みすべての要素を合計したものを表したものである。実際、徹底したテクニシャンは、企業のファンダメンタルズに特に興味を示さない。収益、配当、あるいは経済展望などはすべてをほとんど考慮に入れない。テクニカル・アナリストは、株価や出来高を表しているチャートを読むのである。

　テクニシャンやファンダメンタリストによるアプローチ方法は、かなり異なっている。そこで、この２つの流派の間には非常にエネルギッシュな議論が絶えない。

■あるポートフォリオ・マネジャー（逆張り投資家）の回想

　私は、多くのファンダメンタルズとテクニカル・ツールを利用している。私が何を利用するかは、何をするかによって違ってくる。

　商品取引をするとき、私はテクニシャンである。私が見たいものは価格変動である。実際に、出来高、作柄レポート、需給研究、倉庫在庫高、あるいは天気レポートについて、あまり気にしない。なぜなら、そのような情報に対応して素早く行動を起こすことはできないからである。

　しかし、話が株式になると、私はファンダメンタルズとテクニカル分析

の両方を使う。一方から得た推論を確認するために他方を使う。また、その逆も真なりである。それらは、2つとも論理的なツールである。株式は、商品と比べてその動きがゆっくりとしている。その情報もより幅広く入手可能である。商品投資のレバレッジは、極めて素早い反応を要求する。株式は、それほどの敏感な反応を要しない。テクニカル分析によるアプローチか、ファンダメンタルズ分析によるアプローチかについて、投資家の世界では果てしない議論が続いているが、それはエネルギーの無駄である。それぞれ長所があり、役割が違うのである。　■

主要な買いシグナル：株価の半値下げ

　逆張り投資法の基本は、マーケット心理を判断することである。そして、そのマーケット心理が正当化できない極にまで到達したときに、利益を得るためにそれを有利に利用することである。しかし、逆張り投資家には、ひとつだけあればそれだけで信頼できる買いシグナルを与えてくれる指標、世論調査、比率、あるいはデータなどはない。われわれの解決策は、逆張り投資法の「買い」や「売り」について、テクニカルとファンダメンタルズ分析を組み合わせた使い勝手のよい指標を設定することにある。

　逆張り思考は、大多数の投資家のそれと異なった、それに一歩先んじた株式売買の技術であると再度強調したい。それは、逆張り投資家は、ほとんどの時間は大多数と一緒の行動を取ることを意味しているのであり、それに反しているということではない。

　逆張り投資家は、その売買が大多数の投資家より一歩先んじたときにのみ、成功を収めることができるため、すでに大多数の投資家の意見のベースを形成するのに用いられたテクニカルとファンダメンタルズ「原理」を明確に無視しなければならない。これらのいわゆる原理の多くは、事実として理解されているが、かなりの欠点がある。逆張り投資哲学に至る道として知られている幾つかの方法にも、欠点がある。

■あるポートフォリオ・マネジャー(逆張り投資家)の回想

　逆張り投資法のテクニカルな指標のひとつに、雑誌表紙説がある。これは以前から広く知られている。この理論は、発行部数の多い雑誌が、最終的に(遅れて)あるトレンドをとらえ、それを特集記事にし、表紙に掲載するというものである。逆張り投資家は、このような遅れた話に対してその反対に投資することができる。雑誌表紙説は、新しい展開を示すことがある。その好例として、ビジネス・ウィーク誌が、１９７９年８月号に「株式の死」と題する不評をかった特集記事を掲載したことを挙げることができる。実際には、それは、１９８２年に始まった大規模なブル・マーケットの直前であった(ビジネス・ウィーク誌に対して公平でなければならないので、われわれはその記事を見つけ、読んでみた。それは、高度なインフレがいかに株価を下げたかという記事であった。実際、それは予言的なものではなく、説明に主眼を置いたものであった。すべての人に記憶されている表紙のタイトルはその記事の内容を正確に反映したものではなかった)。

　私は、ウィンドウズ９５が発表されたとき、アメリカの全国で売られている雑誌のほとんどがビル・ゲイツの顔写真を表紙に掲載したことをよく覚えている。これは、マイクロソフト株を売れと示唆する古典的な売りシグナルではなかったのだろうか。その時点と比べると、マイクロソフト株は、本書の執筆時点で４倍になっている。　　　　　　　　　　■

　この逸話が示しているように、逆張り投資家には、主観的ではない計測可能な客観的指標が必要である。それが、「半値下げ買いルール(down-by-half rule)」である。逆張り投資法の最初の買いシグナルである。カンザス大学のジョン・ハウの研究の結果から、われわれは過去５２週の高値をつけたときから５０％以上価格の下がった銘柄は、非常に注目する価値があると判断する。マーケット心理は、テクニシャンの領域であることを思い出してほしい。株価の５０％の下げは、マーケット心理を計量化する方法である。これは、この特別な銘柄に対して、大多数の投資家の見方に非常に大きなバイアス(偏向)が生じていることを示している。明らかに、

株価にそのように劇的な下げが生じた銘柄は好まれないし、必要とされない。この株に対してブルの立場を取ろうとする投資家を見つけるのは、難しいだろう。「半値下げ買いルール（down-by-half rule）」は、大多数の投資家の意見を知るための手段である。

ハウによれば、
- 投資家は、ある銘柄について、直近の情報をあまりに重視する傾向がある。このことによって、株価は必要以上に、"悪材料株"の場合は安く、"好材料株"の場合は高くなってしまう（Evidence on Stock Market Overreaction, John S. Howe, Financial Analyst Journal, 1986/7-8, p74）。
- "悪材料株"には暴落がつきものであるが、その暴落の後には平均以上のリターンがある（Howeの前掲書, p76）。
- 激しい株価の下げからの最初のリバウンドは暴落後約5カ月間（20週間）持続する。

ハウは、1年間だけの保有期間を観察したことを思い出してほしい。より長期間にわたる株式保有を観察した研究者は、"悪材料株"で構成されたポートフォリオがその成績でマーケット全体を打ち負かすだけでなく、すでに大きく株価上昇をしたいわゆる"好材料株"で構成されたポートフォリオをもしのぐ傾向にあることを発見した。"悪材料株"で構成されたポートフォリオがマーケット平均を打ち負かす結果は、その悪材料が出てから3年あるいはそれ以上持続する傾向がある。

しかし、取引手数料が高いので、価格が50％低下したことだけを理由とする買い出動は、素晴らしいトレーディング・システムとは言えない。そこで、買いのタイミングが最適であるかを知る他の確認方法が必要なのである。それは、「内部者（インサイダー）による自社株買い」や企業の収益能力に比べて安い株価、すなわち低い「株価収益率（PER）」の株式などである。

それにもかかわらず、「半値下げ買いルール（down-by-half rule）」は、逆張り投資分析にとって、最適の出動時期を知らせてくれる。いろいろと

研究したうちで、これほど効果的なものは見たことがない。その理由は以下のとおりである。

　１．それは、逆張り投資家は、大多数の投資家の見解が否定的になったときのみ株式を購入すべきであるという基本的な信念に忠実である。

　２．それは、リアルタイム・ベースですべての銘柄に対するマーケット心理を正確に判断する手段である。

　３．それは、客観的かつ数量的に出動のタイミングを教えてくれるガイドラインである。そこには情緒の入り込む余地がない。株価が５０％下がっているかどうかである。

　４．ベア・マーケットでは、株式が無慈悲に下げを続けるため、買いのタイミングはたくさんある。ブル・マーケットでは、ほとんどの銘柄が高すぎ、逆張り投資家にとって魅力ある銘柄はほとんどない。

実際的効果

　このルールは、銘柄が最も魅力的なときに買いを勧め、銘柄の価格が高いときに買いを控えさせる。逆張り投資家は、その指図に従えばよいのである。

　逆張り投資家が支払うべき株価については理解できたと思われるので、次にいかに株価が変動するのかを研究する必要がある。

株価と「ランダム・ウォーク」理論

　投資にとっては、株価がすべてである。そのことは明確な概念であるが、多くの投資家はいつもそれを見落としている。ある銘柄を買えば、代金を払わなければならない。購入の目的は、それより高い価格で売ることである。企業収益を正確に予測し、その企業の属する業界市場のダイナミックスを健全に分析把握するのは重要であるが、それらは二次的なものであり、株価こそが最重要な意味を持っているのである。

　この世で最高の分析であっても、それに頼って銘柄を購入した後で、損

失が発生すれば、何の価値もない。ある銘柄が上昇すると信ずるに足りる理由を１０個持っていても、株価が下落すれば、その理由づけには疑問が残る。投資家の中には、自分の判断が正しいということを証明したくて、あたかもその買いによってトレンドを逆転させようとするかのように、しばしばロング・ポジション（買い持ち）を２倍にする。投資家の中には、自分の投資についての信念を証明したいということで、さらにリスクを追加してしまう人がいる。しかし、大概の場合、勇気を出してそれを証明しようとする前に資金が尽きてしまう。

　株価が予測と反対の方向に動けば、結論づけが間違っていたか、あるいはあなたが見逃した要素があったということである。購入した銘柄の価格が下がったときに、平均購入単価を下げるために、さらに買い増すことを"難平（ナンピン）買い"と言うが、われわれはそれを"同じミスを二度繰り返すこと"と呼んでいる。

　株価の研究に関して、株価変動が規則的に生じるというグループと、それは規則的ではなくランダムに生じるというグループに分かれていることが分かる。

　１９００年に、数学者ルイス・バチェリャーが株価変動のランダム（不規則）性について研究した博士論文を発表した。バーナード・マルキール（『ウォール街のランダム・ウォーク──株式投資の不滅の真理』日本経済新聞社）のような先駆者たちは、株価変動は本質的に「ランダム・ウォーク（不規則歩行）」であり、前もってそれを予測することはできないということを意味すると主張した（「ランダム・ウォーク理論」は、株価はランダムな形で変化するので、過去の株価変動を利用して将来の株価を予測することはできないというものである。その理由は、常にランダムな形で新しい情報が株価に影響を与えるからで、新情報がランダムに現れる限り、株価変動を予測する方法はないとする）。この理論の信奉者たちは、ある投資に関する情報は瞬時にその価格に織り込まれ、それゆえに投資に関する何らかの優位性を価格の動きからつかむことはできないということを主張する。彼らは、ポートフォリオを単純により広範な市場平均を指標として目標とすることの方が意味があり、Ｓ＆Ｐ５００のようなインデックス

を打ち負かそうと試みるのは、時間の浪費であると考えている。この理論を支える非常に多くのアカデミックな研究がある。

　これと反対の考え方をする陣営にいる人たちで、ランダム・ウォーク理論に信頼を与えていたマーケット平均を長期にわたって打ち破り続けた、非常に多くの投資家や取引システムの例の存在を指摘する人もいる（逆張り投資家は、バリューライン社の長期投資の成功率だけを見ればランダム・ウォーク理論に対する反駁を発見することができる。過去３０年以上にわたる株式リターンは、バリューライン社の発表するランキングと密接な関係がある。すなわち、上位にランクされた銘柄が下位にランクされたそれより、常に成績が良いのである。将来の株価はランダムに変動するということを信じるには、これはあまりに一貫した記録である）。また、その指摘を支える証拠もある。

　ランダム・ウォーク理論信奉者が正しければ、すべてのテクニカル分析は失敗する運命である。過去のランダム・ウォーク事象の研究で、未来のランダム・ウォーク事象を予測することはできないからである。この考えは、大多数の投資家の反対に賭けることで、マーケット平均を打ち負かすことができるとする逆張り投資法を否定する。価格がランダムに変化するのであれば、その分析は意味のない努力となるからである。

　マーケット平均を打ち負かす特別なシステムや個々の投資家の存在は、ランダム・ウォーク理論を葬り去ってしまうように思える。しかし、事はそう単純ではない。多くの他の事例のように、過去５年間の１万人の個人投資家のリターンはよく知られているとおり、釣り鐘型曲線に従う。少しの投資家がマーケット平均を大幅に上回ったり、下回ったりするが、多くの投資家はマーケット平均前後をうろうろするだけである。極めて限られた投資家だけがマーケット平均を打ち負かすというのは、株価変動がランダムであるということを意味するだろうか。決してそうではない。株価の変動はランダムではないのだ。、時折現れるマーケットの魔術師たちの出現によって、マーケット平均より高いリターンを得ることが可能であることを彼らが証明しているという結論を導き出すことができるのだ（しかし、その議論を打ち負かすのは簡単である。１万人が毎日の雲の形で、あるい

は渋滞時のワゴン車の数で、銘柄の売買を決めるならば、魅力あるリターンを得た人はわずかである。これは、１万人が無造作にコインを投げた場合と似ている。数人が２５回連続して表を出したからといって、コインを投げることは非ランダム事象であるということを意味しない）。

真実は、両極端な議論の間にある。非常に短期間では、株価はランダムな動きをする。しかし、期間を長く取れば取るほど、高いレベルの規則性をもって株式が取引されることに、ますます自信を持つことができる。

実際的効果

逆張り投資家は、長期的展望を持ちたいと考える。そして、長期間では、"悪材料株"が反騰して、マーケット平均を打ち負かす傾向があることを知っているので、逆張り投資家は、大勢の意向の反対側に投資することによって利益をものにすることができる。

■あるポートフォリオ・マネジャー（逆張り投資家）の回想

ウールワースの株式が、３０ドル台の前半から１０ドル台の前半へと下落した。突然、この企業の収益の悪化が発表され、さらに株価が下がった。大量の出来高を伴って、１株９．５ドルまで下がり続けたのである。その当時、投資家たちは、Ｋマートが倒産宣言するかどうかに関心を持っていた（アンソニー・ガレアはその後、Ｋマートの株式を逆張り投資法に基づいて購入した。その結果、顧客勘定のポートフォリオに５３％の利益をもたらした）。ウールワースはＫマートと提携関係にあったので、そうなれば万事休すであった。

たぶん、その時点で、ランダム・ウォーク理論信奉者は、株価は企業収益予測を正確に反映していると主張するように思われる。それでは、同社のファンダメンタルズにほとんど変化がないのに、数カ月で、株価が倍以上になることをどう説明すればよいのだろうか。このウールワースのケースは、ランダム・ウォーク理論の正しさを示しているだろうか。私は、そう考えない。

まとめ

　テクニカル分析は、分析のための有効な手法である。しばしば、テクニカル分析は、ファンダメンタルズ分析には足りない視点を提供してくれる。究極的には、逆張り投資法はテクニカル分析研究として始まっている。マーケット心理がテクニシャンの領域に入っているからである。研究によれば、過去５２週の高値から５０％以上株価の下がった銘柄は、その後３年以内に、マーケット平均を上回る傾向がある。この簡単なテクニカル指標は、逆張り投資家がマーケット心理を明確かつ鮮明な方法で知るために利用することができる。この指標にそぐわない銘柄は、購入すべきではない。このルールには、例外がない。

《逆張り投資家のケース》
マネジメントの動揺：テクニカル的魅力

　ウィンストン・チャーチルは言った。「人生において、射撃の的にされて結果的に外れたときほど愉快なことはない」。イーストマン・コダック、ＧＥ、あるいはＩＢＭのような大企業がＣＥＯ（最高経営責任者）を解雇したいとき、辞職するように仕向ける。または、その他の方法を使ってトップ・マネジメントに揺さぶりをかける。そのようなときにはよく観察すべきである。それらの企業の株価はぶざまなパフォーマンスしか示しておらず、逆張り投資にぴったりの状況にあるかもしれない。その理由は、このような企業はほとんど常に解決に数年を要するような根の深い問題を抱えており、株価はそれを反映しているのである。

　問題が深刻であるため、投資家は倒産の恐れさえあり得ると考えることもあろう。売れっ子のアナリストや経済評論家が新聞、雑誌、あるいはテレビなどのビジネス・ニュース番組で、これらの企業について気の滅入るような予測をする。これがしばしば、大多数の投資家の意見がその極に達したことを示す指標となり、逆張り投資家はその反対側に賭けることができる。

　この経営陣の交替は、販売高、企業収益、あるいはその他の財務的尺度との関連はないので（もっとも企業の取締役会はしばしば、これらの財務指標ゆえに経営陣を交代させるが）、経営陣交代は、テクニカル分析の指標のひとつであるといえる。少なくとも５０％の株価の下げを記録した企業では、経営陣交代は逆張り投資法にとってもうひとつの買いの指標となる。

　ＧＭについて言うと、この会社は大きくなりすぎていた。コストのかかる会社構造になっていた。それなのに、高品質で値段の安い日本車と競争しなければならなかった。コダックについては、この会社が集中すべき仕事は何であるかを決めるための企業文化やリーダーシップが欠如していた。ＩＢＭについては、投資家は大型汎用コンピューターに未来はないと考え、この会社がデスクトップ型パソコンやコンピューター・ネットワー

クへのシフトに失敗したと判断したのである。

経営陣の混乱が、いかに逆張り投資法の指標として役立つかを知るために、ＩＢＭを観察してみよう。

ＩＢＭ：計算された変革

１９８７年株式市場の暴落の直前、この会社の株価は１７５ドルに届いていた（この株価は、その後の株式分割によって、調整された数字ではない）。１９８９年１２月には、大幅に下げて９４ドルになったが、年内に１２８ドルまで回復した。１９９１年の終わりには８９ドルまで下落した。１９９３年ごろには、"ビッグ・ブルー" として知られていたこの会社は運に見放され、マーケット・シェアが下がり、手ひどく傷ついた様相を呈し、痛ましくも "ビッグ・ブラック・アンド・ブルー" と不良株の代表であるかのような言い方をされてしまった（新しい年金口座の入札時の出来事をアンソニー・ガレアは思い出す。受託会社の担当者がＩＢＭという単語の頭文字を文字って、「I've Been Mugged.（私は襲われた）」とまじめくさって言ったとき、ガレアが抜け目のない男であったら、この洒落た文句を逆張り投資法による買いに活用したかもしれない）。

ＩＢＭはデスクトップ型パソコンへのシフトを失敗したために、株価は４０ドル台半ばまで落ち込んでしまった。１９９１年度、１９９２年度、そして１９９３年度も赤字を計上した。変革が必要であった。１９９３年１月２６日に、ＩＢＭは今まで手をつけることのなかった配当を半減することを決め、ＣＥＯのジョン・Ｆ・エイカーズを更迭すると発表した。

その日、株価は５３ドルまで上昇したが、結局４９ドルで引けた。前日の４８ 7/8ドルと比べるとわずか1/8ポイントの上昇でしかなかった。アナリストは、投資家が今回の経営陣の入れ替えがＩＢＭの方向転換にとって十分なものであったかどうか半信半疑であったため、株価はわずかしか上昇しなかった、と分析した。

逆張り投資法の指標は数多くあった。新しい展開がＩＢＭ出身者を襲った。彼らは、定年退職したか、更迭された人々であるが、その資金の大部

分を保守的と言われたＩＢＭ株に投資していたため、自分たちの退職資金が消失するのを目の当たりにしたのである。あるベストセラーとなった本は、ＩＢＭがパソコンへの参入に失敗し、同社のＤＯＳと呼ばれるオペレーティング・システムがマイクロソフトと呼ばれる新興勢力に道を譲ったかを正確に記述していた。

逆張り投資家のわれわれにとって興味深かったことは、この日のＩＢＭ株は、前年の７月１６日につけた５２週の高値１００．２５ドルから半値まで下がったことである。またその１株当たり売上高も、前年のそれの約半分になっていた（ファンダメンタルズ分析について述べる以下の章で、株価売上高倍率を説明する。ある銘柄について、ＩＢＭのケースのように株価が５０％以上下がって、このレシオが１．０倍以下になったとき、逆張り投資家の興味を非常に刺激する）。

エイカーズの更迭を発表した後の数カ月間、ＩＢＭについての良いニュースを聞くことはできなかった。翌２月に、創業７９年以来、初めての大がかりなレイオフを発表した。３月、モトローラのＣＥＯであったジョージ・フィッシャーを含め、数人のアメリカのＣＥＯたちは、自分たちはＩＢＭに興味がなく、もしＣＥＯの職を提供されても受けないであろうと表明した。

最終的に、１９９３年３月に、ＲＪＲナビスコのＣＥＯであったルイス・Ｖ・ガースナーを新ＣＥＯに指名した。株価の動きから判断すると、投資家はその発表で安心感を得ることはできなかった。ガースナーが指名されたとき、株価は５０ドル台で取引されていたが、その夏の間、４１ドルの安値を記録したのである。当時のＡＰ通信が「それはＩＢＭ用のチップスだ」という見出しの記事を流した。「スナック菓子と煙」の会社から来たＣＥＯは、コンピューター会社の経営について何を知っているのだろうかといぶかしがった。

その疑問に対する答えが株価である。出発点として、ＩＢＭがエイカーズの更迭を発表した日の終価を使う。これらの数字にはＩＢＭ株とダウ・ジョーンズ工業株平均の双方とも配当も取引手数料も含まれない。

日付	IBM株価	ダウの終値	株　価 上昇率	マーケット 平均上昇率
1993/1/26	$49.00	3298	N/A	N/A
1994/1/26	56.38	3908	15%	18%
1995/1/26	74.38	3870	24	17
1996/1/26	104.76	5271	114	60

　再度明確にしておきたいのだが、エイカーズの更迭の後、2、3年後に最大の上げがあった。実際に、IBMは128ドルで引け、そのときマーケットは5778ドルで引けた。それでもなお、IBMはダウ平均を上回っていた。IBM株としては161％の伸びで、マーケット平均は75％の上昇であった。

　1993年3月に、ガースナーがCEOになった後でさえ、投資家は恐ろしいほどに競争の激しいコンピューター業界の中で、早いスピードを保ちながら経営ができるか懐疑的であった。その株価は8月に新安値を記録した。そのときは1991年度と1992年度の赤字額の合計が78．3億ドルであり、翌1993年度には単年度で81億ドルに達したのである。この年度は、一連の特別費用や償却があったためである。

　しかし、この会社の株価は、今や回復した。汎用大型コンピューター事業は、悲観論者の予測に反して順調であった。そして、ネットワーク・コンピューターという新分野に乗り出すという大胆な試みをしたのである（そのひとつが、トラブル続きのソフトウェア会社のロータスの買収である。IBMは、その会社の製品であるロータス・ノーツ一式を同社のネットワーク・ビジネスのベースを構築するために使用した）。

実際的効果

　高値から50％下げた株式に関し、その経営トップの変化の影響を過小評価してはならない。これは定性分析手法であるが、危難に瀕した会社が新しい経営陣に舵取りを任せるのは、しばしば逆張り投資法にとって、肥

沃な土地であることが多い。何が起こっているのかをじっくり観察し、その銘柄をポートフォリオに加える前に、逆張り投資法の銘柄選定基準に照らして、それが適当であるかどうかを判断すべきである。

第6章 株価トレンドにうまく乗るには：バリュー株を探す

「愚か者だけが最高額を追求する」

――ジョセフ・P・ケネディ

　どのような投資も、あるトレンドを見つけだして、利益を得るためにそのトレンドに飛び乗る企てと言える。ブル投資家は、より高い価格で売却できるのではないかと思って株式を買う。ベア投資家は、より安い価格で買戻せるのではないかと考え、空売りする（空売りにおいては、投資家は投資対象――例えば、株式――を借りてそれを売る。そして、その価格が売却価格より下落した後、これを買い戻し、借用した投資物件を本来の所有者に返還することを狙う。これは、通常、株式や先物取引で将来の一定の期日を設定して行われる。例えば、カーネギー・スティールを1株60ドルで売り、その後42ドルで買い戻せば、利益は1株当たり18ドルになる）。

　これらの投資戦略のどちらを選択しようとも、利益を得るためには、実際に株価変動がなければならない。それゆえ、トレンドを見極めるのは投資で成功するためのカギと言える。逆張り投資家は、何が次のトレンドか見つけだすのに懸命である。それが始まる前に、その流れに乗ろうとする。われわれは逆張り投資の指標を利用して、人気はないが抗し難い価値――最終的には他の投資家がその価値を認めるであろうとわれわれが確信できる価値――のある銘柄を見つけだし、その株価トレンドに乗るのである。そうすることによって、われわれがすでに購入した株の価格を他の投資家が上昇させるころには、われわれはすでにそのトレンドに乗っており準備ができているのである。

　一般的に株価トレンドの研究は、テクニカル・アナリストの領域に任さ

れているが、われわれはこの章で株価トレンドとは何であるかを検討し、いかにそれを見つけ、それに乗るかを読者に教示したいと考えている。

株価トレンドに注目する

　株価トレンドとは、一定方向への連続した株価の動きである。それは、上がるか下がるかのどちらかである。その連続した動きがトレンドとして定義される。その連続性がなくしては、トレンドはあり得ない。図6．1のグラフを考察してみよう。

　株価トレンドがどのようなものかは、一目瞭然である。一瞥しただけで価格にはトレンドがあると分かる。投資家は、あるトレンドの開始時点で買いを入れようとし、その終点に近い時点で売り抜けようと懸命になる。

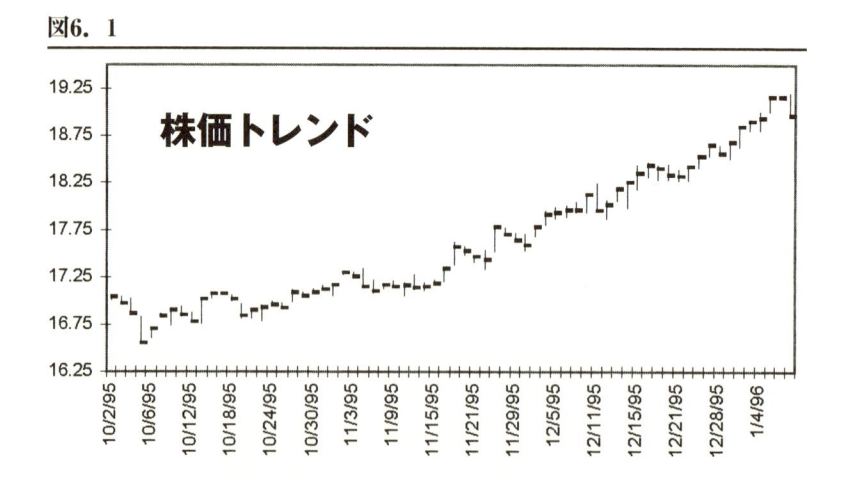

図6．1

[株価トレンドのグラフ：1995年10月2日から1996年1月4日までの株価推移、16.25から19.25の範囲]

　トレンドの正反対は、図6．2に示されているように、トレンドのない価格の動きである。

　この種の投資では、利益を得るチャンスはほとんど望めない。株価は、１１９ドルの近辺で上下している。売りであろうと買いであろうと、利益を望むことはできない。投資対象に規則性のあるトレンドがなければ、利益を得る可能性は極めて限られるのである（ネイキッド・オプションの売

り手——原資産となる株式を所有せずにその株式に対するオプションを売る人——は、このような状況で利益を出すことができる。しかし、ネイキッド・オプションの売りは資金が限られている投資家にとっては極めてリスクが高い投資戦略であるとわれわれは考えている。ネイキッド・オプションにおいては、事実上リスクは限定されずに、利益は限定されたものでしかない)。

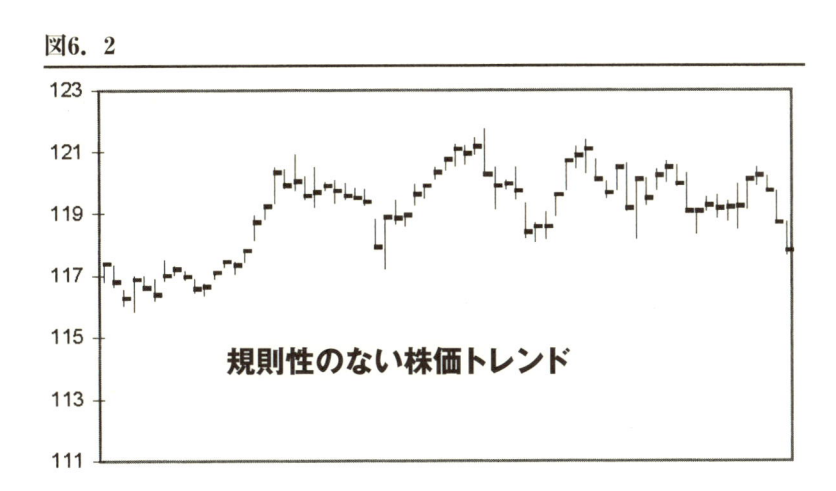

図6．2

規則性のない株価トレンド

有望なトレンドを見つけだす時期が早ければ早いほど、そして投資家がその銘柄を保有する期間が長ければ長いほど、潜在的利益は大きくなる。それがチャレンジすべき対象である。トレンドは、事前には確認できない。そのときは、単なる予測にすぎない。事実であったと判明した後でのみ確認することができる。われわれは、この銘柄が１１９ドル近辺を上下している間、新しい株価トレンドが始まるかどうかに注目する。その後すぐに図６．３に示すように、新しいトレンドが発生した。

株価が１１７ドルを割った瞬間に新しいトレンドが始まったと言えるのである。そして、直近にこの銘柄を空売りした者が利益を得たと考えられる。

図6.3

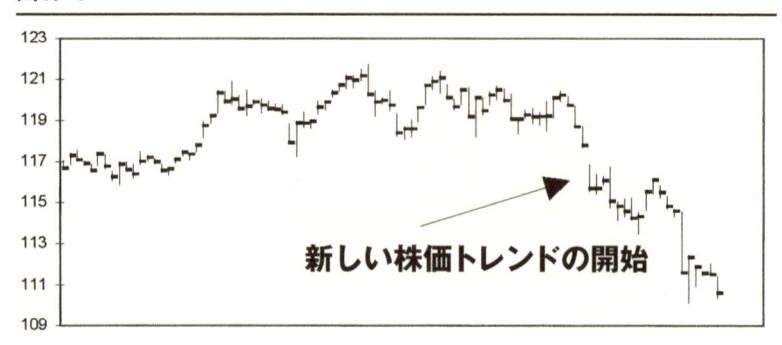

新しい株価トレンドの開始

　何が株価トレンドの特徴なのだろうか。それをわれわれは学ぶことができるだろうか。その結果、ある株価トレンドが始動する前に、その動きを察知できるようになるだろうか。そして、株価トレンドは株価の天井と底を知らせ、最良の売買時期を知らせる指標になるのだろうか。ある銘柄を例にとって、株価トレンドで何を知ることができるかを考えてみよう。
　図6．4は、1989年8月から1996年3月までのイーストマン・コダック社の株価の日足チャートである。

図6.4

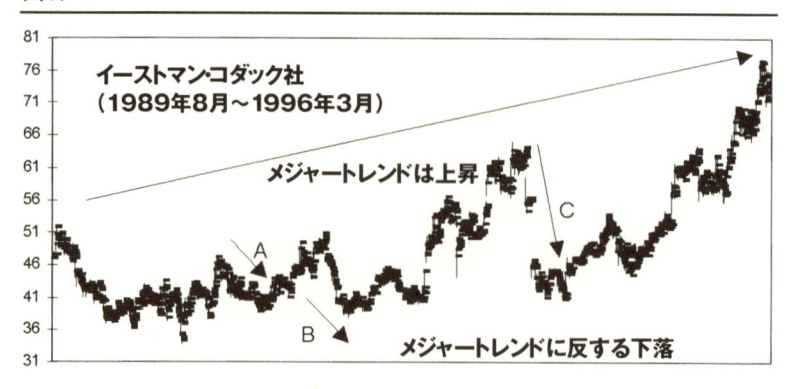

イーストマン・コダック社
（1989年8月～1996年3月）
メジャートレンドは上昇
メジャートレンドに反する下落

図6.5

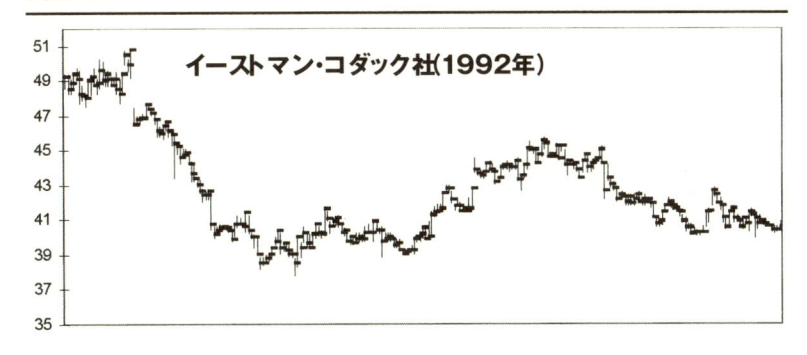

イーストマン・コダック社（1992年）

　明らかに、株価の基調は上昇傾向であった。しかし、このグラフで示した期間には３つの重要な正反対のトレンドが存在した。１９９２年の株価チャートを子細に観察すれば、図６．５に示される株価変動を見つけることができる。それは「Ａ」という正反対のトレンドから成り立っている。
　この１年間のチャートは、株価が下がり基調であったことを表している。実際に、この株式は１９９２年の前年に３０ドル台の下の方で底（ボトム）を形成していた。これは現在、株式あるいはマーケット・インデックスが実際にその価格サイクルのどの辺にあるのかということを知るために、幾つかの異なった時間的枠組みで分析しなければならないことを明らかにしている。
　正反対のトレンド「Ｃ」という大きな下げを記録した後、投資家がこの株式は上昇傾向にあると気づくのにほとんど２年間が過ぎていた。投資家がこのような状況で絶妙なタイミングで正反対のトレンドから利益を得られる可能性は、ほんのわずかしかなかった。この時期に、実際にはコダック社の株式売買から利益を得る唯一の方法は、単純にその株式を購入した後、じっと保有することであったかもしれない。
　しかし、詳細な検討をすることで、貴重な教訓を得ることができる。

株価トレンドと市場心理

　逆張り投資家は、ある銘柄についての市場心理がどうであるかを必死に

判断する。ある株価トレンドは、投資家の現在あるいは過去の意見が目に見える形で表現されているものである。

　持続している株価トレンドは、ある銘柄に対する投資家の意見の強さを示している。逆張り投資法の長期投資がいかに効果的であるかという理由を説明するために、ブルとベアの動きのライフ・サイクルを考察してみよう（われわれはこのコンセプトをスミス・バーニー社のチーフ・マーケット・テクニシャンのアラン・ショー氏から初めて学んだ。図6．6参照）。

　ある株価が底になった時点で、ブル投資家は疲れ切ってしまい、ついにタオルを投げて降参することになる。その銘柄は、孤独でだれも近寄らない。このような銘柄を推奨するアナリストはいない。どのミューチュアル・ファンドのファンド・マネジャーもその銘柄を積極的に買うべきだとはやすことはない。投資家全員の同意でないにしても、多くの人々が、それへの投資は資金を凍結するのと同じであると考える。多くの専門家は、その銘柄の安値が更新されるのは必至であると言い始める（「安値を更新する」という言葉はしばしば、逆張り投資家の興味をそそる）。その企業に関する情報は全体として弱気なものとなり、ほとんどの投資家は、その企業の株式に魅力を感じることはない。株価が底値から放れようとする動きを見せ始めると、投資家は疑念を持つ（図6．6のピラミッドの左端に示されている）。しかしこの時点で、この株式を売ろうとする人はほとんどいない。売りたいと考える人の多くは、すでに売却した後だからである。

　投資家は、この株が最近下がったことを記憶しているため、それを考えるとこの初期のブル相場にあまり信用を置くことができない。株価上昇が持続するにつれて（図6．6のピラミッドのように、左側から上昇が始まっている）、投資家はベアからブルへと態度を変え始める。最初は、ほんのわずかな変化しか起こらない。なぜなら、まだ不信感が残っているからである。しかし、その株価上昇が持続し、高値を更新し始めれば、投資家のその銘柄に対する購入意欲が増加する。おそらく、あるアナリストによる最初の買い推奨のレポートが出されるかもしれない。また、四半期の業績数字は、予想よりも良い結果となるかもしれない。その後、いろいろな出来事が株価上昇に油を注ぎ込む。そして、その株価トレンドは、ますま

す強気の度合いを深めていく。これは強固な株価上昇トレンドであり、持続するに違いないという信頼感が一般に次第に広まっていくのである。

そのトレンドが、天井に近づくにつれて、出来高とその銘柄に対する関心が大きく増加する。大多数の投資家は、その銘柄に対する強気の判断を信じるようになる。今や、その銘柄は人気の的となり、多くの人の購入リストに載っている。投資家は、どんな手控えのシグナルも買いのチャンスととらえてしまう。株価を割安と感じてしまうのである。

最後には、株価は天井（ピラミッドの頂点）に到達する。しかし、ベアに転ずべき何の悪材料もないまま、ブルの心理状態になっているため、大多数の投資家は、株価が大きく反転する可能性があることに気がつかない。少数のアナリストや市場の熟練者が警鐘を鳴らし、暗雲の到来を明言しても、大多数の投資家はそれらの警告を無視するのである。株価の反転は、金利の急上昇やインフレのような外部的要因が原因で起きるかもしれない。あるいは、新製品の開発遅れなどのような内部的問題が原因かもしれない。原因が何であろうとも、株価は反転し、下がるものである。

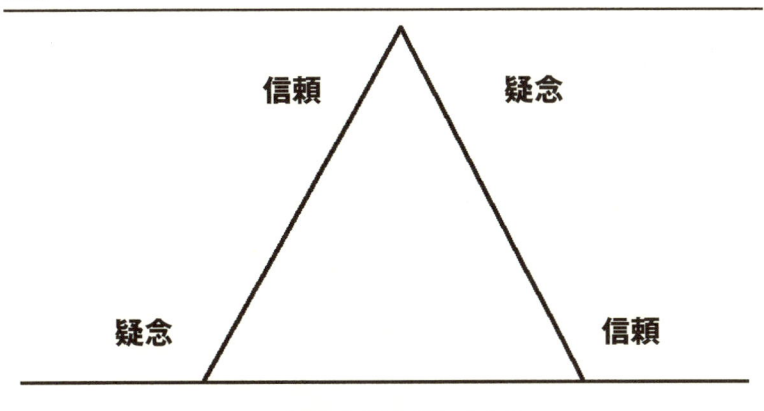

図6.6

完璧な株価サイクル

その時点で、投資家の態度は再び疑念の状態（ピラミッドの右上方の位置）に戻る。この疑念は、長期的な株価の上昇トレンドが終わったのかと

いうものである。それでも、ブルの心理状態は、悪材料も一時的なものと考え、これらの下げ基調を買いのチャンスとみなすのである。疑念は持続するが、株価は下げ続ける。しかし、株価が下がるにつれ、多くのブル投資家のポジションが赤字に転落し、ブルの心理状態はだんだんと弱まっていく。初期のころに、押し目買いをした投資家は、今や買い増ししたがらない。すぐに、全面的な売りが始まる。

疑念は、今や株価トレンドは完全に下げ基調となった（ピラミッドの右下方の位置）という信念に変化する、売りが加速する。連続して、新安値をつける。ひとりまたひとりと、ブル投資家がベア投資家に変わっていく。その間、投資家は売り続ける。新安値を予測する声が聞こえてくる。

投資家の意見は、完全にベアとなった。買い入れリストにその銘柄の名前があったとしても、非常に少ない。最終的に、底が訪れる。その銘柄についての無関心さが、マーケット中に広がる。投資家は、その銘柄以外に投資チャンスを探し出そうとする。

今まで見てきたように、投資家は短期間の株価の動きに取りつかれている。多くの投資家心理は、現在の株価トレンドに影響を受ける。上昇トレンドは、投資家を買いに向かわせる。しかし、下降トレンドは投資家をマーケットから遠ざける。新しいトレンドを本当に把握しようという投資家はほとんどいない。そのトレンドが長く持続すればするほど、それについての信頼は深くなる。しかし、トレンドの頂上や底では、大多数の投資家の予測は通常極端な様相を帯びている。そして、この極端さは、投資行動の中に現れる。トレンドは、（上昇基調の中での）新規買いや（下降基調の中での）新規売りが途切れることによって、次第に消滅する。すべての投資家がマーケットに参入し、あるいは退場すれば、そこに逆張り投資家にとってチャンスが生じる。3人の投資家の例を覚えておられるだろうか。もし投資家全員がマーケットに参入し、あるいは退場すれば、そこに極端な状態が生じる。それ以上の資金がマーケットに注ぎ込まれないので、ベアにとっては、そのトレンドはそれ以上持続しない（厳密に言うと、"すべての人"がマーケットに参加し、そこから退場することはない。一方によって売られた銘柄は常に他方から買われる。トレンドを現すのは、株主

の性質による。しばしば、銘柄は"弱腰な——事情を知らない、あるいは投機的な——買い手に買われた"、または"強腰な——事情に詳しい、そして確実な——投資家に買われた"といわれる場合がある）。

　すべての投資家は、底で購入し、天井で売り抜けたいと考えている。しかし、ピラミッド図で分かったように、多くの投資家はまさにその反対を行っている。安値で買い、高値で売るためには、逆張り投資法の考え方が必要である。

　しかし、逆張り投資家になるためには、投資家はトレンドの反転時期を予測し、マーケットでの支配的な意見が極端に偏っていることを感じとることが必要である。これをするために真の努力をしている投資家は、ほとんどいない。少数の人が偶然に感情的に始めることはあるが、この研究を厳格に進める人はさらに少ないのである。この努力によって、新しいトレンドを確認し、未来を予測することは本当のチャレンジなのである。不断にこの努力をすることは大変である。短期的株価変動には規則性がないし、それによって、トレンドを探し出そうとする人々を誤った方向に導くことがあるからである。

　しかしそうであっても、逆張り投資家はその他の投資家より有利な立場にある。なぜなら逆張り投資法では、長く続いた株価上昇の後の買いや長く続いた下げの後の空売りを禁じているからである。そのどちらかの行為をすれば、逆張り投資家は大多数の投資家の中に埋没することになる。逆張り投資家は株式の売買に関し、彼らが購入した後、または空売りをした後に、大多数の投資家が追従してくれることは望むが、大多数の投資家と同一歩調を取ることを好まない。

実際的効果

　トレンドが動き始めるのはいつか、またはそのトレンドの一連のサイクルの中でその銘柄がどのくらいの位置にあるかを見極めるのが、逆張り投資家の仕事である。簡単に言うと、この仕事は、底付近で買い、天井付近で売ることである。

トレンド分析は、何度も繰り返し使用できる、気の利いた公式ではない。それゆえ、逆張り投資家には意思決定ごとに指標を与えてくれる一連の原理が必要である。われわれは、トレンド分析には、ある不朽の原理が存在すると信じている。そこで、その原理についてここで探求するつもりである。

1．各トレンドの違い

投資家は、トレンド分析のために何度も使用できる一連のルールを見つけるためにトレンドを研究する。多くのルールは妥当性を有しているが、各トレンドは異なっている。また、各々のルールはそれぞれに発展してきた。どのようなルールも当然の警告を伴っている。つまり、「危険である。あまりに型どおりに適用してはならない」ということである。同じ投資でも、対象が金であるか、普通株式であるか、マーケット・インデックスであるかによって、トレンドの発展の仕方がその都度異なる。あるものが特殊な動きをする傾向があるときでも、例外も多く、その存在を念頭に置く必要がある。「トレンドが美しい」という言い方を、何度も聞くことがあろう。通貨はトレンドを描く傾向があるとよく言われる。時には、これは正しい（図6．7参照）。しかし、正しくないときもある（図6．8参照）。

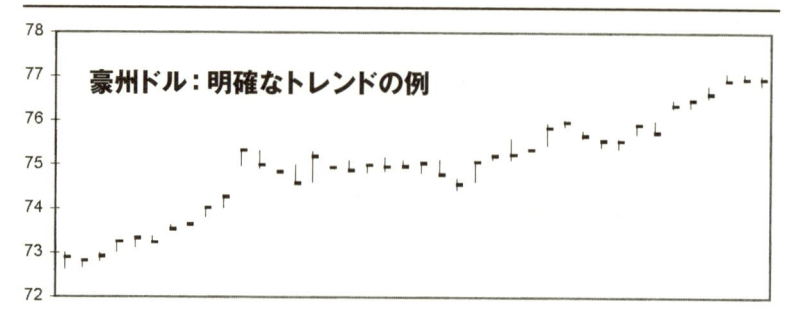

図6．7

豪州ドル：明確なトレンドの例

図6.8

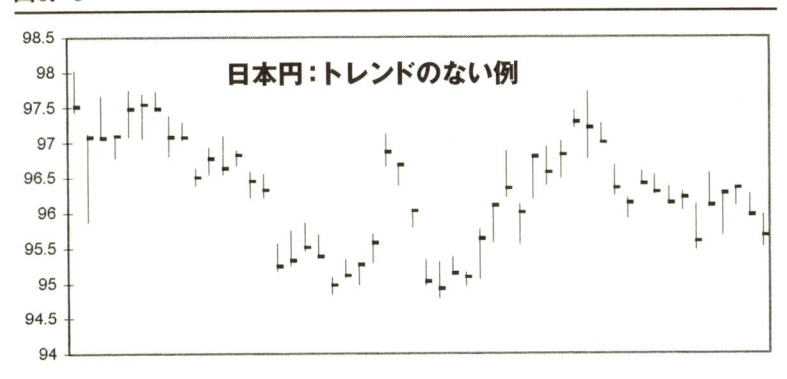

```
                  日本円：トレンドのない例
98.5
 98
97.5
 97
96.5
 96
95.5
 95
94.5
 94
```

　通貨は、明確な価格トレンドを示す傾向があるということを前提として、すべての取引を行うと、例外が生じて損を被ることがある。トレンドに、闇雲に従うべきではない。単なる自分の想像を、将来のトレンドとして扱うという間違いを犯す危険性がある。複数のトレンドが同じように動き始めたからといって、同じように終わるとは限らないからである。投資家は、精神的なイメージや想像上の希望を意思決定のもととしてとらわれすぎる。記憶してほしいのは、精神的訓練によって完成させたトレンドの曲線はあなたの想像の産物であり、実際には存在しないということである。

■あるポートフォリオ・マネジャー（逆張り投資家）の回想

　この種の希望的観測は、多くの問題を引き起こす。株価チャートを観察して、長期株価反騰ポイントと思われる点を見つけだし、積極的に買いに走るのは非常に容易である。ところが、私は反騰ポイントと考えたものの約７０％が実際には新しいトレンドを形成することに失敗しているということを知っているので、この種の投資に対して熱心にはなれない。その結果、新しいトレンドによって、この種の投資に熱くなった個々の投資家が冷やされる。投資家は、損失を被った後、想像で作り上げたトレンドの影響を受けやすいものである。投資家は、短期間に利益を得ようとする。この態度が原因で、実際にはありもしない投資機会を見つけだしたような気になるのである。

図6.9

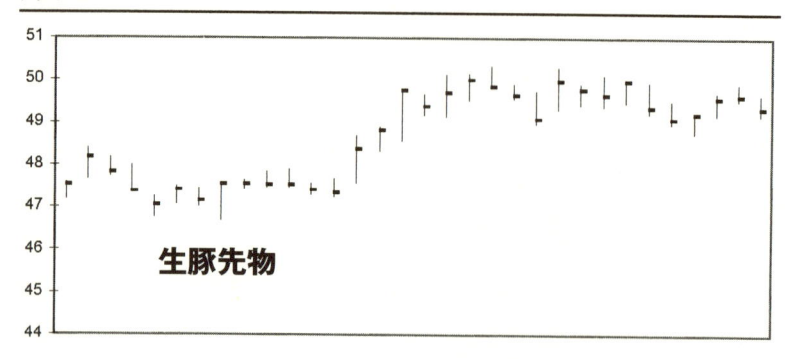

生豚先物

　人々が、自分で想像した株価トレンドをどのように観察し、実在しない物事を見ているのかを、以下に明らかにする。チャート分析は、冷静かつ正確に行われるべきであるが、彼らは単に、チャート分析に偏向を持ち込んだにすぎない。例として、2つの明確に異なった商品取引のチャートを挙げる。ひとつは生豚の先物についてであり、もうひとつは合衆国財務省債券（Tボンド）先物についてである。両方とも、同じ期間（1995年11月から12月の期間）で表示されて、同じシカゴ商品取引所の立会場で取引されている。これら2つのチャートには類似性があり、投資家はこの2つが同様な価格トレンドとなると考えたのである。確かに、その類似性には驚かされる。投資家は、価格トレンドが類似性を示すとき、その類似性が無限に続くと考える。

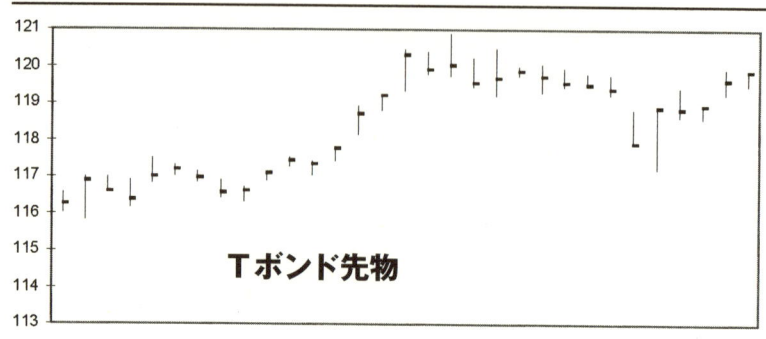

図6.10

Tボンド先物

図6.11

Tボンド先物

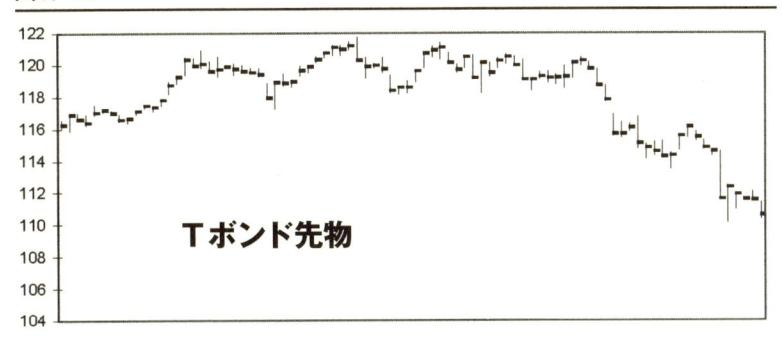

　図6.9および図6.10に示されているチャートを検討してみよう。これら2つのトレンドはほとんど一致しているが、生豚の価格と10万ドルのTボンドの先物価格に、せいぜいのところわずかな相関関係があるというだけにした方が安全であろう（実際に、生豚とTボンドの間には相関関係はない。一方の動きを、他方の動きで説明できないし、どのようなことも予測させる要素もない。インフレ時に、わずかに相関関係があるかもしれない。それでも、その関係を定義するのは難しい）。

　トレンドのパターンから将来の転換点を探し出そうとすると、錯覚が生じる。図6.11および図6.12に示されているように、現実は全く違うことが分かる。

図6.12

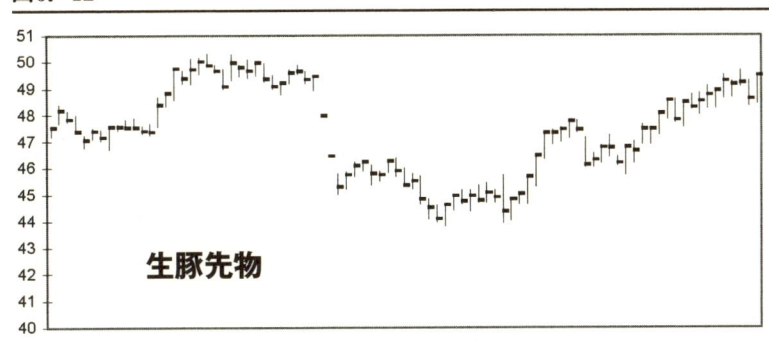

生豚先物

2．すでに明確になっているトレンドに逆張り投資法は向かない

　逆張り投資家は大多数の投資家の意見に追従することはないので、保有している銘柄には現在の明白な価格トレンドがない。トレンドは大多数の投資家の意見が変わった後に、またその後に多くの投資家が参入して、その意見が強さを増した後に、トレンドは生じるのである。すでに明確な価格トレンドが存在している投資対象に期待する逆張り投資家は、逆張り投資の哲学から逸脱している。
　株式を買いたい、あるいは空売りをしようという逆張り投資家は、以下の２つのうちのどちらかを探し求めている。
- 既存のトレンドに反対して売買するための対抗トレンド
- あるいは、トレンドのない投資

　逆に言うと、長期間の上げ後の売りであろうと、空売りで利益を得た後の買い戻しであろうと、その結果はそれに抗して仕掛けることのできる強力なトレンドを見つけだすことができるかどうかによって決まる。
　換言すれば、何らかの銘柄を購入しようと思っている逆張り投資家は、以下の状況のどちらかひとつを探し求めているのである。
- 株価が長期にわたって下げ続け、今や５０％を超えているとき
- 暴落の後で、人気がなく、トレンドもないとき

3．役に立つトレンドの働き

　「トレンドは、投資家の友人である」という古い格言がウォールストリートにある。そして、それは記憶する価値のある教訓である。われわれは、投資家として売買に熱中するあまり、「トレンドに乗っているときのみ利益を得ることができる」ということを忘れてしまう。

実際的効果
　あるトレンドを見つけだしたら、できるだけ長くそれに乗るべきである。

そこから飛び降りるには何か明確な理由がなければならない。利益のほとんどは、ポジションを固守することで得られるのであって、何回も取引を繰り返すことからではない。

そのことが、逆張り投資家は少なくとも3年間は購入した銘柄を保有し続けるべきであると考える主な理由である。大多数の投資家と同じ銘柄を長期間保有するので、逆張り投資家にとっては心地よいものではないかもしれない。逆張り投資家は、本来、大多数の投資家と行動をともにしてはならない。しかし、熟練した投資家は、大多数の投資家は参入時点と退出時点でのみ間違っているということを知っている。それ以外の大部分の時間で彼らは正しい。そして、自らが正しいことを証明するために資金をさらに投入する。逆張り投資家は、人より早く動き、さらに、自分たちが見つけた事柄に他の投資家たちがだんだんと気づくことになるだろうということを前提にスタートする。それは時間を要する。

4．トレンドは底で、激しく、あるいは優しく終わる

多くの人は、下げ基調の価格トレンドは出来高を伴ったほとんど垂直的な価格の下落となる激しいセリング・クライマックス（最終局面）で終わると信じている。時には、それは正しい。しかし、長期の株価の下げはだんだんと小さくなり、静かに終わるということがしばしば同様にある。

しかし長期の株価の下落後、さらに急速な下げが数日間続き、しかも、その出来高が大規模であるのは、その銘柄が底にある証拠であるといえる。このクライマックス的な下げの生じた翌週に、株価の急激なリバウンドがあれば、特にそうであるといえる。そのときの出来高はどのくらいだろうか。通常の日の出来高の2倍か3倍になっていれば、非常に良いサインである。株価・出来高チャートを分析することで、セリング・クライマックスが生じたことが明確に分かるに違いない。チャートを見ることによって、それをすべてのところに生じていると考えてはならない。図6．13のイーストマン・コダック社の株価チャートを見てほしい。左側の目盛りは株

価で、右側は出来高である。

　この株価チャートで、2つの大きな底が生じているのが分かる。そのとき、それほど出来高は増加していない。底の生じる数週間前と数日前に出来高が明確に回復したにもかかわらず、当時の分析は、どのような結論も導き出せなかった。真の出来高の増加は売り圧力から解放され、株価が回復するにつれて、底値をつけた後に起こったのである。

　最初の下げは、60ドル台半ばから50ドル台半ばへの下落である。それに伴った出来高の大幅な増加を"買い"のシグナルと投資家は誤解したかもしれない。出来高の大幅増加を伴った10ドルもの急激な下げは、まさしくセリング・クライマックスの状態を示している。しかし、それは底ではなかった。その後数週間、株価は安定したが、さらにその後、ゆっくりとではあるが確実に、40ドル台前半に向かって下降を開始したのである。

　チャートが示すように、利益を得ることができたであろうと思われるトレンドを2つ確認できる。最初は、長期にわたる株価の下げで、空売りをした人は利益を上げることができた。もうひとつは、長期にわたる40ドル台前半からの回復で、長期保有（Buy and Hold）をするつもりのあった投資家には、利益となったであろう。しかし、実際にセリング・クライマックスを見つけだすことは難しい。実際、事実上は存在しなかった売りのシグナルを発見したと誤解しかねない本当の危険性があった。

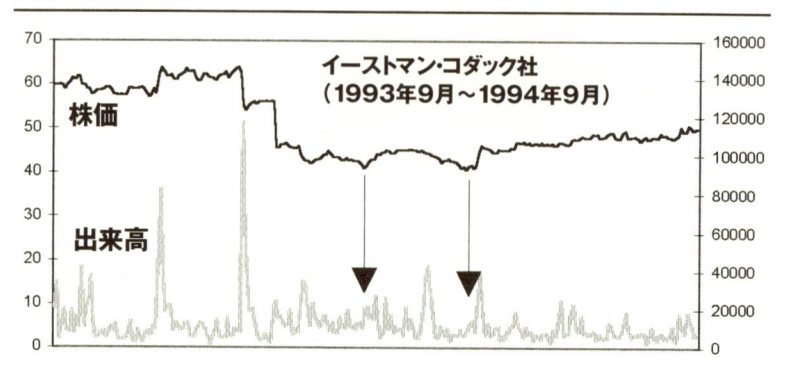

図6.13

イーストマン・コダック社
（1993年9月〜1994年9月）
株価
出来高

第6章　株価トレンドにうまく乗るには：バリュー株を探す　159

　底が穏やかに、あるいは急に生じることが分かれば、出来高は底値を示す指標ではないことが理解できる。しかし長期にわたって３０％～６０％の下落をし、その後に大きな出来高を伴って垂直的な下落をする銘柄は、底打ちが間近であると考えられる。

　そこで逆張り投資法の真髄である「半値下げ買いルール（down-by-half rule）」の登場である。これでスタート時点が分かる。株価が５０％下がった銘柄は、たぶんセリング・クライマックスを経験しているに違いない。少なくとも、その銘柄の株価・出来高チャートから引き出せる価値のあるヒントを得られるかもしれないということを示唆している。

５．大天井や大底では、ボラティリティが増加する傾向がある

　好ましい株価トレンドは、一方向への連続した価格変動である。それゆえ、ボラティリティの増加は対抗トレンドが現れる前兆と言える。株価が上げ続けている限り、ボラティリティは非常に小さい。株価が天井に近づくにつれて、マーケット参加者はそのトレンドが継続することにだんだんと確信が持てなくなる。その結果、売買のサイクルがより頻繁になる。投資家の意見が分かれるからである。例として、図６．１４を見てほしい。

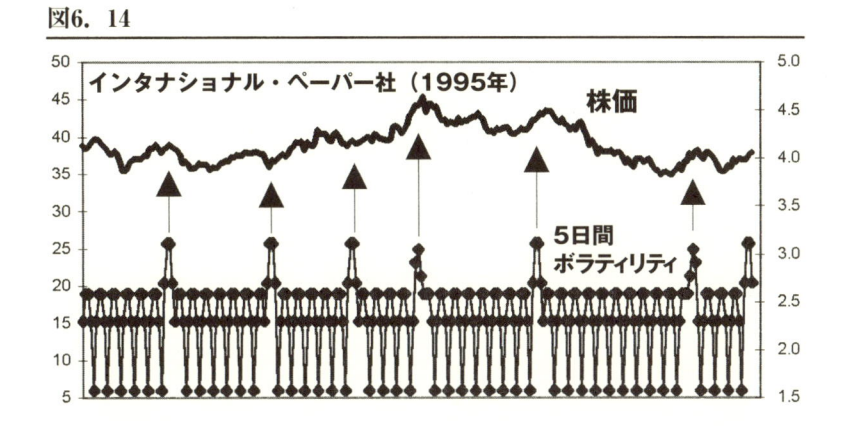

図6.14

"５日間ボラティリティ"は、単純に終値の５日間標準偏差である（リターンの標準偏差とは統計上のツールである。それによって、ある株式のリターンが特定の幅の中に収まる可能性がどの程度あるかを測定するものである。配当後、株価がどのくらいの幅で下がるかを測る。例えば、１株６０ドルの株式について標準偏差が０．５０であるということは、株価が３回のうち２回は５０セントの幅で上下し、９回のうち１回は１ドルの幅で上下することを意味する。この１ドルの幅に達することは、最初の標準偏差の２倍になっている。ボラティリティの計測方法について述べることは本書の目的を逸脱しているので、標準偏差だけを取り上げて説明したいと思う。なぜなら、スプレッド・シート――作表・集計・計算などを同時に行う表計算ソフト。市販のエクセルやロータス123に、その機能がついている――を利用している投資家はだれでも使うことができるからである。さらに、ポートフォリオのリスクは、しばしば標準偏差を使って表される。テクニカル・ソフトウエア・プログラムを利用している投資家は、多様なボラティリティ指標を持つことができる。それらの中で、われわれは、真の値幅平均――Average True Range――を大いに利用している。標準偏差の計算方法については、「付録Ａ：逆張り投資法のための数学」の項を参照のこと）。マーケットの大きな転換点では、いかにボラティリティが高くなるかということに注目してほしい。

　警告。ボラティリティは、しばしば相場の天井や底で増加する。投資家がどこにいるかを知るためには、銘柄がどこにあるかを研究する必要がある。株価が好調に上げ続け、ボラティリティが急上昇したら、天井は間近である。逆張り投資法の他の指標と同様に、ボラティリティは単にツールのひとつである。その他のテクニックと共用すべきである。

　それにもかかわらず、株価の天井や底でかなりのボラティリティが発生するので、逆張り投資家は、売買をする前にボラティリティを見つけだす努力をすべきである。終値の５日間標準偏差の上昇は、それが価格の上昇あるいは下落を伴っていれば、価格反転が間近いことを示している。

　過去の５営業日の平均として標準偏差を測定することは、研究に値するだけの十分な感応度がある。もっとも、日々の変動といういわゆる"ノイ

ズ"を平滑化する必要がある。標準偏差は株価が下げるときに、おおむね有効であることが分かる(図6．15参照)。ノイズを排除できないという欠陥はあるものの、独立の指標として、よく困難な問題を解くのに役に立つ。

図6．15　標準偏差(上)とS&P500

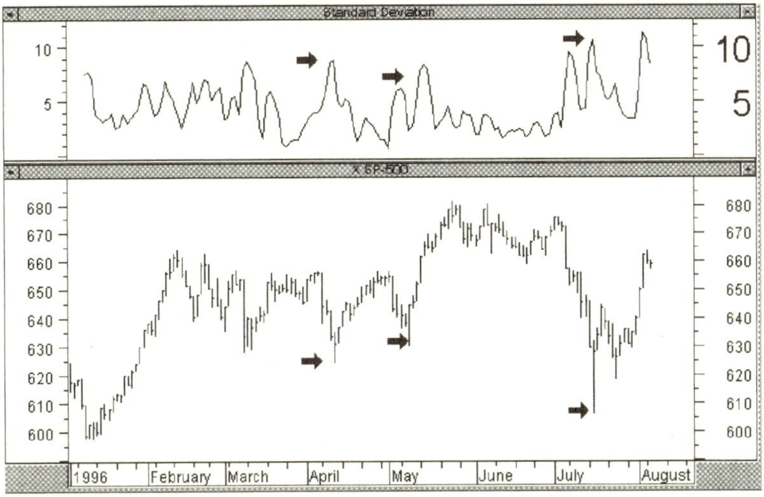

6．だれもトレンドの長さを正確に予測できない

　ある種のトレンドが上方向にしろ下方向にしろ、爆発的な動きをすることがある。ある投資対象が連続して上昇あるいは下降という一定方向へ動き続ける可能性があるかどうかを知るためには、爆発的動きの出現が最良の指標となる。ブル・トレンドで未投入の投資資金が多く残っているのは、初期の段階で売り逃げした投資家がいるからである。投資家が天井をつけたと判断したとき、新しいより強力なブル・トレンドが出現するのである。
　１９９２年～１９９４年のユナイテッド・テクノロジー社のチャートを見れば、力強いブル・トレンドが現れているように思える(図6．16)。４０ドル台半ばから７０ドル台半ばへの動きは確実に利益を上げられる上昇線である。しかし実際の株価変動は、さらに５０ポイント上乗せされている。この新しい動きは、最初のブル・トレンドを小さなものに思わせた。

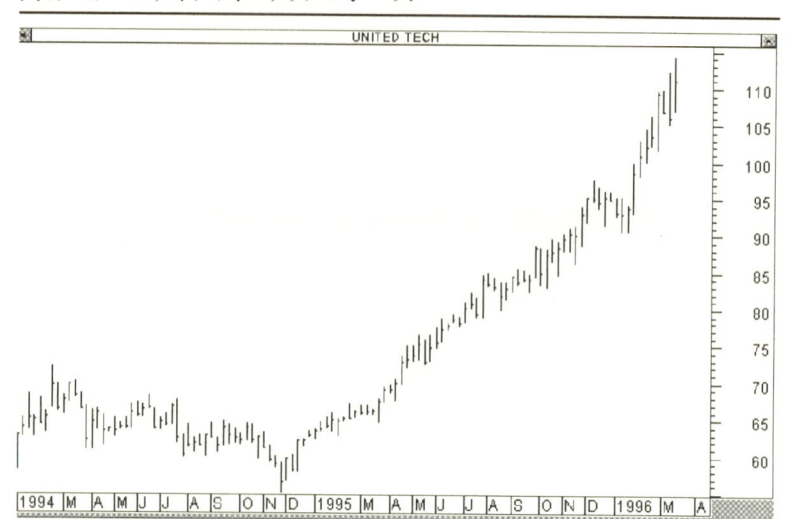

図6.16　ユナイテッド・テクノロジーズ

　投資家は、そのようなトレンドを予測することはできない。４０ドル台半ばで、その銘柄を買った逆張り投資家は、無理にせずに他のより魅力的な可能性を狙って、最初のピークで売り逃げしたかもしれない。あるいは、マーケット全体がもっと極端なブルのコンセンサスを形成することを待って、ポジションを持続したかもしれない。もちろん、そのときは、極端なブルのコンセンサスが決して形成されない可能性があるというリスクがある。

７．隠れたトレンドを知る最良の指標はトレンドのない状態である

　昼の後に夜が来るのは不可避であるように、あるトレンドの後にはトレンドのない状態が続く。違う言い方をすると、トレンド欠如の状態が新しいトレンドの出現を暗示する。そこでは、逆張り投資家は株価チャートを分析し、先週の株価上昇が新しいトレンドの始まりであるかどうかを予測することは意味がない。そこには、非常に多くの見せかけの始まりがある。それらを使って、予測の練習をする価値はないであろう。
　しかし、チャートに明らかに無傾向なパターンが現れたら──これをト

レンド欠如の状態というのであるが――新しいトレンドが間近に出現するかどうかを判別し得ることを願って、その株についてのより詳細な検討を加えることができる。トレンド欠如の状態は、ひとつの難問ではあるが、重要である（人は、"銀の炎"の中でのシャーロック・ホームズの黙想を思い出させる。「私が注意しなければいけないと君が思っていることはあるのかな？」「その夜に起こったその犬の奇妙な事件についてです」「その犬は、その夜に何もしなかった」「それは確かに妙な事件だった」とシャーロック・ホームズは述べた）。いわゆる、Ｖ字底は時折生じるが、逆張り投資家はリバウンドする前に素早く買うことによってそのチャンスをとらえるということはしない。これらの機会は、逆張り投資家が株価変動を継続して見続けていない場合には、喜んで見逃すべきものである。

　逆張り投資家は、長期間に見放された状態にあることを潜在的な買いのシグナルとみなす。この種のだらだらとした動きは普通、相場の天井付近では現れない。一般的に、ベア・トレンドは、ブル・トレンドであった期間の２分の１か３分の１である。新しいブル・トレンドが欠如している状態は、ベア・トレンドの一部と考えられるため、逆張り投資家としては、そこでしばらくの間ベアの動きを見つけだそうとしなければならない。別の言い方をすると、下げの期間はその下げの期間に先行する上げの期間より短いのである。しかし、もし株価がちょうど底を打ったと思えるようなときに投資するのは早すぎるかもしれない。例えば、ある株のブル・トレンドが１８カ月間続いた後、この株を潜在的な投資機会対象と考えるには、天井から数週間、時には数カ月経過するのを待つことが必要になろう。逆張り投資家が始動するには当然、株価は、過去５２週の高値から５０％下がっている必要がある。

　以前述べたように、研究によると、個別の株価に関するベアの動きが是正されるのには、１年から３年の期間を要する。また、ブルの動きに続くベア・トレンドは、平均して６カ月から１８カ月継続すると仮定することができる（個々の銘柄が暴落から回復するのに、１８カ月から３０カ月かかると、ベン・グレアムは考えていた。典型的なブル・トレンドの長さ、株価変動についての研究、そしてグレアムのような投資家の著作などはす

べて、2年から3年銘柄を保有すべきであることを示している)。この章で強調してきたトレンドのルールはすべて真実であるが、逆張り投資家はこの点は割り引いて考えるべきである。しかし、ブルと比べてベア・トレンドの期間が2分の1か3分の1であるということは、銘柄を分析するに際して、適度な時間的枠組みを提供してくれる。

まとめ

株価変動と理想的な逆張り投資家の反応を、グラフを使用して説明することができる。図6．17は、よく知られたデパートであるウールワースの株価データを表している。それは、1994年7月〜1996年7月までの2年間のものである。

図6．17　標準偏差（上）とウールワースの株価

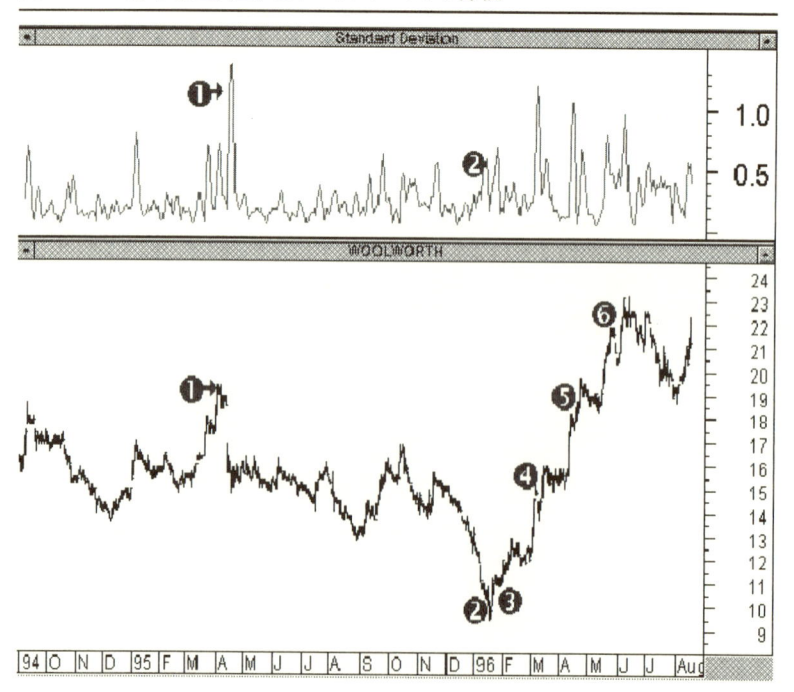

株価が50％下がったら買いのシグナルである。この銘柄は、1996年の初頭に底を記録したが、その数カ月前にダマシの上昇トレンドを示した。ある銘柄は40％しか下がらないことがある。またその他は、35％あるいはそれ以下のことがある。それを、逆張り投資家は認識しなければならない。しかし分析には、客観的起点が必要である。同時に株価チャートを重視しすぎてはいけない。50％株価が下落するまで買うべきではないというルールに従えば、ダマシの買いシグナルを避けることができるのである。

■あるポートフォリオ・マネジャー（逆張り投資家）の回想

ボラティリティの上昇が決定的なものであったわけではなかったが（同時に天井や底を示すために必要とされていたわけでもなかったが）、われわれはその銘柄を買った。その理由は、ボラティリティの上昇が50％の下げとともに生じたということが、買いを真剣に検討するに十分であったからである。当時、ウールワース株を購入リストに載せた理由は、次のとおりである。

- 新しいベア・トレンドを示すどのような明確な動きもなかった。
- 投資家は、消費者は疲弊していると考え、デパートなどの小売関連株に興味を示していなかった。
- ライバルのKマートが財務上の問題を抱えていたことが、ウールワースに対しても同様の問題を連想させ、その結果、ウールワースの株価は必要以上に売られていた。

ウールワース株を10ドル近辺で購入した逆張り投資家は、逆指値（株価がある値段以下になれば、自動的に売却するように証券会社に指示する売り注文形式）の売り注文を出した。そのときは、買値から25％下がったら、売却するようにという指示であった。その後、この銘柄はさほど長い期間低迷したわけでもなかったことに注目してほしい。古典的な"V字谷"を形成した後、上げに転じた。逆張り投資家は、売り叩かれた銘柄の素早い反転のすべてを待ち構えるべきである。

最大の利益よりも少ない利益幅で売る機会が多くあることは、問題である。投資家の懸念や他にどのような投資機会があるかによって、１５ドルや１９ドル、あるいは２３ドルで売るということになる。２３ドルで売れば、かなりの儲けを手にすることができたが、１５ドルで売っても５０％以上の儲けになった。

　逆張り投資家は、底付近で買い、天井近辺で売ろうとする。一般的に、売りより買いの方がやさしい（第１３章で、売りについて、より深く論じるつもりである）。あるトレンドが発達する前に、投資行動を開始したい。どのようなトレンドも明らかになっていないときに、投資チャンスを見いだすことで、自分の好きな方にチップを賭けることができる。あるトレンドが明確になるまで待つことは、逆張り投資法の哲学に反する。逆張り投資家は、他の投資家が動く前に行動しなければならない。あるトレンドが確立されたとき、予測はすでに変わっているからである。

　皮肉にも、逆張り投資家は、他の投資家が避けた投資チャンスを見つけだし、そのトレンドに乗ることで、儲けを得るのである。大多数の投資家が資金を投入することで株価が押し上げられるのである。逆張り投資家は、トレンドのすべての転換点をとらえようとはしないが、大多数の投資家から嫌われている銘柄を逆張り投資法の手法を使って探し出し、できるだけ多くの機会をとらえようとするのである。

第7章 内部者（インサイダー）による売買についての洞察：事情通の資金とともに投資する

太い丸太には、頑丈な"くさび"が必要である。
——プリウス・サイラス

　われわれの「半値下げ買いルール（down-by-half rule）」のために、あなたは、株式の研究対象には事欠かないであろう。過去５２週の高値から５０％以上の下げを記録したからといって、すぐに買いに走ってはならない。その前に、宝物をゴミの山から見つけだすためのシグナルを見つける必要がある。半値になった銘柄に適用される逆張り投資法でいう頑丈な"くさび"とは、「内部者（インサイダー）による自社株買い」や外部の「事情に精通した投資家」による買いの増加を言う。

　それらは、次の最も重要な"買いの引き金"となる。それを、「事情通の資金とともに投資する」と呼びたい。そのルールは次のようなものである。

　過去５２週の高値から株価が５０％以上安くなり、かつ過去６カ月以内に少なくとも内部者による１２万ドルの自社株買いが生じた（そして売りを伴っていない）銘柄は、まさに逆張り投資にもってこいである。

　あるいは、

　５０％株価が下がった銘柄に、「事情に精通した外部投資家」が発行株式の５％に当たる買いを入れたときは、事実上無条件に買うべきである。すでに５％以上保有している投資家が買い増して、都合１０％を保有することになったときも同様である。

重要な買いのシグナルに加えて、「内部者による自社株買い」は、逆張り投資家に、その会社の財務上、あるいは業務上の困難は思ったほど深刻なものではないということの何らかの保証を与えてくれる。内部者は、会社が回復不可能な状態であれば、決して自己資金を自社株に投入しないからである。

ここには3つの概念が作用している。

- 第一に、この銘柄は、大多数の投資家が避けているものを買うという逆張り投資家の基本的な認識を満たし、価格水準がかつてのレベルの何分の1かになっている。
- 第二に、おそらく最も事情をよく知っている内部者による買いは、反転を知らせる強いシグナルである。
- 最後に、内部者による売りがないということは、最悪でも現在の安値のレベルが保たれるであろうということの追加保証を得たようなものである。

「事情に精通した外部投資家」による買いも同じことが言える。突然、株価が下げても"外部投資家"が買っているということは、彼らが他の投資家の気づいていない価値に気づいているということの明確な証拠である。その投資家は、その企業の動向をきちんと調査した結果、将来の業績回復を信じたと考えられるからである。この章の終わりで、2つのケースを通して、「事情に精通した外部投資家」による投資の詳細を調べるつもりである。2つのケースとは、シティコープとクライスラーである。

「内部者による自社株買い」：買いの根拠

逆張り投資法を実施するときに陥りやすい最大の危険のひとつは、悪材料によって高値から急落した銘柄が掘出し物に見えることである。それを購入すると小さなリバウンドが遠からずある。しかし、企業業績予測がさらに悪化し、それが株価に反映しさらに下げてしまうことがある。

逆張り投資法のリスク・マネジメント・ルールによって、ポートフォリ

オの成績悪化を防ぐことができる。株価が下落し続ける場合には、売りが必要となるからである（逆張り投資法で購入した銘柄の価格が２５％下がれば、売却処分すべきであるというルールを思い出してほしい。「第１２章　リスクを最小にする：逆張り投資戦略」のところで、リスク・マネジメントについて、詳しいことは述べる）。また、逆張り投資法の買いのシグナルはまず、健全な銘柄を選択することを可能にし、それが勝利の可能性を高くする。

　先に述べたように、「半値下げ買いルール（down-by-half rule）」に次ぐ"買いの指標"の中でも、「内部者による自社株買い」は、それらの銘柄への買いは良い結果となる可能性が高いということをそれだけで確認しうる最良の指標である。

　売りのシグナルとして、自社株売りが効果的かどうかは議論の分かれるところである（この章の終わりに、自社株売りについて詳しく触れるつもりである）。しかし、研究の結果は、内部者による自社株買いを買いの指標として利用することを明確に支持している。さらに、「事情に精通した投資家」による買いも、買い指標に加えたい。まず、内部者とはだれであるかを定義して、次に彼らをいかにわれわれに有利になるように利用するかを考えてみよう。

　内部者とは、幹部社員と企業の経営内容や業績見通しについて"内部情報――あるいは特権的な情報"に近づくことのできる外部取締役のことを言う。証券取引法は、内部者とその企業の株式を５％以上保有している外部投資家に、ＳＥＣ（証券取引委員会）に対し、持ち株売買の詳細について、定期的に報告する義務を課している。

　これらの売買は、公開市場での売買あるいは、ストック・オプションの行使などの形態で行われる。これらの売買についての報告書は、取引日の翌月１０日までにＳＥＣに提出しなければならない。したがって、それらの報告書は、かなり時宜を得たものである。内部者が自社の業績について、ブルな見方をしているかどうかを判断するのに、それらの報告書は重要である。すでに株価が５０％下がった企業からそれらの報告書の提出があれば、特に重要視しなければならない。

「内部者による自社株買い」は、投資家にとって有効な買いのシグナルだろうか。われわれが確認した２つの研究によれば、その答えは、強いイエスである。

● 第一の研究は、われわれがこの本を書き終えた後に、カー・ベティス、ドン・ビックリー、そしてドン・Ｗ・ビックリーの３教授によって、発表される予定になっている。その研究の結果は、内部者の取引を見習って投資した外部投資家が同種のリスクのある株式を同じ量だけ取引した場合より、取引手数料を含めた後で約７％多い年間リターンを稼いでいるというものである（How You Can Profit With the Insiders, Tom Saler, Your Money, 1997/7, p22-25）。

全国で販売されているある雑誌のインタビューで、ベティスは次のように言った。「最高幹部社員の大量の自社株買いの結果は、一貫してマーケット平均を上回った」（Salerの前掲書、p24）。３人の教授は、１９８５年から１９９０年の間に行われた内部者による１万株以上の取引について、研究した。

● 第二の研究は、Ｒ・リチャードソン・ペティット教授（ヒューストン大学金融論）とＰ・Ｃ・バンカティッシュ（連邦通貨監督官事務所）によって行われた。それは、ニューヨーク証券取引所およびアメリカ証券取引所の全上場会社の株式について、内部者による取引を分析したものである。その期間は、１９８０年１月から１９８７年８月までである。この２人の研究者は、３万件の買い、７万件の売りについて調査した。それらのマーケット取引総額は、７０億ドルであった。それによって、非常に重要なことが分かった。内部者は、その株がマーケット平均より高いリターンを示す前の２４カ月間において、買い越しを増加させる傾向（全般的にはその売りを減らすことによって）がある（Insider Trading and Long-Run Return Performance, R.Richardson Petit & P.C. Vankatesh, Financial Management, Vol.24, No.2, Summer 1996, p10-20）。

その研究の結論は、簡単に言うと、内部者の自社株売買は、その株価の将来を暗示するということである。つまり、株価上昇の前に自社

株の買い越しの増加があり、下落の前に自社株の売り越しが増える（R.Richardson Petit & P.C. Vankateshの前掲書, p19)。

これらの自社株売買について、いかなる季節性もない。投資家は、1年の特定の期間において、それらの行為が特に増加することを期待することはできない。しかし、3年間株式を保有することは価値があると2人の研究者は述べている。これは、逆張り投資法が支持する期間と同じである。
　"売りの減少"と"買いの増加"による株価変動を区別する必要がある。両方（"売りの減少"と"買いの増加"）とも、買い越しの原因となって株価を上昇させる。
　下記の2つの仮説を検討してみよう。
　　《例1》
　　　　100,000株（売却）
　　　　 70,000株（購入）
　　　　 30,000株（売り越し株数）

　　《例2》
　　　　 20,000株（売却）
　　　　 30,000株（購入）
　　　　 10,000株（買い越し株数）

　上記の例2においては、内部者による購入がほとんど終わったとしても、彼らによる買い越し株数の増加があった。言い方を変えると、内部者による購入が今後も続くか、あるいは減少するかにかかわらず、買い越し株数は増加し得るのである。われわれには、もっと強固な保証が必要である。50％価格が下がった株式について、実際の購入株式数の累増と「内部者による自社株売り」がないことを確認しなければならない。
　内部者は、株価が上昇すると考えるから、自社株を購入する。自社株買いは、その会社の株価が真の割安価格に到達したことを時には投資家に知らせることがある。

■**あるポートフォリオ・マネジャー(逆張り投資家)の回想**

「内部者による自社株買い」のメリットを示す２つの素晴らしい例がある。一方は思惑どおりで、他方は偶然の産物であった。最初は、大企業向けに事務所用備品を販売しているコーポレート・エクスプレス社（ＣＥＸＰ）の例である。その株価は、２６．１７ドルから８．２５ドルへと急落した（１日で４７％も下がったこともあった）。その理由は、この会社が行ったＭ＆Ａの後始末から生じている問題が１９９７会計年度の業績を悪化させる原因になるという市場関係者の予測があったからである。アナリスト心理は、明らかに否定的であった（その中のひとりが次のようなコメントをした。「この結果は、この会社のＭ＆Ａによる企業成長戦略に疑問を生じさせた」）。しかし、この会社の重役のひとりは、１株１０．０６ドルで２０万株の自社株買いを行った。アナリストが気づいていない何かにこの重役は気づいたのではないかと、私は考えたのである。そこで、１９９７年４月２３日に、１株９．８８ドルでこの会社の株式を購入した。４カ月もしないうちに、株価は１７ドルに上がった。７５％のリターンである。９月初頭には２０ドルに達し、数人のアナリストは、買い銘柄として推奨した。中には投資判断を"強い買い"とし、１２カ月間以内に２７ドルに上昇すると述べたアナリストもいた。改善しつつある業績見通し、そして売上高と利益を格段に向上させたＭ＆Ａが、われわれに「半値下げ買いルール（down-by-half rule）」に従った買いを実行させたのである。

われわれが最も気に入っているのは、カナンデグア・ワイン社の例である。この会社は、ニューヨーク州ロチェスターにある。この会社の株価は、１９９６年３月２９日に、最高値の３８．７５ドルをつけた後、同年９月６日に、１７ドルに急落した。その会社の収益予測が悪かったために、投資家に敬遠されたのである。１０月１７日から１０月２５日までの間に、内部者は、１株２０ドル台という安値で２６万５０００株の自社株買いを行った。その届出は、１１月に行われた。その９カ月後、株価は３５ドルへと上昇したのである。

われわれは、この会社の株式を１０月８日に２１ドルで購入した。この会社のファンダメンタルズの素晴らしさが気に入ったからである。さらに、

私には、この会社の本業であるワインおよび飲料販売業績が好転するという信念があった。そのすぐ後に、「内部者の自社株買い」がSECへ届出されたとき、筆者は、われわれが「内部者の自社株買い」に偶然に1週間先行して購入することができたことに気づいた。

　すべての買いがこのように手際よくいってくれればと思う。これは特に素晴らしかった。逆張り投資法の指標がいかに有効であったかを証明している（このケースでは、われわれのファンダメンタル分析の指標は、株価が割安価格であったことを示していた）。内部者が当局に届出を行った後で購入しても、相当な儲けを得ることができたのである。■

　「内部者による自社株買い」が活発に行われると、それはますます強い買いのシグナルとなる。その自社株買いが信用ではなく現金で、市場を通じて行われれば、特に素晴らしい買いのシグナルと言える。株価が50％下がり、その会社の社長が10万株の自社株買いを行った銘柄は、逆張り投資家の興味を引かずにはおかない。

自社株買いが増えれば増えるほど素晴らしい

　もちろん、買いがより増えれば、そして「内部者による自社株買い」が生じれば、ブルのシグナルはより強くなる。6人の幹部社員と重役が各自5000株から1万株の自社株買いを現金で行うということは、良いシグナルである。反対に、たったひとりの内部者がストック・オプションを行使することで1000株買ったという事実は、大して興味を引かない（その内部者には、そうしなければならない政治的、またはその他の理由があったのだろう）。各々の場合は異なっている。そして、各々のケースごとに、逆張り投資法のシグナルに照らして、精査する必要がある。6カ月の期間で、少なくとも12万株の買い入れが生じるのは、上昇相場への合理的な出発点である。

　われわれは、調査に基づいて、基準を確立した。ペティットとバンカティッシュによれば、調査期間内に生じた「内部者による自社株買い」の平

均金額は、5万9000ドルであった。この買いシグナルを確立するために、基準金額を倍の12万ドルに引き上げた。その理由は、買いのレベルをよほどのことがないとあり得ない線に設定したかったからである。基準金額の水準を平均自社株買い金額の2倍に設定したことは、目的にかなっているように思われる。そのレベルの自社株買いには、2万株のそれより重大な強い意志が含まれている。それゆえ、十分に6桁以上になる自社株買いを見つけることができればより好ましいと考えている。

　内部者が投資しようとする資金の金額にのみ目を向けているのではない。ひとりの幹部社員による自社株買いより、複数の幹部社員によるそれを見つけだしたいのである。「複数の内部者による自社株買い」は、特に強いシグナルである。ひとりより多数による自社株買いの方が、未知の有力情報の存在を確実に示しているように思える。次の例を見て、われわれが言わんとしていることを理解してほしい。

《良いケース》
　ひとりの幹部社員が12万ドルの自社株買いをする。

《より良いケース》
　2人の内部者が30万ドルの自社株買いをする。

《最高のケース》
　6人の内部者が40万ドルの自社株買いをする。

　上記の最高のケースで述べた6人の内部者の1人当たり購入額は、6万7000ドルにすぎない。この金額は、上記の良いケースの12万ドル、そして、より良いケースの15万ドルより少ない。しかし、より多くの内部者が参加したことが重要なのである。そのことと、最後のケースではその投入資金の総額が最も多いということが大変魅力的なのである。

ストック・オプション行使による自社株買い

　ストック・オプション行使による自社株買いは、特に調べる必要がある。企業の幹部社員は、時折、与えられたストック・オプションの権利を行使する。その株式を保有することもないではないが、大概の場合、すぐに売却する。与えられた権利が"非適格"ストック・オプションであって、権利行使後、取得された株式が保有される場合には、その企業の将来展望がよりブルなものであることを物語っている。

　以下がその理由である。"非適格"ストック・オプション行使による取得株式には、その購入金額に対して即座に諸税金が課される（１株１０ドルで１０００株購入できるストック・オプションを行使した場合の課税対象額は、１万ドルである）。その購入金額が通常、所得とみなされる。この金額には、さらにメディケアと社会保障の税も課税される。

　簡単に言うと、内部者が"非適格"ストック・オプションを行使して自社株を購入すれば、実際に手にしていない架空の所得に対して税金を支払わねばならないという危険を冒すことになるのである。権利行使後、株価が６ドルに下がっても、１万ドルに対する税金を支払わねばならない。それらの株式を売却しても、実際に得られる金額は６０００ドル（厳密には、この金額に損失４０００ドルに対する控除額が加わる）にすぎない。それゆえ、"非適格"ストック・オプションが行使された場合、その取得株式は保有されることが多く、そのことは企業の将来見通しがブルであることを物語っているのである。オプションの行使をしたときに税金を支払っているためにそのブルな見方の集中度も高くなっているはずでもある。

これらの購入者に注意を払う

　幾つかのケースでは特別に余分なリサーチをすることによって、実質的なリターンを高めるものもある。例えば、ある新しいトレンドが生じたときに、企業は、内部者が社内ローンを利用して自社株買いができるように便宜を図ることがある。その株式をローンの抵当とすることがある（意欲

的な研究者であれば、株主の委任状を調べるべきである。そこには、これらのローンの詳細が記述されている。また年1回の提出が義務づけられている"フォーム10-K"の中に添付されている雇用契約の中にも詳細がある場合がある）。逆張り投資家は、これらのケースに注意する必要がある。記憶してほしいのは、逆張り投資法が「内部者による自社株買い」を"買いの指標"としてみなすのは、それが、彼らが自らの資金をリスクにさらしても、十分なリターンが期待できると考える十分な方向転換があったと内部者が信じていることを意味しているから、ということである。会社が自社の幹部社員の個人的に負担すべきリスクを減じるために特別な配慮を講じるときは、その「内部者による自社株買い」は逆張り投資法の"買いの指標"にはならない。

　さらに、逆張り投資法が規定する「内部者による自社株買い」に関する自由意志をいかに判断するかも問題である。自社株買いをしない自由を有する内部者が自社株を購入した場合は、彼らが購入を義務づけられているときよりも重要である。特別の調査を少しで余計にすることによって、すぐに重要なある事実が分かる（その他の理由もある。しばしば、内部者は、特に幹部社員は、自社の経営に自信があることを外部に証明するという政治的理由で自社株買いをする。例えば、新任の幹部社員は、５００株から１０００株の自社株を忠誠のあかしとして買うことがある。幹部社員の年収に見合う一定割合の金額の自社株買いを要求する会社もある。自分自身の資金が賭けられているので、これらの幹部社員は、株主として経営に最も関心を持つ立場になるのである。逆張り投資家は、これらの買いを重要な"買いの指標"とみなしてはならない）。

「内部者による自社株売り」：それは"売りの指標"か

　今まで、買いについて、多くを論じてきた。しかし、「内部者による自社株売り」については、どうであろうか。内部者は、種々雑多の理由で、自社株売りをする。それゆえ、必ずしもそれはベアの理由にはならない。例えば、ある幹部社員は、自社が確実に発展すると考えていても、子供の

入学金、家屋の購入などで現金が必要になり、自社株を売らざるを得ない事情が生じることがある。幹部社員は、自らの金融資産の大部分を自社株の形で保有していることがある。自社の将来性に信頼を置いてはいても、金融資産の保有形態を時折多様化することは賢明なことである（内部者が自社株売りの理由を尋ねられたときに圧倒的に採用される言い訳は、「金融資産の多様化」である。しかし、これはしばしば、自社の目先の見通しにかかわりなしに行われた株式売却を説明する上での反応であることは自然である。業績が見通しに届かないであろうという警告によって、株価が急落したときは、常に企業収益見通し発表日の数週間あるいは数カ月前に、「内部者による自社株売り」がなかったかどうか調べる価値がある）。

しかし、実際に、内部者が自社の業績予測についてベアな見方をしたとき、売ることがある。

将来の業績を予測する場合、「内部者による自社株売り」は、「内部者による自社株買い」よりは役に立たない。

前述のペティットとバンカティッシュも、「内部者による自社株売り」が示すある事実に気がついていたが、明確にというわけではなかった。「内部者の自社株売り」には多くの理由がある。概して、「内部者による自社株買い」1件に対し、「内部者による自社株売り」2件の割合で生じている。内部者は、グループとしてはストック・オプションの贈与や行使により株式を手に入れた株主であり、そうであれば、論理的にこの割合は当然のことと考えられる。

しかし、半値下げ後に生じた大量の「内部者による自社株売り」は、非常に危険な暴落の兆候である。半値下げで株式を購入した後で、目立った「内部者による自社株売り」が生じれば、それは売りの信号である（これらのケースで、多くの「内部者による自社株売り」は、ある事実を知る有力な手掛かりになる。たったひとりの「内部者による自社株売り」は、個人的な逼迫した財政事情によるものかもしれない。その人の属する会社の将来性がないということではないかもしれない。内部者が、退職時に自社株を売る傾向がある。特に、退職が強制されたものであるような場合にはその売りが目立つときもある。ひとりの退職者による自社株売りは、企業

の継続的な展望をより詳しく知っている精通した現職の内部者による売りほどは、重要な指標とは言えない)。そのとき、あまりに早く売ってしまうことになるかもしれない。しかし、それはそれでよいのである。すぐに他の投資チャンスが訪れるだろうし、投資資金を保持しておくのが逆張り投資法の生き残り戦略の重要な側面なのである。

「内部者による自社株売買」を指標として機能させる

　リスクをどのくらい許容するか、または自らのポートフォリオに加えたいと思う銘柄数などの要因に従って、「内部者による自社株買い」を必須の指標として使うかどうかを決めた方がよい。つまり、半値下げで購入した株式について、それを購入する前に「内部者による自社株買い」がなければならないという個人的なルールを確立すべきである。その後で、ある企業の財務状況が健全であるかについて、逆張り投資法のファンダメンタルズ分析指標を利用した方がよい。この方法では、内部者が先行して自社株買いを行ったときのみ、その株式を購入すればよい。それだけ投資チャンスが少なくなるので、これはより保守的な手法と言える。

　１９９６年の６月～７月の期間内に行われた「内部者による自社株売買」について急いで行われた研究は、典型的である。幾つかのセクターが暴落し、壊滅的打撃を受けた。特にハイテク分野がそうであった。「内部者による自社株売買」を専門に扱う週刊誌であるＣＤＡ・インベストネット・インサイダーズ・クロニクル誌１９９６年８月１２日号によって報じられたところによると、わずか５８件の「内部者による自社株買い」に対し、１５１件の「内部者による自社株売り」が報告された（CDA Investment Technologies, 3265 Meridian Parkway, Suite 130, Ft. Lauderdale, Fla., 33331)。これら５８件の買いのうち、２件だけが逆張り投資法の「半値下げ買いルール（down-by-half rule)」に適合した。そして、その「内部者による自社株買い」の総額が１２万ドルを超えたのである。もちろん、われわれは両方の銘柄を購入した。

　ここに述べた内容に、読者は期待外れの感を持つかもしれないが、逆張

り投資法の基準に適合する銘柄は、密接に研究する必要がある。結局、内部者とは通常、時に応じて権利を与えられたストック・オプションの所有者のことである場合が多い。したがって、ほとんどの内部者は彼らの会社の株式に対してすでにある程度の大きなポジションを持っている。オプションは、通常毎年与えられ、株価が安いときには、その行使価格はより低く設定されたものとなる。本質的に、そのことは、多くの内部者は、これらの安い価格で株式を購入する能力をすでに持っていることを意味する。もしそれまでのポジションに追加をするために市場を通して自社株を買い増したとしたら、それは、自社の将来に対して非常に強い信頼を持っていることを示しているのである。

■あるポートフォリオ・マネジャー（逆張り投資家）の回想

　「内部者による自社株買い」は、私の最も信頼する買いの指標である。しかし、逆張り投資法の戦略を実行するときに、それに適合した銘柄が多くの場合存在しない。例えば、経営陣の交代は、その会社の将来を良い方向に向けさせる契機になる。それでもなお、経営陣がゴタゴタしているときに生じた「内部者による自社株買い」は、良い買いの指標ではない。古い内部者の場合、その会社における地位がよく分からないため、さらに自社株を買い増すことを差し控える。新しい経営者の場合、社内で落ち着くまでにしばらく時間がかかることがあり、また彼らの多くは、すでに相当数のストック・オプションの権利を手に入れている。彼らは市場から自社株を調達する必要がない。

　私にとって、「内部者による自社株買い」に従って、その会社の株式を購入するときに感じる魅力のひとつは、心理的なことである。もし私が下落した銘柄を購入するときに、私が投資した後で精通した内部者が自己資金を賭ければ、私はそれを続行するための良い根拠を有しているということであり、自分の買いに対してより安心感を持つことができる。それゆえ、その銘柄を持ち続けることに多くのストレスを感じることはない。これらの購入方式は、他のどのようなそれよりもストレスが少ないことが分かった。　　　　　　　　　　　　　　　　　　　　　　　　　　　　■

「内部者による自社株買い」を逆張り投資法の追加的な指標として利用することは、すべての逆張り投資家に魅力的であろう考えている。特に保守的な傾向の投資家に適していよう。

実際的効果

「内部者による自社株売買」は、停滞状態を破る手段（タイ・ブレーカー）として使われる。ある特定の銘柄の購入を迷っているときに、最近の「内部者による自社株買い」を見つけだせれば、自信を持って買いに踏み出す決心がつく。

他のレベルでは、投資家は「内部者による自社株買い」をアイデアの源として利用できる。例えば、ある特定の期間、１週間とか１カ月の期間に生じたすべての「内部者による自社株買い」リストを手に入れ、それらの株価が５０％以上、下がったかどうかをチェックすべきである（アンソニー・ガレアはこのテクニックを時に応じて利用したが、大成功を収めた）。概して、大量の「内部者による自社株買い」を見つけだしたときは、いつでもその特定の銘柄を深く調査した方がよい。

どこで見つけるか

さまざまな方法によって、「内部者による自社株売買」の情報を得ることができる。それについてほとんどの届出はまだ書類で行われている。まだインターネットによる申請は許されていないので、インターネットによる素早い情報取得はできない（つまり、インターネットを通じて直接ＳＥＣにコンタクトすることを言う。「内部者による自社株売買」についての情報は、いわゆる情報提供業者によって集められている。彼らは、伝統的な取材という方法で情報収集を行っている。それらには、ブルームバーグ社とかＡＤＰ社などがある）。ＳＥＣはエドガー（データベースで、インターネットを介してコンタクトすることができる）を使用しているが、内部者の取引の申請には利用できない。

それゆえ、商業的情報源からこの種の情報を得るしかない。それは、証券会社や投資顧問会社が発行するニュースレター、新聞や雑誌の記事、あるいは情報端末、そしてその他の公的サービスからのものである。例えば、ウォール・ストリート・ジャーナルは、週に１度、「インサイダー取引情報」と題する記事を掲載している。この記事は、この分野に関するの幾つかの異なった出来事に関する情報を報道している。バロンズ誌も同様なサービスを毎週提供している。

「内部者による自社株売買」に特化したニュースレターは、広範に入手可能である。また、ある証券会社は、これらの情報をオンラインで提供している。バリューラインは、各銘柄のページに「内部者による自社株売買」があれば、それを注記している。これらの参考資料を手に入れることができないなら、図書館を利用するのもよい考えである。それらのすべてはないにしても、いくらかは置いてある。最後に、その会社のインベスター・リレーション関係あるいは広報関係の部門に電話で尋ねるのも良い方法である。

まとめ

半値下げの株式について、「内部者による自社株買い」は、最も重要な買いの指標である。

ある銘柄が株価の５０％以上の下落（逆張り投資法の買いの第一指標である）を記録した後、買いに走るのを良しとする第二の指標を探し出さなければならない。研究によれば、「内部者による自社株売買」は、将来の株価動向を暗示するものである。「内部者による自社株買い」は、「内部者による自社株売り」よりも、あることを強く暗示している。売りがないのに、内部者による市場からの自社株調達があった場合、正しくそれが確認できる。逆張り投資法では、過去６カ月間に、少なくとも１２万株以上の「内部者による自社株買い」があることが買いの条件であると考えている。その買いが、深刻な意図を示唆しているとみるからである。

「事情に精通した外部投資家」が、ある銘柄を買ったという事実は買い

の妥当性を確認する指標になる。半値下げの銘柄を「事情に精通した外部投資家」が、発行済み株式の５％に当たる数量を購入したときは、即購入を決定して構わない。

　すでに５％以上の株式を保有している外部投資家が、少なくとも１０％の買い増しをした場合も同様の買いの指標とすることができる。

《逆張り投資法の適用例》
倒産するには大きすぎる？　遠方よりの眺め

　シティコープは、アメリカ最大の銀行であった。
　その銀行が倒産する危険性があった。
　少なくとも、それが大多数の投資家の意見であった。１９８０年代後半から１９９０年代前半にわたって、シティコープのニュースを検討すると、あまりのことに頭を振らざるを得ない。この銀行は現在、健全な財務状況を誇るマネー・センター銀行であり、逆張り投資法による銘柄選択法のポスターに使うことのできる会社として利用することさえ可能だ。
　振り返ってみれば、この銀行の財務状況がだんだんと悪化しているときにアナリストやニュース・メディアは、この銀行が素晴らしいと大いにはやしたてたように思われる。そして、この大銀行が回復期にあるときに、ほめ称える記事を目にした。その結果、投資家はこの銀行の株式を売るべきときに買い、買うべきときに売ってしまったのである。
　この銘柄は次のような素晴らしい上昇を示した。１９９０年に８．６３ドルにすぎなかった株価が、１９９７年半ばには１４０ドル以上になったのである。テンバッカー（１０倍になる銘柄）以上の上昇であった。投資家の判断ミスは当然であった。
　逆張り投資法の売りの基準を確立するよう努力してきたが、シティコープのケースは、われわれが株式を売るルールになぜ一定の幅を設定したかを示し、興味深い。この銀行は、５０％以上の利益を出しても保有すべき銘柄となり（第１３章参照）、逆張り投資法の銘柄選定法に適合する。シティコープの経営陣が解決しようと奮闘していた幾つかの問題に市場専門家は取りつかれたままになっていたため、方向転換をしてから後の数年間のこの銀行の株価は、いわゆる"心配の壁"を昇っていた。その後、経費削減、利益率の改善、そして大量の自社株の買い戻しが行われた。それらは、収益が急上昇し、投資に対して十分なリターンが得られる明確な前兆であった。

借入金問題

　前会長ウォルター・リストンの下で、シティコープは１５％成長を毎年達成するため、いかなるリスクもあえて取ることで知られていた(Citicorp's World of Troubles, Carol J. Loomis, Fortune, 1991/1/14, p91)。実際、この攻撃的な利潤追求の姿勢は、幾つかの問題を引き起こした。魅力的に思われたクレジット・カード市場への進出は、多大な財務的損害を被ってしまった。いささか時期尚早であったのである。財務的損害はこれだけではなかった。第三世界への積極的な貸付も焦げ付いてしまったのである。それらは失敗であったが、グローバル金融サービス市場にシティコープの名をとどろかそうというリストンの思惑がなかったら、１９８４年にシティコープ会長になったジョン・リードがあれほどの強力な指導力を発揮できただろうかと市場関係者に思わせることには成功した。

　リストンは、利益性の高いリテール業務（個人預金者相手業務）に力を入れることに、経営の主眼を置いた。そして、シティコープをアメリカン・エキスプレスに次ぐ２番目に大きなクレジット・カード発行銀行にしたのである。あるウォールストリートの関係者は、「彼こそが、シティコープである」と言った（Loomisの前掲雑誌, p92)。

　リードの経営手法は、リストンとは違っていた。彼は戦う代わりに調和を重視した。そして、大銀行を保守的経営で運営することに、株主から高い評価を得たのである（Citicorp:What the New Boss Is Up to, Edward Boyer, Fortune, 1986/2/14, p40-44)。さらに１９８７年に、この銀行の第三世界に対する不良債権の償却を敢然と決断したことで称賛を受けたのである（当時のこの一連の動きについて、以下の記事を参照されたい。"How to Take a $1 Billion Loss and Look Good" U.S. News & World Report/ "John Reed's Bold Stroke" Fortune、Three Cheers for Citicorp's Initiative" U.S. News & World Report/ "Bank Stockholders Should Applaud" Forbes/ "Citicorp Faces Reality-And Finds it Doesn't Hurt" Newsweek)。

しかし、シティコープにはいまだ問題があった。依然として、多くの不良債権があったのである。これらの損失を払拭するには、新たな収入源の確保が必要とされていた。解決策は、商業用および住宅用不動産ローン市場に大幅に参入することであった。さらに、いわゆる「ＬＢＯ（対象企業の資産を担保とした借入金による買収）などのハイリスク・ハイリターン取引市場」で主要な位置を占めることであった。

株価変動の軌跡

１９８６年初頭に、シティコープ株は３１ドルの高値で引けた。その後、２０ドル台半ばに下がった。１９８７年の夏には、再度３４ドルを突破し、天井を打ったのである。その年の１０月に株式市場は暴落した。それに伴い、株価は２０ドル以下になった。１９８９年には、３５ドルに上昇したがその後ジワジワと下がり始め、１９９０年１０月には、１１ドルになってしまった。投資家たちがシティコープの諸問題に神経質になっていたからである。

１９９０年５月には、ビジネス・ウィーク誌が、同銀行のＣＤ（譲渡性預金）を買おうと考えている投資家は、それに代わって同社の株を買った方がよいという投資専門家の意見を掲載した。確かに、悪材料によって、同銀行の株価は２０ドル台の下の方まで下がった。しかし、その名前は立派なブランド・ネームとなっており、幾つかの有望な事業分野を持っていると、その専門家は週刊誌で指摘した。それに加え、アメリカ最大の銀行であり、世界で１１番目に大きな銀行でもあったので、それだけの規模があれば、たぶんアメリカ政府も、同銀行を破綻させるわけにはいかなかったと思われる（Banking on Citi's Consumer Muscle, J.M.Laderman, Business Week, 1990/3/14, p126）。

われわれは、秋までに専門家が意見を変えたことを容認することができる。実際に多くの人が、同銀行は倒産するのではないかと恐れていた。自己資本比率は、連銀の定める最低基準を下回っていた。アナリストたちは、シティコープの不良債権を償却するための資金が何十億ドルも不足してい

ると考えていた。当時の新聞見出しを以下に並べるので、考えて見てほしい。

- 「シティコープが抱える諸問題」は、不良債権について詳述している (Citicorp's World of Troubles, Carol J. Loomis, Fortune, 1991/1/14, p90)。
- 「ジョン・リードは、シティコープを奮い立たせることができるだろうか？」は、その準備金額が不足していることについて触れている (Can John Reed Rock Citicorp Out of Its Rut?, Joseph Weber, Business Week, 1990/11/12, p116)。
- 「ジョン・リードは、クリスマスに向かって屈辱を甘んじて受ける決意である」は、彼自身があり得ないと断言したはずの無配を決定した (John Reed Eats Crow for Christmas, John Meehan & Leah Nathan Sprio, Business Week, 1990/12/31, p42)。

この場合、逆張り投資法の役割はどのようなものであろうか。1990年10月29日の株価は、11．13ドルであった。6月の高値25ドルと1989年10月に生じた過去52週の高値29ドルから、50％以上下げたのである。その株価は、1株当たり純資産の約半分であった（これは、銀行やその他の金融機関を観察するに広く使用されている基本的な買いの指標である）。

実際に、10月に購入したシティコープ株は1991年6月初めまでに、50％のリターンを実現した。その当時の最高値は、17．38ドルであった。

その年の末には11ドル近辺に戻ってしまった。30％の利益のところに逆指値の売り注文を出しておけば、30％の利益を確定できたのである（50％以上の利益が出てもその銘柄を保有したい場合、30％ラインに売りの逆指し値を設定しておけば、少なくとも30％の儲けを確保できる）。この銀行の株価は、再度、1991年の間中下がり続けた。投資家たちは、シティコープに対してレクイエムを奏で始めた。確かに1988年に19億ドルの収益を上げた銀行は、1991年の第3四半期には8億

第7章　内部者(インサイダー)による売買についての洞察：事情通の資金とともに投資する

8500万ドルの損失を記録したのである。12月末までに、その株価は8．63ドルに下落した。株価は再び直近の12カ月間の高値より50％以上安くなったのである。

1990年から1991年までの同銀行関係のニュースは、逆張り投資家にとって、女性歌手の美しい歌声を聴いているように魅惑的であった。ある人々は倒産を確信し、またその他の人々は、リードは失敗したとみなし、退任直前であると推測した。

しかし、シティコープはリード体制のまま進んだのである。1991年2月に記憶すべき重要な事柄が生じていたことが分かった。サウジアラビアの王子であるアルワリード・ビン・タラール・ビン・アブドゥルアジズ・アルサウドが5億9000万ドルの投資をしたのである。クライスラーにとってカーク・カーコリアンがそうであったように、その王子を逆張り投資法でいう「事情に精通した投資家」のひとりに数えたい（クライスラーについての詳細は、次のケーススタディを参考にしてほしい）。

その王子の1991年2月の投資がシティコープのバランス・シート上で大きく増加した。それが、1990年代後半にシティコープ株を買った投資家に保証を与えたのである。アルワリード王子の投資は、同社の株が再度50％下落し1991年12月の末に8．63ドルの底値を記録する約10カ月前に行われたが、その投資は5億9000万ドルという巨額であったので、これを無視することは間違いであった。

しかし、この話はそこで終わりにはならなかった。1992年2月に、12月の底値に比べて2倍になったとしても、その株式の将来についての不安は相変わらず払拭されなかった。その月に、ニューズウィーク誌は、この銀行についての特集を組んだ。その内容は、この銀行が長期的に生き残るには奇跡が必要であるというものであった。債権の3分の1以上は、返済不能に陥っている。クレジットカード業務部門はだんだんと返済未納額が増加している。法人向け融資業務部門は、1991年に10億ドルの赤字を出した後、苦悩にあえいでいる。これらの事柄が、この雑誌によって報道された（Honey I Shrunk the Bank, Newsweek, 119, 1992/3/3/, p33)。

歴史は、シティコープ株が逆張り投資法に適したまれな株式のひとつであったかもしれないことを示している。長期保有株である。経済が回復するにつれて、公定歩合が低下した。これは通常、銀行にとって良いことである。その結果、収益が好転したのである。

シティコープ株を３年間バイ・アンド・ホールド（購入後、保有を継続）をしたと仮定する。１９９０年の底値、１９９１年の底値、あるいはアルワリード王子の巨額投資が判明した後に購入したとする（技術的には、その時点では、それは逆張り投資法による投資ではない。しかし、外部投資家による重要な買いの例の中に加えたいと考えている）。われわれは株価を２つの底値から追跡する。そこで投資家が買ったとは思わないが、広範なマーケットと株式の動きを追跡したいのである。

第一に、表７．１は、１９９０年１０月にシティコープ株を買ったとして、３年間のマーケットとリターンの動きを示している。表７．２は、バイ・アンド・ホールドした場合の結果を示したものである。

２つの表から、ここで取ったリスクに十分な見返りがあったことが分かる。

いくらで購入したかにもよるが、逆張り投資法を実施すれば、２５％の利益が発生したときに逆指値注文が約定され、一時的にシティコープ株を手放すことになる。しかし、もう一度１１ドル以上になったときに、再び買うことができたのである（これから分かるように、逆指値注文により銘柄を手放した後、それを再度買うのは、株価が最初の買値より上昇したときのみである）。

下記の表７．３により、１９９１年１２月の底値からいかに素晴らしい上昇を示したかが分かる。そのときでも、この株価は高値より５０％の下げを記録していた。そして、１株当たり純資産の２分の１の価格で取引されていたのである。

逆張り投資法によれば、通常、購入する前に考える時間がある。そしてしばしば、購入する機会がいくつかある。われわれは、シティコープ株を、１１ドル、１２ドル、あるいは１５ドルでさえも買うことができた。そして、どの場合でも、満足すべき利益を得ることができたのである。

表7．1

日付	シティコープ株 終値	ダウ・ジョーンズ 終値	累積株式 リターン	累積マーケット リターン
1990/10/29	$11.13	2430.00	N/A	N/A
1991/10/29	11.00	3061.94	0.00%	26.00%
1992/10/29	16.75	3246.27	52.00	34.00
1993/10/29	36.25	3680.59	230.00	51.00

表7．2

日付	シティコープ株 終値	ダウ・ジョーンズ 終値	累積株式 リターン	累積マーケット リターン
1990/10/29	$ 11.13	2430.00	N/A	N/A
1991/10/29	11.00	3061.94	0.00%	26.00%
1992/10/29	16.75	3246.27	52.00	34.00
1993/10/29	36.25	3680.59	230.00	51.00
1994/10/31	47.75	3908.12	334.00	61.00
1995/10/30	65.25	4756.57	493.00	96.00
1996/10/30	98.00	5993.23	781.00	147.00
1997/6/30	120.56	7672.79	983.20	216.00

表7．3

日付	シティコープ株 終値	ダウ・ジョーンズ 終値	累積株式 リターン	累積マーケット リターン
1991/12/20	$ 8.63	2934.48	N/A	N/A
1992/12/21	20.12	3312.46	133.00%	13.00%
1993/12/21	37.50	3755.21	335.00	28.00
1994/12/21	43.13	3767.15	400.00	28.00
1995/12/21	66.25	5059.32	668.00	72.00

王子の得た利益

　アルワリード王子の件は、逆張り投資法にとって興味ある研究対象である。彼は、ビジネス・ウィーク誌の取材に対し、カーク・カーコリアンと共同で、クライスラーに投資するよう持ちかけられたが、その申し出を断ったと答えた。その理由は以下のとおりであった。「５６ドルでクライスラー株を買って、１００ドルなることを願っても、面白みがない。サウジアラビアの外での取引に関しては、経営陣の決定には異論を唱える気はない」（The Prince:Inside the $10 Billion Empire of Power Player Alwaleed, John Rossant.）。

　彼には、投資決定をするときに、ひとつの基本的ルールがある。それは、「１０億の投資で４０億の価値がなければ、投資しない」（Business Week, 1995/9/25, p80）というものである。

　アルワリード王子は、投資した５億９０００万ドルでシティコープの転換優先株を購入した。それは、１１％の配当利回りを約束し、１株１６ドルで普通株への転換を可能にするものであった。１９９１年２月に、その契約が成立したが、その時の株価は１５．３８ドルをわずかに上回っていた（A Blank Check It Was Not, William P. Barrett, Forbes, 1991/4/29, p40）。株価は、そこから下がり始めたのである。

　しかし、優先株購入は、実際には彼にとって、二度目のシティコープへの投資であった。シティコープの４％以上の発行済株式を購入するのに、アルワリード王子は、すでに２億ドル以上を使っていた。ほとんどの人がとっくの昔に終わっていると考えている銀行に、なぜそんなに大金を注ぎ込むのかという質問に対し、その王子は次のように答えた。それは、すべての逆張り投資家がなるほどと肯けるものであった。「直近の１８カ月間、私はこの銀行の株価を観察し続けた。それは、３５ドルから１０ 3/4ドルになった。その動きは、私の投資欲をかき立てた。その株価は、１株当たり純資産（簿価）のほとんど半分になっていた。この銀行の海外営業網は、比類なきものである。世界のどの銀行もかなわない」（Forbes, 1991/4/29, p40）

アルワリード王子は言った。「この銀行の抱える問題というのは誇張されている。そして、現経営陣はそれらの問題を解決できる」。その当時、１９９４年までに３０ドルを記録すると彼は予測していたのである。

そして、彼は、正しかった。

実際的効果

シティコープほどの大会社でもいつかは落ち目になる。ゼロックスやＩＢＭのケースで見られたように、シティコープほどの大会社は、問題の解決策を求めてかなりの資源を割くことができる。一方で、理論的には、どんなにサイズの大きな会社でも、その大きさゆえに倒産しないということはないが、実際、企業倒産に至るケースはまれである。そして、それが起きるときは、突然に生じるのではない。通常、長期間かかることになる。それゆえ、業績が悪いという評判の大会社に投資する逆張り投資家は、自分たちに有利な賭けをしたことになる。それが魅力的な資産価値と相まって、資本主義の巨大会社に対する投資のリスクを少なくするのである。

《逆張り投資法の適用例》
巨大会社の失敗：部外者の見方

　ヘンリー・R・ルースは言った。「事業を行うということは、それ以外のいかなる職業とも異なり、未来と継続的にかかわるものである。それは、計算を繰り返すことの継続であり、将来の見通し関する直感的な練習を行うことである」
　１９８０年代初頭に、クライスラーはアメリカ企業の歴史の中で最も著名な業績回復を成し遂げた。そのときに行われた政府の緊急援助、自動車の代弁者であり、クライスラーのＣＥＯ（最高経営責任者）であったリー・アイアコッカ（いわく「良い車に出合ったら、迷うことなくそれを買え」）の素早い働きが寄与すること大であった。政府は予定よりも７年早く援助金を回収することができた。その間１ドルの報酬で働くことに同意したアイアコッカは、アメリカの英雄になった。多くの人が大統領選に出馬すべきであると考えたほど、彼は有名になったのである。
　しかし、１９８０年代の終わりに、クライスラーは再度万事休してしまった。やっと１試合戦った引退間近のプロボクサーのように、ぐったりとした状態になったのである。実際クライスラーの車は、魅力のないものであった。同社の企業年金は、何十億ドルという積立金不足であった。累積赤字は莫大であったので、多くの市場関係者は、クライスラーが倒産すると考えていた。これは、これからみるように、正しく典型的な逆張り投資法にかなうものであった。

新生クライスラー、逆張り投資法

　すべての逆張り投資家が知っているように、諸般のことがうまくいっているときは、ハイウエーの前方に嫌な事故が待っていたりするものである。クライスラーとて例外ではなかった。
　アイアコッカの名声と自尊心が、彼をして、エリス島と自由の女神像の再生というプロジェクトに深くかかわることになってしまった。その結果、

彼の関心はクライスラーから離れてしまった。その利益性の高さにもかかわらず——あるいは、その厳しい予算ゆえに収益性が高くなったのかもしれないが——、クライスラーは、相変わらず非常に厳しい予算の下で経営を進めなければならなかった。企業年金の積立金不足は解消されていなかったし、乗用車やトラック部門のニューモデル投入が遅れていたのである。

1985年までは、多くの内部者は、クライスラーが適度なニューモデル計画をもって発進することができると考えていた。しかし、アイアコッカは、さらなる景気後退によって自分の自動車会社が倒産することを恐れ、資金を本業からM＆Aに振り向けてしまったのである。当時、ほとんどのアメリカ企業は同じようなことをしていた。

1980年代半ばまでに、クライスラーは転落を始めた。優良会社が傾き始めたときによく見られるのであるが、多くのいわゆる投資機関による「事情通の資金（スマート・マネー）」の流入が続いたのである。「クライスラーとともに、流れに乗るときかもしれない」という1986年10月のビジネス・ウィーク誌の特集を考察してほしい。そのとき、投資家は、クライスラー株の投資判断を"投資適格"とみなしていた。その理由は、23.50ドルから、18ドルに下落したからである——1996年の1株を2株にする株式分割時点の株価と比べると、実際には半分になっていた（これらの株価は、1996年の1株を2株にする株式分割によって、調整されている。It May Be Time to Hitch a Ride With Chrysler, Business Week, 1986/10/13, p158）。

2年後、ビジネス・ウィーク誌は、ＬＢＯ（対象企業の資産を担保とした借入金による買収）がクライスラー復活の切り札になるであろうという記事を掲載した。株式が過小評価されていたからである。クライスラー株が過小評価されていると指摘した投資家は、同社がいかに重大な状況に陥りつつあるかを、全く理解していなかったのである。

完璧に公正を期すために言うなら、1988年のその他のニュースレポートは、クライスラーが直面している問題に的を絞って掲載していた（それらの中に、ウェンディ・ゼルナーによってビジネス・ウィーク誌1988年5月16日号に書かれた記事の『なぜクライスラー社製のイーグルは

飛翔しないのか』、そしてフォーチュン誌1988年2月号の『アイアコッカの今抱えるトラブル』がある)。クライスラーは、マーケットシェアを失いつつあった。何人かのアナリストは、次の景気後退を乗り切れるほどの財務体力を同社が有しているかどうかに、疑問を感じ始めていたのである(Behind the Wheel at Chrysler:The Iacocca Legacy, Doron P. Levin, Harcourt Brace & Co., New York, N.Y., p236)。

しかし、多くの投資家は依然として、クライスラーの抱える問題が一時的なものであり、"投資適格"とみなしていた。1987年の高値の24ドルから9．50ドルの新安値まで、同社の株価は下落を続けた。それなのに、大多数の投資家は買い続けたのである。

そうするうちに、内部者はいかにしたらクライスラーが生き残れるかを模索し始めた。1990年代の開始とともに、クライスラー株は7．50ドル近辺で取引された。子会社のクライスラー・ファイナンシャルの債務の格下げが行われ、日本製の車がマーケットシェアを奪い続けた。その結果、同社のバランスシートは、ボロボロになっていたのである。

1990年3月には、1989会計年度第4四半期に6億6400万ドルの赤字を計上し、従業員数のカットおよび複数の工場閉鎖を行った。タイム誌は、特集記事を組んだ。その見出しは、「アイアコッカはそれを再び成すことができるだろうか」(Can Iacocca Do It Again? Samuel Gwynne, Time, 1990/3/5, p40) というものであった。クライスラーの辛苦は、業界紙やいろいろな雑誌を通じて一般の読者にまで伝わった。このことは、逆張り投資法の視点からは注目に値する（ある会社事情が、一般紙の記事に目立ち始めたとき、しばしば大多数の投資家の予測が極端なものになっていることを示す明確な指標となる。この場合においては、クライスラーは再び致命的な問題を抱えた会社になったというものであった)。

いくつかの点で1990年は、1979年から1980年の期間のようであった。アイアコッカは、クライスラーの財務状況を好転させることのできるほどの、そして市場競争力を持った新型車の開発資金を出せるだけの大きな資金力を持ったパートナーを探したが無駄であった。

その年、日本製の車がマーケットシェア拡大を続けるにつれて、クライ

スラー車の売れ行きとその収益は低減を続け、株価は５ドルになってしまった。

いつの時点で、逆張り投資法の登場する地点に届いたのであろうか？　１９９０年９月に、その銘柄は「半値下げ買いルール（down-by-half rule）」に適合したのである。１９８９年１０月３日の過去５２週の高値１３ドルから底値の４．６９ドルを記録した。その時点で、１株当たり純資産より低い価格で取引されていた。それは１株当たり売上高の何分の１かの値段であった。半値になった株式は、逆張り投資法の定める４つのファンダメンタルズ分析指標の２つに適合していて、買いを示していた。

「何か」があると思われた。

カーク船長は船の行き先を照らす

その「何か」とは、億万長者の投資家であるカーク・カーコリアンのことである。１９９０年１２月１４日に、７３歳のカーコリアンは、所有している有価証券を公開した。数カ月間でクライスラー株の発行済み株式数の９．８％を購入していた。価格ベースでは２億７０００万ドル以上に匹敵する（Kirk Kerkorian Says It Was Just Iacocca Appreciation Day, James B. Treece, Business Week, 1990/12/31,p47-48）。カーコリアンは言った。「自分は、長期投資家である。今のところ、クライスラー社の買収は考えていないが、将来株式を買い増さないという契約書にはサインしなかった」（Business Week, 1990/12/31,p47）。クライスラー株は下落を続けていたので、８．８％の配当利回りとなっていた。たぶん、投資家は、配当カットが行われると予想していたであろうと思われる。その件について、彼らは正しかったことが証明された。

カーコリアンの声明後の３日間は、取引は狂乱的であった。騒ぎが収まったとき、株価は１株当たり６９セント上がり、６．８２ドルで引けた。ビジネス・ウィーク誌は、この株価上昇を次のように描写した。「素晴らしい上昇である。しかし、正確には、買収合戦の前哨戦を意味するような株価ではない」（Business Week, 1990/12/31,p48）

高値から半値下げした銘柄についての「内部者による自社株買い」は、重要な買いの指標である。それが生じれば、逆張り投資法のリトマス試験紙テストに合格したと言える。しかし、ＳＥＣに届け出なければならなかったほど大きな外部投資家によるポジションについてはどう考えればよいだろうか。われわれは、これらの内部者ではない投資家を「事情に精通した外部投資家」と呼んできた。彼らの投資は、「内部者による自社株買い」と同じほど重要である。

もしマイケル・プライスやウォーレン・バフェットのような投資家が、問題を抱えた企業の株式を多額に保有した場合には（プライスがチェース・マンハッタン銀行、あるいはバフェットがソロモン・ブラザースを購入したように）、それらの企業は検討に値すると言える。

「半値下げ買いルール（down-by-half rule）」に従うならば、カーコリアンの発表の前に、クライスラー株を買わなければならなかった。これはキーポイントである。われわれが述べてきたことは、逆張り投資家は他の投資家が気づく前に実行すべきであるということである。そして、買った瞬間に、他の投資家が買いに参加することを望むのである。それによって、株価が上昇するからである。カーコリアンの動きは、われわれが意味することを雄弁に物語っている。

カーコリアンがクライスラーへの投資額を明らかにしたとき、シェアソン・リーマン・ブラザースの自動車産業アナリストであるジョセフ・Ｓ・フィリッピは、ビジネス・ウィーク誌の取材に対して次のように言った。「正直言って答えは簡単すぎる。彼は、なぜそれをしたのか、である」(Business Week, 1990/12/31, p47)。他の多くの投資家も、同じことを疑問に思っていた。すぐに買いに向かわずに、しばらく考えていたのである。結局、クライスラーがカーコリアンの株式を買い取って、後には残骸だけが残ったのである。買いに参加しなかった投資家は、失敗したとは思っていなかった。１９９０年には、クライスラー株を敬遠する多くの理由があったからである。例えば、同社の企業年金の積立金不足は、３０億ドルにも達していた。同社の乗用車やトラックの全米でのマーケット占有率は、１２．２％にすぎなかった。北アメリカの景気後退から脱却するために必

要な海外の事業は全くなかった。そして、労使協定が重い足カセになっていた。これを称して、「セメントでできた雨靴を履いているに等しい」(Business Week, 1990/12/31,p48)とサンフォード・C・バーンスタインの自動車産業アナリストであるジョセフ・G・ポールは言った。

　１９９１年３月に、同社の株価は、７．５０ドルに上昇した。そして、１９９１年１２月には、再度５ドルに下がった。逆張り投資法を実行すれば、５０％の儲けを得た後で、売り抜けることができた。または、株価が下がり始めた後で、最低３０％の利益を確保することができたのである。

　しかし、その後でクライスラー株に火がついたのである。敵対的買収の噂、大量の自社株の買い戻し、配当の増額、そして再びクライスラーを非常に称賛に値する会社に変えた方向転換によって株価上昇が加速されたのであった。

　カーコリアンの投資と平行して、クライスラー株が底を打った後に、前もって買った投資家を安心させる何かが起こった。それは、経営陣の交代である。

　１９９２年３月に、ＧＭの重役であるロバート・イートンがアイアコッカの後継者に指名された。困難に陥っている企業が経営陣交代によって、いかに元気を取り戻すかについて、いろいろと例を挙げて説明してきた。アイアコッカの存在がその会社の問題の一部であるとみなされ始めた。後継者のいないことが、明らかに株価に影を落としていたのである。明らかに、クライスラーの取締役会はこのことに気づいていた。そして、ついにアイアコッカを退け、イートンにバトンタッチさせたのである。

　カーコリアンの莫大な投資が明らかになった後で、逆張り投資家がクライスラー株を購入していたらどうなっていたかを見てみよう。明らかに、カーコリアンより先に買っていれば、儲けはより大きなものとなっていた(表７．４参照)。経営陣交代(アイアコッカの後任となるために、ＧＭからロバート・イートンが雇われたという発表)を知った後で買いに入っても、かなり良い成績を上げることができた。しかし、その時点の銘柄選定は、逆張り投資法によるものでない。それはバリュー株投資であった。逆張り投資法による銘柄選定ではない理由は、それがもはや「半値下げ買い

ルール（down-by-half rule）」に従っていなかったからである。定性的要因（テクニカル分析の一部である）は、いかに熟慮する価値があるかを示すために表7．5を用意した。このケースでは、経営陣の交代である。

失敗したカーコリアンのクライスラー乗っ取りについて言及しなかったならば、無責任のそしりを免れることは難しいだろう。問題を抱えた企業は株価がしばしば非常に安くなるため、企業買収屋を招き寄せることがあるということも触れておくべきであろう。

表7．4

日付	クライスラー株 終値	マーケット 終値	累積リターン 株式	累積リターン マーケット
1991/12/17	$ 5.25	2902	N/A	N/A
1992/12/17	15.88	3269	202%	13%
1993/12/17	27.19	3752	418	29
1994/12/19	23.00	3791	338	31
1995/12/18	26.88	5075	412	75
1996/6/17	33.19	5653	532	95

表7．5

日付	クライスラー株 終値	マーケット 終値	累積リターン 株式	累積リターン マーケット
1992/3/16	$ 8.63	3236	N/A	N/A
1993/3/16	19.81	3442	130%	6%
1994/3/16	29.94	3848	247	16
1995/3/16	20.38	4069	136	26

カーコリアンは、すべての自動車製造会社が経験する循環的な好景気と不景気をクライスラーが続けるのを眺めて満足するということはなかった。２億７０００万ドルで買った彼の株式は、ほとんど２０億ドルに上昇した。これは、ピーク時の１株３１．５０ドルで計算した数字である。景気鈍化の恐れで、他の銘柄と同じようにクライスラー株が下がり始めた。そのときカーコリアンは、自分の投資を再度回復するため、イートンに対して何らかの施策を取るよう圧力をかけた。

　配当の増額と株式買い戻しは、カーコリアンの怒りを静めることにはならなかった。１９９５年４月に彼は、１株２７．５０ドルで敵対的買収を開始した。クライスラーの資金を自らの取引に利用しようとした。彼の敵対的買収は失敗した。十分な資金がなかったからである。しかし、その結果、株価は上昇した。それによって、イートンはさらに株価上昇につながる動きをするよう拍車をかけられたのであった。

実際的効果

　問題を抱えた企業の株式に対する「事情に精通した外部投資家」による大規模な買いに遭遇したとき、逆張り投資家は自問した方がよい。「自分の知らない何を彼らは知っているのであろうか」。半値下げした銘柄について、そしてそのとき外部投資家が大規模な買いを入れれば、逆張り投資家は、その背景を非常に細かく調べる必要がある。

第8章　株式のファンダメンタルズ分析

野手のいないところに打て。

——ウィリアム・キーラー

　世紀の変わり目に、ボルティモア・オリオールズ（米大リーグ野球チーム）の小さな外野手が野球史上最も驚くべき記録を打ち立てた。5フィート4インチのウィリアム"ウィー・ウィリー"キーラーが、通算1112本のヒットを打ち、3割9分3厘の打率を残したのである。どのようにして、それを成し遂げたのかと尋ねられたとき、キーラーは真面目くさって答えた。「野手のいないところに打っただけさ」。換言すると、野手が守っていないところにボールを打ち返したということである。彼の戦略は単純である。しかしそれによって、ベーブ・ルース、ルー・ゲーリッグ、そしてタイ・カップと同じくクーパースタウンにある野球殿堂入りを果たすことができたのである。

　アーネスト・C・キーネは、"ウィー・ウィリー"の5年間に及ぶ大活躍の軌跡は、投資家にとって記憶すべきことであると言った。キーネは、一時、ボルティモアのレグ・メイソン・ウッド・ウォーカー社が運営するバリュー・トラスト・ミューチュアル・ファンドのマネジャーであった。数年前の顧客向けニュースレターの中で、キーネは不人気銘柄を買うことの理由のひとつとして、キーラーの"野手のいないところに打つ"という野球哲学を引用した。それは、われわれが好きな言葉のひとつである。逆張り投資家としては、われわれはもう一歩踏み出す。キーラーとキーネの両名には申し訳ないが、逆張り投資家として成功するための秘密は「魅力あるものは、人のいないところに存在する」と言うことができるかもしれない。

ここで、われわれが言いたいことは何であろうか。逆張り投資家は、自己の資金を、他の投資家が過去に成績を上げたリストに載っていない種類の資産（例えば、株式、債券、不動産、貴金属）に投資しなければならない。逆張り投資家はそのようにして利益を上げるのである。これらの資産は、最終的には人気が出て、逆張り投資家の資産価値はその人気でさらに増加するのである。

銘柄選定するときに、練磨された分析法であるファンダメンタルズ分析を利用した方がよい。これによって、逆張り投資家に投資機会を提供する株価となっている人気のない企業を見つけることができる。投資家は、ある株式が過大評価されているか、または過小評価されているかを知るために、ファンダメンタルズ分析を使用する。利益、販売高、１株当たり純資産などの他の財務指標と株価の比率に注目するのである。逆張り投資をするため、まずテクニカル分析（株価が１年間の高値から５０％下落したもの）に適合し、次に、４つのファンダメンタルズ分析指標のうち少なくとも２つに適合するものを見つけるのである。

- 株価収益率（ＰＥＲ）が１２倍より少ない
- 株価純資産倍率（ＰＢＲ）が１．０倍より少ない
- 株価フリー・キャッシュフロー倍率（ＰＦＣＦＲ＝Price Free Cash Flow Ratio）が１０倍より少ない
- 株価売上高倍率（ＰＳＲ＝Price Sales Ratio）が１．０倍より少ない

ファンダメンタルズの基礎

株式市場を分析するのに２つの手法がある。テクニカル分析とファンダメンタルズ分析である。一方の手法を信奉する投資家は、他方を排斥する傾向がある。本書の目的は、どちらか一方が優れているということを述べるものではない。すでに読者は気づいておられるように、われわれの分析方法は両方の手法から成り立っている。逆張り投資家たらんとする読者は、両方を理解する必要がある。その結果、ファンダメンタルズ分析とテクニカル分析の主要部分が逆張り投資法の有力な武器になるのである。

本書では、ファンダメンタルズ分析について、1から10まで解説するつもりはない。それは、本書の目的を逸脱している。逆張り投資法に基づく銘柄選定に必要なファンダメンタルズ分析の基礎だけを取り上げて、説明したい。この章では、ファンダメンタルズ分析の概略を取り急ぎ説明したい。そのすぐ後の章では、投資のプロによって利用されて実績を上げているファンダメンタルズ分析法を詳しく掘り下げる。そして、不人気銘柄を購入するためのガイドラインを説明したい。

われわれの目的は、テクニカル分析によるシグナルとこれから詳しく述べるファンダメンタルズ分析の"買いシグナル"を結び付け、簡単で利用しやすい、しかし規律を持った逆張り投資法を作り上げることにある。

実際的効果

いつ買い、いつ売るかをマスターできる。

ファンダメンタリスト対テクニシャン

ほとんどの部分において、テクニカル分析とファンダメンタルズ分析はお互いに関連するところはない。ファンダメンタリストは、テクニシャンのことを"紅茶の葉で占う占い師"と呼んで嘲笑する。一方、テクニシャンは、ファンダメンタリストはわざと遅れて引き金を引くために、非常に多くの時間を数字の計算に使うようだ、と頭を振りながら言うのである。

逆張り投資家は、極端な価格になっている投資対象を探し出そうとする。例えば、買われ過ぎたり、売られ過ぎたりした株式、債券、商品、あるいは、市場セクターである。テクニカル分析は、これらの極端な状態を見分けるのに適した手法である。これらの極端な状態が明らかになったとき、投資チャンスが訪れる。なぜなら、テクニシャンは、よくマクロ的見方（おそらく、経済全体あるいは特定の産業の概観）を持ってスタートし、その後、特定の投資チャンスを探索する。それゆえ、テクニカル分析は"トップダウン"投資法として知られている。

ファンダメンタルズ分析は、しばしば、"ボトムアップ"分析法と呼ば

れる（ボトムアップ手法を用いるテクニシャンもトップダウン手法を用いるファンダメンタリストも存在するということに留意してほしい。投資方程式を考えるのに、どの方向から始めるかということにいかなる制限もない）。市場で取引されている銘柄に、読者が興味を持ったと仮定しよう。読者はまずその会社の株式が過大評価であるか、適正評価であるか、または過小評価であるかを判断するために、将来の収益と配当支払いについて見通しを立てるに違いない。その２つが基本的に、株価を表すものである。株価とは、将来収益と配当の両方、または、そのどちらかについての市場期待値である。ファンダメンタルズ分析に関するその予測の出発点は、企業の損益計算書とバランスシートである。その目的は、幾つかの重要な比率（ＰＥＲやＰＢＲなど）を計算するためである。これらの比率を同業の会社のそれと比べる。あるいは、Ｓ＆Ｐ５００のようなマーケット全体を表すインデックスと比べる。ファンダメンタリストは、そうした後で経済全体を見つめる。それは、インフレや金利が調査対象となっている企業収益にいかに影響を及ぼすかを知るためである。

　これは、まさにボトムアップ・アプローチ法である。株式市場の向かっている方向を大きくとらえるために、最初は個々の企業、次にその企業が属する産業、その次にマーケット全体、そして最後に経済全体についての考察をする。言い方を変えると、ボトムアップ投資家とはミクロからマクロへと分析を展開する人々のことである。

実際的効果
　本書で取り上げている投資ルールは、テクニカル分析とファンダメンタルズ分析を結合して紹介している。それらは、一緒に使うことによって、役に立つ。逆張り投資家は、手ひどく売り叩かれたマーケット・セクターに照準を合わせるための"スクリーン"として、テクニカル分析を利用する。そして、そのセクターで最強の会社を探し出すために、ファンダメンタルズ分析を利用する。あるいは、ある銘柄が買いに適しているかどうか見極めるのにファンダメンタルズ分析を使用し、売る時期を知るために、テクニカル分析を使用する。

本書での基本的ルールは、まず過去５２週以内に、高値から少なくとも５０％の下げを記録した銘柄を探し出すことである。「内部者（インサイダー）による自社株買い」がなければ、逆張り投資法のファンダメンタル指標の中で２つ以上に適合する銘柄がないかを探し出そうとすることである（例えば、１．０倍より小さい株価純資産倍率または株価売上高倍率を見つけることである。詳細は、第１０章、第１１章の記述を参照）。

株価が高値から５０％下がった銘柄は、テクニカル分析による指標となる。その理由は、過去の株価変動に従って取引されるからである。「内部者による自社株買い」も、テクニカル分析の指標となる。その理由は、その企業の固有の財務成績と関係ないからである。それは、市場心理の範疇に含まれ、テクニシャンの守備範囲である。しかし、株価収益率や株価純資産倍率などはファンダメンタルズ分析で言う指標である。それらは、市場が強弱を判定する企業の基礎的財務状況と価値に関連がある。

逆張り投資法は、ファンダメンタルズ分析を単なる考え方のひとつとはみなさない。それを、多くの投資家が見放し放置している銘柄を選び出す手段にする。それによって、投資家は感情によって作り出される市場の短期的な非効率性を組織的に利用することができる。

非効率な効率的市場

ファンダメンタルズ分析（そして、ある意味で、テクニカル分析）は、株式が過大評価されているか、過小評価されているかを見分けるために使用できるということを信じるためには、金融市場はいわゆる"効率的市場仮説"の支持者が考えるほど、効率的ではないということを受け入れる必要がある。

"効率的市場仮説"は、証券価格は常に適正な評価が可能であり、証券の価格はその証券について入手可能なすべての情報を反映していると考える。この理論には、幾つかの考え方がある。

１．"ウィーク・フォーム"仮説。過去の株価変動に含まれるすべての情報が現在の株価に反映していると説く（Financial Management : Theory and Practice, Eugene F. Brigham, Sixth Editoin, p249)。もしそれが真実なら、テクニカル・アナリストや"チャーティスト"によるトレンド分析はまさしく時間の無駄である。なぜなら、すべてのデータは株価に織り込み済みだからである。過大評価も過小評価もない。ある株式の価格が過小評価であれば、マーケットを構成するすべてのアナリスト、トレーダー、ブローカー、ファンド・マネジャー、そして個人投資家は、すぐにそれが過小評価株ということに気がつくだろう。そして、すぐに買いを入れる結果、株価は適正価格を反映する水準まで上昇する。

その反対に、株価が過大評価であれば、投資家は売りのシグナルに気がつくだろう。株価は下落し、それまでよりは安くなった適正価格に落ち着く。

2．"セミ・ストロング"仮説。株価は、すでにその企業の業績予測についてすべての情報を可能な限り織り込んでいると説く。"ウィーク・フォーム"仮説が取り入れている過去の取引記録に加えて、株価はその企業について、他のすべての公開されている情報も織り込んでいる。その情報には、業績予想、その企業の信用格付け、経営陣の能力、そして商品の売れ行きなどが含まれる。

この理論によれば、ファンダメンタルズ分析の出発点として、企業の会計書類を利用し、過小評価の銘柄を探し出そうとしている外部投資家は、まことに時間の無駄使いをしていることになる。ところが、内部者は自分たちだけが知っている情報から、利益を得ることができる。つまり、それを利用して利益を得るような違法なインサイダー情報を持たない投資家は、マーケットに打ち勝つことはできないのである。

3．"ストロング・フォーム"仮説。すべての情報は、その時点での株価に織り込まれている。内部者だけに知られていて、マーケット全般に知られていない情報さえも、そうであると説く。

究極的に、"効率的市場仮説"に賛同する投資家は、何か主要なマーケット指標（例えば、Ｓ＆Ｐ５００）を基準にするインデックス・ファンドに頼っており、マーケットを打ち負かそうとしても無理であると信じている。

さほど素晴らしくなかったニフティー・フィフティー（素晴らしい50銘柄）の悲劇的な非効率性に関する物語

　マーケットで取引されているすべての有価証券の価格があらゆる時点で本来の価値であるならば、マーケットそのものも適正価格でなければならないことになる。"効率的市場仮説"の中の"ストロング・フォーム"仮説を信じるならば、明らかにマーケットに打ち勝つことは不可能ということになる。その意味は、投資家が自分のポートフォリオを株式、債券、現金、そしてたぶん商品で多様化しておけば十分だということになる。それらほとんどは、市場に連動したインデックス・ファンドを利用することで成し遂げられるであろう。

　しかし、プロの逆張り投資家は、株価が本当の価値を反映しておらず、極端な価格が存在するときがあるということを知っている。ある銘柄、時にはある産業セクター全体が投資家の気分の高揚によって、つまり、この素晴らしい相場はさらに上昇するのみであるという信念によって火をつけられ、目まいがしそうな高値まで上昇する。もしそのようなことが起きれば、その後の結果は明白である。悪材料は、無慈悲な教師となり、圧倒的な売りが生じる。

　1960年代後半から1970年代前半のいわゆる「ニフティー・フィフティー（素晴らしい50銘柄）」は、投資家が高揚して投資した銘柄の一例である。このグループには、ポラロイド社が含まれていたが、これらの銘柄は"一度の決定をすればよい株"として知られていた。投資家は、"買い"という一度の決定のみをすればよかったからである。それらの企業の業績は非常に良かったので、決して売却すべきではないと考えられていた。少なくとも、それが当時の一般的考え方であった。ところが、それらの多くは"二度の決定をしなければならない株"であることが判明した（価格が非常に高騰した後で即座に売り、利益を確定しておくべきであった）。1972年の終わりに、ポラロイドの株価は1株当たり確定利益の97倍であった。マクドナルドは81倍で、Ｓ＆Ｐ５００のそれは18倍であった（Sometimes Growth Isn't Enough, Jim Jubak, Worth, 1996/2, p108）。

1973年に深刻なベア・マーケットが襲来した。Ｓ＆Ｐ５００の時価総額の４０％が吹っ飛んでしまった。そのとき、これらの"一度の決定のみをすればよい株"も、激しく下落したのである。ポラロイドは、1972年12月31日の126ドルから19ドルに下がり、マクドナルドは76ドルから30ドルに下がった。

　完璧に近い優良会社や非常に健全な産業セクターが、売られ過ぎるときがよくある。通常、悪材料に関しては、投資家が過剰に反応するために、株価は本来の価値より下がってしまう。このとき、逆張り投資家にとって買いのチャンスである。もちろん、売り叩かれたすべての銘柄がそうであるという訳ではない。低い株価は、しばしばその会社の見通しに根深い根本的な変化があり、その会社の投資対象としての長期的な価値に変化がもたらされていることを反映していることがある。

　次の２つのシナリオを考えてみてほしい。だれかが願っているほどには、市場は効率的ではないということを部分的に証明している潜在的機会の例を示している。

　最初は、高値を続けるハイテク株である。その収益に対して、非常に高い倍率（非常に高い株価収益率）まで買われている。市場のコンセンサスとなっている見通しよりも業績が悪くなるという下方修正が出ると、株価は急落する。われわれは、こういうことを何度も見てきている。あるＣＥＯ（最高経営責任者）が、すぐに発表される予定の四半期業績見通しの内容は投資家を落胆させるものとなろう警告を出した途端、その企業の株価は暴落してしまう。その発表の数日前または数週間前の株価は、適正な価格であったのだろうか。明らかに内部者は、その声明の前に問題を知っていたと考えられる。これは、"効率的市場仮説"に矛盾しているように思われる。

　第２の例は、マーケット全体（ダウ・ジョーンズ工業株平均指数、メキシコのボルサ、または17世紀オランダのチューリップ取引などである）が、今日は高値で推移したのに、その翌日には急降下するときである。学者は、痛烈な批判の例として1987年10月19日のダウが508ポイントの暴落をした例を挙げている。それは、"効率的市場仮説"に矛盾す

るものである。大暴落が生じるまでのダウは、効率的な価格であったのだろうか。もしそうならば、なぜ一晩で価格がガラっと変ってしまったのだろうか。そして、翌月、再びなぜ極端に変わったのだろうか。本当に何かが変わったのだろうか。

株価は、将来の収益と配当の期待値を反映するものである。同じことは、マーケット・インデックスにも言える。インデックスは、その中に含まれる株式の価格によって決定される。そしてそれらの株価は、将来の収益と配当の期待値を反映している。"効率的市場仮説"の中の"ストロング・フォーム"仮説は、たとえ情報が内部者のみにしか知られていないとしても、それは株価に織り込まれるとする。もしこれが本当ならば、内部者が将来の収益の問題点を明らかにする前に、または声高に宣伝した新製品開発の挫折の発表前に、その会社の株価はすでに本来の価値を表示していなければならない。将来の収益についての重大な懸念が発表された後で、株価が急落するのは変である。経験が示しているように、明らかにマーケットは完全に効率的ではない。少なくとも、短期的にはそう言える。投資家は過剰反応する。好材料を前にすると買い過ぎて、株価を高すぎる水準まで押し上げる。悪材料の場合は、その逆である。

洞察力の助けによって、われわれは歴史を振り返り、見逃された警告の例を見ることができる。1987年10月に、株式市場は1日で23％の下げを記録した。ファンダメンタルズあるいはテクニカル分析は、株式市場がそのような急速で激しい変化をしたことを正当化し得たのであろうか。ある研究によれば、その答えはノーである。エール大学のロバート・シラーは、1000人の投資家について調査した。彼らは、大金を持っている者、あるいは小規模な投資口座を所有している者などである。その調査によって、売りはマーケット予測の変化が原因で行われたのではないことが判明した。売りは市場の下落それ自体に誘発されたのであった。つまり、人々は、株価が下がっているから株式を売ったのである(The 'Efficient Market' Was a Good Idea - And Then Came The Crash, Business Week, 1998/2/22, p140-142)。

ここまで読まれて、読者はわれわれが市場の効率性に基づいて株式を所

有することは全くないとお考えになったとしたら、それは違う。市場はかなりの程度は効率的である。しかし、完璧にということではない。市場全体の効率性は、時折、買われ過ぎたとき、あるいは売られ過ぎたときに生じる短期的な逸脱によって損なわれることがある。逆張り投資家として成功するためには、短期間に生じる株価の異常（ミスプライシング）を利用して利益を上げることができることを理解し、信じなければならない。それが、逆張り投資法の真髄である。ファンダメンタルズ分析はこれらの投資機会を発見するためのひとつの有効な方法である。

銘柄選定に当たって、逆張り投資法は状況の把握を必要とする。ある銘柄が長期間にわたって下落を続けたからといって、即、買いというわけにはいかない。その会社の株式が市場平均リターンに打ち勝つほどの成績を上げると信ずるに足るだけの理由が必要である。この理由となれることのできるものは、利用あるいは売却することのできる豊富な企業資産、企業利益を増加させることのできる新製品の有無、または自社株式の買い戻しに使うことのできる手持ち現金などである。ファンダメンタルズ分析によって、これらのことが明確になる。それは、株式の潜在成長性を評価するのに適した分析方法である。

次の幾つかの章で、銘柄選定に威力を発揮する４つのファンダメンタル・レシオについて論じるつもりである。ＰＥＲ（株価収益率）、ＰＢＲ（株価純資産倍率）、ＰＦＣＦＲ（株価フリー・キャッシュフロー倍率）、そしてＰＳＲ（株価売上高倍率）である。各レシオは、読者が"野手のいないところに打つ"のに役立つ。

まとめ

株式のファンダメンタルズ分析をするとき、株価が過小評価されているのか、適正に評価されているか、あるいは過大評価されているのかを知るために、その企業の量的質的データを用いる。この分析法を用いて、株式市場に短期的に生じた株価の異常を、他の投資家が買おうとしていないときに購入して、利益を上げるために利用するのである。これらのファンダ

メンタルズ分析法のツールは、銘柄選択に威力を発揮する。われわれが注目している4つのファンダメンタル指標は、低"株価収益率"、低"株価純資産倍率"、低"株価フリー・キャッシュフロー倍率"、そして低"株価売上高倍率"である。

第9章 低PER(株価収益率)の威力

力と争う愚を犯すべきではない。むしろ、それらを利用した方がよい。
——R・バックミンスター・フラー

　人はだれでも生きるに当たり、リスクを負っている。故郷の町の慣れた仕事を辞めて、遠く離れた町に就職先を変えることがある。大学院に進むために、夕方や週末に家族や友人たちと団欒を楽しむ自由を捨てなければならない。ソフトウエア会社の株式を買うために、事実上、一定の収益を約束している財務省証券を売ることがある。これらの決断はすべてリスクを伴っている。新しい仕事は失敗するかもしれないし、新しく働き始めた町の冬はこれまでよりも長い冬かもしれない。大学院での学位を取得することは財政的に困難をもたらしても、キャリアを前進させるものとはならないかもしれない。ソフトウエア会社は倒産するかもしれない。
　なぜ人はそのようなリスクをあえて負うのだろうか。本質的に、すべての決断は投資であると言える。将来、より良いものを得られる可能性があるということで、現在の何かを捨てるからである。これらの決断をするに当たって、われわれはリスクを織り込むのである。現在の状況がさらに悪くなるかもしれない可能性があっても、より良い結果が出るであろうことをはかりにかけて、ある経済的な決断をするのである。
　株式投資は、そのようなリスクと報酬を賭けたゲームである。チップを賭けるには、低PER(株価収益率)銘柄を探し出すべきである。PERは、逆張り投資法にとってファンダメンタルズ分析のかなめとなる指標である。その正しい利用は、逆張り投資家が優れた投資チャンスに照準を合わせ、リスクを低減するのに役立つ。多くの研究が、これを証明している。

PER（株価収益率）の算出

「確定PER（株価収益率）」は、「株価」を直近に終了した会計年度の「EPS（1株当たり純利益）」で割ることで算出される。つまり、もしある会社の株式が20ドルで取引されていて、その会社の昨年のEPSが1ドルであるならば、その株価収益率は20倍になる（「株価20ドル」÷「EPS1ドル」＝PER20倍）。その会社の株式は、確定利益の20倍で取引されていると言われる。

アナリストの中には、「修正PER」を使用する者もいる。すでに報告された直近の4つの四半期に計上されている数字をもとに算出される。これらの4つの四半期が同一の会計年度に含まれているとは限らない。現在8月であるとして、逆張り投資法にのっとって、モルガン・バギー・ウィップ社の場合を考えてみよう。同社の会計年度は12月31日に終わる。この方法でPERを算出するためには、今年の最初の2つの四半期（第1四半期は3月に終わる。第2四半期は6月に終わる）からのEPSと、昨年の後半の2つの四半期（第3四半期は9月に終わる。第4四半期は12月に終わる）からのEPSを見つけだす必要がある。これらの数字を合計して、それを現在の株価で割ると「修正PER」が算出される。

この方法の裏には、論理がある。何人かのプロの投資関係者は可能な限り直近の数字を使うことで、企業の現在の財務状況が鮮明になると信じている。企業利益が際立って増加しているときは特に正しい。通常、株価が半値以下になっているときは、利益は減少しつつある。

52週の期間で株価の下げ率を計算する逆張り投資家にとって、直近の4つの四半期から算出したPERを使用することは、合理的であり、論理的である。ウォール・ストリート・ジャーナル紙は、毎日の株式欄にこの方法を用いて算出したPERを記載している。多くの証券会社も同じ方法でそれを算出している。

見込み利益や"予想"利益に対しても、企業のPERが算出される。ある企業の株式が20ドルで取引され、今年のEPS3ドルが予想されるとき、その株式は予想利益の6.67倍で取引されている（株価20ドル÷

予想EPS3ドル＝PER6．67倍）。

特によく観察するために、PERを研究するに当たり、次の2つのことに留意されたい。

- ●もしある銘柄が確定利益の20倍で、そして予想利益の6．67倍で取引されていれば、その企業のEPSが改善されると予想できるのは明白である。業績は加速しており、利益も増加することが予想される。ひょっとして、この企業はマーケットの自社株を買い戻すかもしれない（株数を減らすことによって、EPSを増やすためである）。

  しばしば、臨時費用は、過去の利益を減らしてしまう。臨時所得は、該当年度の利益を増加させることになる。臨時支出とは人員削減に伴う費用であったり、臨時所得は工場の売却から生じたりする可能性がある。

- ●逆もまた真である。つまり、株式が確定利益の6．67倍で、そして予想利益の20倍で取引されているなら、その企業の利益は減ることが予想される。

例として、2つのカリフォルニアの企業を取り上げてみよう。アンソニー・ガレアは、これらの株式を1996年に顧客勘定で購入した。それらは、リード・ライト社（RDRT）とアプライド・マテリアル社（AMAT）である。前者は、コンピューターのハードディスク・ドライブの主要部品を生産し、後者は、半導体製造装置を生産している。

リード・ライト社
株価13．75ドル、確定PER5．41倍、予想PER9．17倍、52週株価変動範囲12．625～49．50ドル

アプライド・マテリアル社
株価25．75ドル、確定PER7．22倍、予想PER6．50倍、52週間株価変動範囲25～59．875ドル

ハイテク企業の分析は難しい。最新技術が製品を飛躍的に向上させることがあるからである。それらの銘柄は、投資家によって玩具にされることがある。つまり、適正価値よりはるかに高く競り上げられることがある。取るに足りない悪材料をもとに、不当に売り込まれ、株価が急落することがある。一部の逆張り投資家は、ハイテク株を避けて、伝統のある資本の大きな会社で特に基幹産業に属し、よく名の通った企業を好む。しかしながら、１９９６年、数カ月前まで成層圏にあると錯覚するほどの高値で取引されていたハイテク株の人気が離散した。逆張り投資家が、低ＰＥＲの銘柄を探し出す方法を理解するために、これら２つの会社を例として挙げる。そして、テクニカル分析（トップダウン分析法）とファンダメンタルズ分析（ボトムアップ分析法）を融合した素晴らしい投資法を実証するつもりである。

　半導体、インターネット関連ソフトウエア、そしてコンピューター会社の株式に対する１９９５年の熱狂は翌年になって急激に終焉を迎えた。そして、多くの投資家はこれらの会社の将来に絶望した。コンピューターの売れ行きは鈍化し続けた。コンピューター用チップ（特に、メモリー用チップ）の価格は暴落した。１年前にこれらの銘柄を夢中で買い込んだ投資家は、パーティーが終わったことを確信し、元旦の残り物のポンチを処分するかのようにそれらの株を投げ売ったのである。マスコミの記事は、ハイテク企業にとっての将来が暗いことを次々と列挙した。アナリストは、数カ月前までほめちぎっていた銘柄について、その追悼文を書き始めたのであった。

　これらの最悪の状況は、逆張り投資家にとっての際立った投資チャンスであることを示していた。新聞、金融情報誌、証券会社の投資レポート、そしてテレビの投資番組は、ハイテク株が厳しい状況に陥っていることを伝えた。その結果、逆張り投資家は投資チャンスの到来ではないかと考え、調査を開始したのである。これは、ある種の"トップダウン"アプローチである。多くのテクニシャンは、この方法で成功を収めている。しかし、そこから逆張り投資家は、最も有望な銘柄を探し出すために、あるファンダメンタルズ分析の指標（例えば、１２倍より低いＰＥＲなど）を利用す

るのである。これは、テクニカル分析とファンダメンタルズ分析がいかに相互補完することができるかを示している。また、逆張り投資家が月並みな"バリュー"投資家と一線を画する存在であることを示している。その違いは、再度繰り返すが、逆張り投資家は株価の極端な状態を探し出そうとしている点である。１９９６年に、ハイテク以外の産業に属する企業は、低ＰＥＲを示していた。自動車産業は、そのひとつであった。しかし、それらの産業は、ハイテクセクターに属する一群の会社のように、広く嫌われたり、警戒心を持たれたりすることはなかった。

　例として取り上げた２つの銘柄は、逆張り投資法が要求する基本的指標の幾つかに適合している（すでに述べたように、逆張り投資家とバリュー投資家は、同じ銘柄を購入している。その違いは、銘柄選定のときのアプローチ法である。逆張り投資家は極端な株価の状況を探し求めているのである）。

　１．両銘柄とも不人気セクターに属していた。アプライド・マテリアル社は半導体製造装置、リード・ライト社はコンピューター部品製造である。

　２．両銘柄とも過去５２週の高値から５０％以上の下げを記録した。これは、一般の投資家心理がそれぞれの銘柄に対して非常に否定的になっていることを示していた。

　３．両銘柄とも、低ＰＥＲで取引されていた。

　４．そして、リード・ライト社では５人の内部者（インサイダー）が合計すると５万８０００株の自社株を購入したのである。

　これら２社は、他の多くのハイテク関連銘柄とともに不人気であった。しかし、両社とも困難に耐えられる堅実な財務基盤を持っていた。リード・ライト社は１９９５年に１０億ドル以上の売上高を達成し、１億ドル以上の利益を上げたのである。負債は、資産のわずか１５％にすぎなかった。その後、ハードディスク・ドライブの需要が減少し、従来製品から新製品へのシフトがうまくいかなかった。それによって、この会社の株価は最低水準にまで低下してしまった。しかし、多くのアナリストは長期的には、この会社の業績は２桁の成長を遂げると予測していた。なぜならば、

アメリカと比べて、ヨーロッパ、日本、そしてアジアの発展途上国のパソコン普及率が極めて低かったからである。アメリカ国内でさえも、大会社は最新のコンピューターとその周辺装置、大容量の記憶装置を持ったパソコンを備え始めたばかりであった。新しいソフトウエアとインターネット関連のアプリケーションは、より多くのデータを記憶する必要があり、大容量のハードディスク・ドライブを必要としていた。

アプライド・マテリアル社は、コンピューター・チップを大量に製造する会社で使用される装置のアメリカ最大のメーカーであった。１９９５年の売上高は３０億ドル以上あり、純利益は４億５０００万ドル以上であった。半導体売上高は年に４０％の伸びを示した。モトローラ、ＮＥＣ、シーラス・ロジックなどの企業は工場の新規設立を計画しており、半導体製造装置の受注額を増加させていた。その後、コンピューターの売れ行きが鈍化し始めたとき、チップの在庫高が非常に大きかったので、価格は急落した。多くの新工場建設計画は延期されるか、凍結されてしまったのである。予想どおり、投資家はチップ・メーカーの株価を滅茶苦茶に叩いた。そして、彼らに製造装置を販売した会社の株価も同様に売り叩かれた。

そういう状況であっても、チップの売上高は１９９５年の１８００億ドルから、世紀の変わり目には３３００億ドルへと増加し、新規工場建設の必要があると予測されていた。そして、たとえ株価が低位に推移しても、チップ・メーカーはより効率を高め、最新の製造装置を使用する必要があったのである。

最終ポイントは以下のとおりである。チップ業界が伸びを示していた時期、アナリストは、アプライド・マテリアル社のような装置メーカーの株を推奨銘柄とした。この業界全体で４００億ドルの新工場建設計画の存在がその根拠であった。新工場建設のスピードが鈍化し、あるいは凍結されても、依然としてアプライド・マテリアル社には多くのこなすべき注文があった。一言で言うと、この会社の株価は、不当に叩かれたのである。

われわれの挙げた例が示すように、ＰＥＲは、銘柄選択をするときに役立つ指標である。逆張り投資家は、このように売り叩かれた銘柄を好む。これらが売り叩かれた理由はいろいろである。内容の悪い利益報告書、訴

訟、お粗末なコスト削減努力、工場の事故、あるいは製品の一部についての否定的なニュースなどである。リード・ライト社やアプライド・マテリアル社の例で示したように、しばしば、産業全体が不人気になることがある。GMやフォードのような景気敏感株は、不景気の真っただ中で底を打ち、景気が回復する前に上昇に転じる。そして、経済循環が後期になるにつれ、元気がなくなるのである。そのころまでに、投資家は安全を考えて、コカ・コーラやマクドナルドのようなより安全とみなされている消費銘柄に主力を移してしまうのである。

ある企業、またはあるセクターが不人気になったとき、それらの株式は、非常に低いＰＥＲを示す傾向がある。もちろん、企業が赤字を計上すれば、ＰＥＲを表すことはできない。投資家は急速に利益を上げると予測される銘柄に気づいたとき、その株価を競り上げてしまう。その結果、利益と比べて、３０倍、４０倍、５０倍、あるいはそれ以上になってしまう。

投資家はＰＥＲに基づいて、年間１０％の利益アップしか望めない洗剤の企業よりも、年間３０％の成長が見込めるコンピューター・ネットワークの企業に多くの投資をする。もし両社が年に１ドル稼ぐと予想されていて、マーケットで普通に取引されれば、コンピューター・ネットワークの企業は３０ドルで取引されるだろう（予想ＥＰＳ１ドルに基づいてＰＥＲ３０倍が算出される）。そして、洗剤の企業は、１０ドルで取引されるだろう（予想ＥＰＳ１ドルに基づいてＰＥＲ１０倍が算出される）。より高い予想成長率の株式は通常、ＰＥＲが高くなる。そのような成長率の高い"グロース株"はより大きなリターンを上げ、堅実だが、短期的問題を抱え、株価が低迷している銘柄に投資するよりもリスクが少ないと一般の投資家は考える。

しかし、その逆がしばしば正しいのである。

多くの研究が、さまざまな低ＰＥＲ銘柄で構成されたポートフォリオは、高ＰＥＲ銘柄で構成されたポートフォリオより成績が良く、しかもリスクがかなり低いということを示している。

その理由を理解するために、投資家心理に占めるＰＥＲの役割の大きさを論じなければならない。

PER（株価収益率）：
グロース株投資戦略対バリュー株投資戦略

　ＰＥＲ（株価収益率）は、グロース（成長）株投資戦略とバリュー（割安）株投資戦略という２つの主要な投資手法を定義するのに役立つ。グロース株投資家は、売上高と利益を急速に伸ばしている企業（例えば、年に２０％以上）を好む傾向がある。これらの銘柄は、企業利益の成長率の度合いに見合った、あるいは時には、それ以上に高いＰＥＲとなることがある。フィデリティ・マゼラン・ファンドのマネジャーを長期にわたって勤めていたピーター・リンチは、おそらく最も有名なグロース株投資家の導師（グル）である。その彼でさえも、成長性をあまり追求するのは危険であると言っている。

　一部の専門家は、高いＰＥＲと高い成長見込みは、相互に干渉し合うと指摘している。そして、派手な見通しによって引き寄せられた投資家にとってのワナを作り出すと考えている。それは、コンピューター・プログラム中の無数のループ（反復実行される一連の命令）のようである。企業の高い利益成長率は、その株式が高ＰＥＲで取引される原因になっている。アナリストは、高ＰＥＲ銘柄を目の当たりにすると、その企業の利益が高い成長率を示すのではないかと勝手に予測する傾向がある（Growth Projections and Common Stock Returns, W. Scott Bauman & Richard Dowen, Financial Journal, 1988/7-8, p79）。

　相対的に新しいグロース株に関する考え方があり、それらはいわゆる"モメンタム・プレーヤー（市場の勢いで投資する投資家）"が実行しているものである。彼らの多くは、一部の比較的大きなグロース・ファンドを運営している。モメンタム・プレーヤーは、株価自体の評価よりも企業利益が増加する見通し、そしてその結果として株価が上昇する見通しに、より大きな関心を持つ。勢いを加速するブル・マーケットでは（それが全体としての株式市場であれ、あるいは一部のセクターであれ）、モメンタム・プレーヤーは一部のグロース株投資家を瞬間的に追い越すことがある。彼らは、高値でも買いを入れる第三者がいると考えているかぎり、株

価を競り上げるのである。これは、適切にも"より愚かな人"に売りつける戦略と呼ばれている。

　この投資法は、個々の売買のタイミングにおいて、逆張り投資法と相反する立場にある。逆張り投資家は、彼らが購入した銘柄を市場が動かし、人気が出るかなり前にその銘柄に乗るのである。

　主要な投資手法でグロース株投資戦略以外のものは、バリュー株投資戦略である。バリュー株投資家は割安銘柄、すなわち企業資産、営業網、経営陣、製品群、技術、そして企業成長性予測などが株価に適正に反映されていないと思われる銘柄を探し出そうとする。グロース株投資家も割安銘柄を探していると主張する。しかし、彼らのいう割安銘柄は、年５０％という予測利益成長率があるのに、ＰＥＲが３０倍で取引されているというようなことかもしれない。その違いは、バリュー株が一般的に投資家に好かれていないことによる。

　"ウィー・ウィリー"キーラーを覚えておられるだろうか。もし彼がポートフォリオ・マネジャーに生まれ変わったら、バリュー株とは、投資家のいないところにある株式であると言うだろう。荒れ狂ったブル・マーケットの中で、グロース株は好結果を出すことができ、バリュー株はこのマーケットがだんだんと衰え、その方向性が希薄になったとき、より良い結果を出せる傾向がある。故ベンジャミン・グレアムは、たぶん、この投資手法の父である。ウォーレン・バフェットは、グレアムの有名な弟子で、最もうまくこの手法を実践している。

　逆張り投資家とバリュー株投資家は、ある共通の性質を持っている。逆張り投資家も、割安銘柄を探す。特に、ウォールストリートで不人気となって放置されている企業の中から探し出そうとする。その違いは、逆張り投資家が株価の極端な状態になっている銘柄を探し出したいと考えていることである。逆張り投資家が買いを入れる銘柄やマーケットは、しばしば、一般的に敬遠されて、バリュー株投資家でさえも手を出さないのである。

　デビッド・ドレマンは、最も有名なＰＥＲの支持者である。彼はそれを利用して、ある銘柄やマーケット・セクターについての投資家心理を推し測ろうとする。彼は、１９８７年８月にそれまで注視していたマーケット

が過大評価の領域に踏み込んだと考えた。今まで経験のないことをしたのである。顧客の預かり資産の３０％を現金化した。当時、ドレマン・バリュー・マネジメントは３０億ドルの預かり資産を運用していた（Portofolio Strategy:Value Vindicated?, Julie Rothrer, Institutional Investor v.22n1, 1988/1, p53-55）。彼の行為の正しさが、その年の１０月に証明された。

低PER（株価収益率）：ポートフォリオの中に一本芯を入れる

　何が、低ＰＥＲの銘柄を構成するのだろうか。それは場合による。ドレマンは次のように信じている。もしＳ＆Ｐ５００が昨年のＥＰＳ（１株当たり純利益）の１５倍で取引され、そしてある銘柄がＥＰＳの１２倍あるいはそれ以下で取引されれば、低ＰＥＲという基準に適合している（The Glories of Low P/E Investing, David Dreman, Forbes, 1988/6/27, p172）。

　ベンジャミン・グレアムの死の直後に出た記事によると、彼は投資家にＰＥＲが過去５年間の最高時のそれより４０％小さくなっている銘柄を探すべきであると、アドバイスしたとのことである（A Test of Ben Graham's Stock Selection Criteria, Henry R. Oppenheimer, Financial Analysis Journal, 1984/9-10, p64）。例えば、直近の５年間において、ある銘柄の最も高かったＰＥＲが２５倍であるとする。その銘柄が低ＰＥＲという基準を満たすためには、確定ＥＰＳの１０倍以下で取引されなければならない（高ＰＥＲ２５倍×４０％＝ＰＥＲ１０倍）。

　ＰＥＲが低くなればなるほど、マーケットでの人気がなくなる。ところが、逆張り投資家は買いのチャンスであると考え、より詳しく調査を開始する。しばしば読者は、赤字を計上したためにＰＥＲを算出できない銘柄に興味を持つかもしれない。通常、そのような銘柄の１２カ月間の「確定ＰＥＲ」は、極めて小さい数字である。

　多くの学術的な研究が「低ＰＥＲ」の威力を示している。次に幾つかを考えてみよう。

表9.1　株価収益率によるニューヨーク証券取引所上場銘柄投資成績（1957年4月～1971年3月）

ポートフォリオ	1 高PER	2 高PER （赤字計上 企業を除く）	3	4	5	6 低PER
PER中心値	35.8x	30.5x	19.1x	15.0x	12.8x	9.8x
年平均リターン	9.3%	9.5%	9.3%	11.7%	13.6%	16.3%
マーケット・リスク（ベータ）	1.11	1.06	1.04	.97	.94	.99

出所：トゥイーディ・ブラウン

1．マクマスター大学の金融論教授のサンジョイ・バスは、ニューヨーク証券取引所に上場している約500の銘柄について、PERと投資リターンを調査した。期間は、1957年から1971年までの14年間である。バスは、PERに従って、最も高い方から最も低い方に数値順に並べ、5つのグループに分けた。使用した株価は、年末のものである。個々の銘柄に同額の資金を投入し、1年後に売却する。そして、また同じ方法で購入したとする（表9．1参照）。

5つのグループの最上位グループの株式についての中心値となったPERは、35．8倍であった。この数値には、赤字を計上した企業も含まれている。最下位グループのPERは、9．8倍であった。14年以上を対象とする研究で、PERが最も高いグループの銘柄は、9．3％の年平均リターン率であり、他方、PERが最も低いグループの年平均リターン率は、16．3％であった（Investment Performance of Common Stocks in Relation to Their Price-Earnings Ratios: A Test of the Efficient Market Hypothesis, Sanjoy Basu, Journal of Finance, 1977/6, p666）。

バスの調査結果を使用すれば、低PER銘柄への10万ドルの投資が、14年後には82万8163ドルに膨らんでいる。ところが、同額を高PER銘柄へ投資したとすると、34万7282ドルしか得られない。非常

に大きな違いである。その期間で、低PER銘柄は、高PER銘柄の2倍以上のリターンを上げているのである（What Has Worked in Investing: Studies of Investment Approaches and Characteristics Associated With Exceptional Returns, Tweedy, Browne Co.L.P,1992, p14-15）。

バスが見つけた事実は、もっとある。低PER銘柄は、実際に、リスクが少ない（Basuの前掲書, p666）。これを知るために、ベータを使用した。ベータは、株価のボラティリティと市場全体との相関関係を測る手段であるが、ベータがプラスの場合はマーケットが上昇したときにはその株価は上昇し、マーケットが下がったときには株価が下がるということを意味している。ベータがマイナスの場合、株価はより広範なマーケット全体の動きに反して動くことを意味している。Ｓ＆Ｐ５００は１．０というベータを持っている。１．０より大きいベータを有している銘柄はマーケット全体よりリスクが高い。一方、１．０より少ないベータを有している銘柄はリスクが少ないと考えられる。マーケットより動きが小さいからである。

バスは、「高PER銘柄」が、１．１１というベータを有しているのを発見した。これは、通常マーケットが１％刻みで変動するのに、高PER銘柄は、１．１１％刻みで同方向に動くことを意味している。言い方を変えると、他の銘柄がマーケットと同じ方向（上下）に動くときに、それは１１％動くのである。これに比べて、低PER銘柄は、０．９９というベータしか持っていないことが分かった。マーケットより、わずかにリスクが少ないことが分かる。言い方を変えると、低PER銘柄は、高PER銘柄よりもリスクが少なくて、儲かるのである。

実際に、他の研究では次のことが分かっている。すなわち、これらの銘柄が有しているボラティリティがどのようなものであっても、下げよりも上げのときに、ボラティリティは注目される。言い換えると、もしある銘柄の動きがマーケット以上にどの程度動いたかを基準に測定するものがボラティリティであるとするなら、低PER銘柄の動きがマーケットより大きく動いたとき、その銘柄の株価は通常、下降ではなく上昇している。

逆張り投資法に否定的な人は大勢いるが、彼らはこのデータは古く、状況は現在と変わっていると言うかもしれない。ところが、低PERメソッ

ドが有効であるとする最近の研究がある。

2．アイボットソン・アソシエイツ社の創立者であるロジャー・アイボットソンは、ニューヨーク証券取引所の全上場銘柄について調査した。対象期間は、１９６６年１２月３１日～１９８４年１２月３１日までである。各年の１２月３１日現在で各銘柄のＰＥＲの数値に従ってランクづけした。そして、１０のグループに分けたのである（表９．２参照）。彼は、この１８年間に生じたリターンに注目した。彼の発見は次のとおりである。ひとりの投資家が１２月３１日に、ニューヨーク証券取引所に上場されている銘柄を、ＰＥＲの最も低いグループから選んで自分のポートフォリオに加え、その翌年の１２月３１日にはその年の最低のグループと入れ替えるということを毎年繰り返すとする。そうすると、１８年間の年複利ベースで１４．０８％のリターンを得ることができる。最も高いＰＥＲのグループから銘柄を毎年購入した投資家は、年間複利ベース５．５８％のリターンしか得ることができない。参考までに、ニューヨーク証券取引所全体のリターンは、８．６％で、米国財務省証券では７．６％のリターンになる（Tweedy, Browneの前掲書, p15-16）。

**表9．2　株価収益率によるニューヨーク証券取引所上場銘柄投資成績
（1966年12月31日～1984年12月31日）**

十分位数	複利ベース年間リターン	1ドルの投資額 （1966/12/31時点）の 現在価額（1984/12/31時点）
1　最低数値のPER	14.08%	$12.22
2	13.81	11.67
3	10.95	7.21
4	10.29	6.43
5	9.20	5.32
6	6.43	3.27
7	7.00	3.62
8	5.57	2.80
9	5.50	2.77
10　最高数値のPER	5.58	2.81

出所：トゥイーディ・ブラウン

長期的に見れば、低ＰＥＲ銘柄で構成されたポートフォリオのリターンは、高ＰＥＲのそれよりも劇的に大きい。１ドルを低ＰＥＲ銘柄に投資すれば、１８年後に、１２．２２ドルになる。ところが、同じ１ドルを高ＰＥＲ銘柄に投資しても、２．８１ドルにしかならない（Tweedy, Browneの前掲書, p15-16）。

　低ＰＥＲ効果は、時価総額の小さい企業ではより大きいと思われる（時価総額は、公に取引されている企業の市場価額である。それは、発行済株式数に現在の株価をかけることで算出される。発行済株式１０００万株、株価１５ドルの企業の時価総額は、１億５０００万ドルである。その定義はいろいろであるが、スモールキャップ企業とは１０億ドル以下の時価総額の企業を言う）。投資家はしばしば、他の投資家が時価総額の大きさについて話すのを聞くことがある。それらの定義は、さまざまである。われわれは、最低１億５０００万ドルの時価総額を持った銘柄を逆張り投資法の投資対象とした。

　３．ドレマンは、ジェームズ・マディソン大学のマイケル・ベリーとの共同研究で、時価総額とＰＥＲ、および年間リターンに着目した。その調査対象期間は、１９８９年１０月３１日までの２０．５年とした。この研究は、前の研究よりかなり大規模で、６０００社が対象になっている。それらは、時価総額の大きさに従って、５つのグループに分けられている。各グループに属する企業は、さらにＰＥＲに従って、５つのサブグループに分けられている。ポートフォリオは、毎年更新され、投資リターンが計算された（表９．３参照）。

　ＰＥＲが最も低いグループで時価総額の最も小さい（平均４６００万ドル）グループへの投資は、各年の１０月３１日ごとに調整し、１８％の年平均リターンを上げた。最大時価総額を有するグループに属し、ＰＥＲが最も低いグループが１３％の年平均リターンしか上げられなかったことと比較してほしい。もしＰＥＲが最も高いグループに属し、時価総額が最小のグループに属する銘柄を買えば、年平均リターンはたったの４．１％にしかならない。また、ＰＥＲが最大のグループに属し、時価総額が最大のグループに属する銘柄を買えば、リターンは８．７％であった。

表9.3 時価総額カテゴリーにおける低「株価収益率」銘柄対高「株価収益率」銘柄の年間投資リターン
（期間：1989年10月31日までの20.5年間）

時価総額 カテゴリー	平均市場 時価総額 カテゴリー (1989年10月31日 現在 単位:百万ドル)	PERカテゴリー				
		最低数値の PER 1	2	3	4	最高数値の PER 5
1 最大	$ 46	18.0%	15.3%	10.2%	7.0%	4.1%
2	127	15.7	13.7	10.0	6.5	7.4
3	360	17.0	15.1	10.6	7.4	8.2
4	1,031	13.8	12.9	10.3	8.5	7.1
5 最小	5,974	13.0	12.4	9.1	10.5	8.7

出所：トゥイーディ・ブラウン

　１００万ドルの投資資金を、時価総額の小さい低ＰＥＲの銘柄で構成されたポートフォリオに投入し、毎年該当銘柄を入れ替え、２０．５年間にわたり投資すると、２９７０万ドルに増える。同様に、１００万ドルの投資資金を、時価総額の大きい低ＰＥＲの銘柄で構成されたポートフォリオに投入しても、１２２０万ドルにしかならない。１００万ドルの投資資金を、小さい時価総額で高ＰＥＲの銘柄で構成されたポートフォリオに投入したケースに至っては、わずか２２０万ドルにしかならないのである。これらの事実はその研究の中に述べられている（Tweedy, Browneの前掲書, p18-19）。

　４．もうひとつの研究がドレマンによって行われた。それは、１９８０年までの１７年の期間について行われたが、同じような結論にたどり着いた。つまり、時価総額の小さい低ＰＥＲの銘柄は１９．１％の年平均リターン、そして時価総額の大きい低ＰＥＲの銘柄で１３．１％の年平均リターンであった。しかし、バスは言った。時価総額の小さい高ＰＥＲの銘柄では、１４．４％の年平均リターンになったのである（Tweedy, Browneの前掲書, p17-18）。この研究では、ニューヨーク証券取引所上場銘柄のみが使用された。

5．ドレマンは自分の理論を最近再検証した。今回は、時価総額が１０億ドル以下の銘柄のみについて、調査した（Boring is Best, David Dreman, Forbes, 1995/11/6, p372）。彼は２５年以上にわたって３５００の銘柄を調査した。そして、３つのグループに分けたのである。それらは、低ＰＥＲ銘柄が２０％、中ＰＥＲの銘柄が６０％、高ＰＥＲの銘柄が２０％という構成になっている。彼は、四半期ごとに条件に合うように、ポートフォリオの銘柄を入れ替えた。そして、次のことに気がついた。低ＰＥＲの銘柄は１８．１％、中ＰＥＲの銘柄が１３．３％、高ＰＥＲの銘柄は９．３％の年平均リターンを上げることができたのである。ドレマンは、低ＰＥＲの銘柄と高ＰＥＲの銘柄との投資成績の差は、時価総額の小さい企業にとって最大であった。

その他の研究も、低ＰＥＲメソッドは、イギリス、ドイツ、フランス、そして日本のようなすでに発達した国の株式については、等しく有効である（Quantitative Applications for Research Analysis, John R. Chisholm, Investing World Wide II, Association for Investment Management and Research, Tweedy,Browne, p20 / Stock Market Anomalies : A Reassessment Based on the U.K. Evidence, Mario Levis, Journal of Banking and Finance, 1989/9/13, p675-696）。

このメソッドがなぜそれほどまでに効果があるのかを理解することは、逆張り投資法の中心部分に到達する。７５～８０％に及ぶプロのファンド・マネジャーが、マーケットに打ち勝つことに失敗したのは、同じ理由である。利益予測は、投資家が想像するほどやさしくないのである。

１９８７年のフォーブス誌が報じた研究によると、アナリストは確定利益に対し、かなり高い倍率で取引されている（ＰＥＲが高い）企業の業績予測に当たっては、過度に楽観的すぎる傾向がある。１９８６年に報告された利益は、アナリストたちによって１９８５年半ばに発表された利益予測より、７３％も数字が少なかったのである。アナリストの利益予測は概して標準とかけ離れたものではないが、未来を予測するのがいかに難しいかが分かる。経験豊かなアナリストでも例外ではない。

ハーバード・ビジネス・スクール（経営大学院）研究員のサドヒール・ク

リシュナムルチは、彼の博士論文で同じ結論を発表した。１９８１年までの５年間に１２５０の企業を密接に研究したが、次の結論に達した。市場で合意された１年以内に発表された業績予測のレポートは、平均で３０％ほど実際の数字とは異なった。他の研究によると、その平均誤差は１７％、２４％、そして１９７４年の不景気の年には６０％にもなったのである（Why High P/Es Are Dangerous, David Dreman, Forbes, 1981/8/3, p104-105）。

　アナリストを強く責めないでほしい。利益予測は、その企業の重役によるもの、コンピューター・グループによるものなどといろいろあるが、前者による誤差は１５％であるが、後者によるそれは８９％であり、さらに悪くなっている（Forbes, 1981/8/3, p104）。アナリストは、大きく予測を間違うこともあるが、一方でその予測が正確なこともある。これらのケースについての結論は、企業利益が予測と変わらなかった場合、株価は動かないということである（逆張り投資家は、アナリストの推奨銘柄を買うことは常に利益と反対側に賭けることである、と誤って信じやすい。逆張り投資法の基準に当てはまっている４０銘柄で同時にスミス・バーニー社によってカバーされていた４０の銘柄について行われた１９９６年のスナップショット研究は、アナリストはその中で１２銘柄について"買い"を推奨し、完全なる"売り"を推奨したものはなかった）。

■ある新聞記者（逆張り投資家）の回想

　私は、１９８０年代初頭から中ごろまで、上場会社を取材し続けた。

　私は現在でも、業績発表の日とそれに至るまでの数週間は、アカデミックな研究者が見いだしたものの素晴らしい例であると考える。ウォールストリートには、新製品、経営陣の交代、買収、あるいは企業分割の意味を素早く反映することのできる、非常に素晴らしい金融マンがいる。しかし、たとえそうであっても、私の経験では、アナリストの予測は企業の発表するＥＰＳを上回っていたり、その逆に下回っていたりしていた。それは、批判するために言っているのではない。

　規模の大きい企業は、非常に多くの業種部門を抱えている。各部門とも、

異なった財務体質、競合状況、責任者の能力の下に運営されている。一方、規模の小さい企業では、小回りが利くかもしれないが、浮き沈みが激しい。ひとつの例を挙げよう。ある半導体メーカーは、市場がより速度の速いチップを採用するであろうということを過小評価したが、その結果、速度の遅いチップの巨大な在庫が残ってしまったのである。

　企業の経営陣が業績予想のガイダンスを拒否したとき、アナリストの予測は難しくなる。そのようなケースでＥＰＳの正確な金額を予測するのは、人間業を超えている。それなのに、彼らがしばしば正しい予測をするのは極めて驚きである。成績優秀なアナリストの収入が文字どおり、彼の体重に見合った同量の金（ゴールド）の値段であっても不思議なことではない（金価格が１オンス当たり４００ドルと仮定する。アナリストの平均体重を１５５ポンドとすると、有名なアナリストの年収は、１００万ドルを超えることになる。なんと妥当な数字であろうか）。

　業績予測は、過去の実績をベースにしている。研究によれば、成長性の高い企業、すなわち、過去４、５年２０％あるいはそれ以上の利益増加をしている企業は、高いＰＥＲを記録している。それらは、成長性に陰りが生じるのも早い。調査によれば、利益はよく"ランダム・ウォーク（不規則歩行）"する。その意味は、企業が過去に得た利益と将来どうなるかということの間には何の関係も存在しないということである（Forbes, 1981/8/3）。

実際的効果

　低ＰＥＲ銘柄は、悪材料をすでに株価に織り込んでいる。それゆえ、さらなる悪材料が出たとしても、株価を下に押し下げる力が働くことは少ない。低ＰＥＲ銘柄を保有することで相場に望む投資家には我慢が必要である。我慢した投資家だけが報酬を得ることができる。

　これは、ジョセフ・ラコニショク、ロバート・ビシュニー、そしてアンドレイ・シュレイファーたちによる研究でも証明されている。これら３人

の学者は、ニューヨーク証券取引所とアメリカン証券取引所の全上場銘柄を、そのPERに従ってランクづけした。そして、10のポートフォリオ・グループに分けた。最初のポートフォリオは、1968年4月30日に構成された。その後のポートフォリオは、毎年4月30日に構成された。各ポートフォリオは5年間保持された。この研究は、1990年4月30日に終わった(Contrarian Investment, Extrapolation, and Risk, Josef Lakonishok, The Journal of Finance, 1994/12, p1541-1578 / What Has Worked, Tweedy, Browne, p19-20)。その結果は、表9．4に示されている。

低PERポートフォリオは、高PERポートフォリオをいとも簡単に打ち負かしている。ほとんど機械的に、PERが小さくなれば、年平均リターンは上がる。そのトレンドは、最下位のポートフォリオ近くまで続くが、最下位のポートフォリオではリターンは少し小さくなる。この研究は、ポートフォリオ保持期間の3年目、4年目、そして5年目にベストのリターンが生じたことを示している。これは、逆張り投資家が購入した銘柄につき、3年後にベストのリターンを得ることと同じである。

表9．4 ニューヨーク証券取引所とアメリカン証券取引所の全上場銘柄の株価収益率に関する投資リターン(1968年4月～1990年4月)

ポートフォリオ群ごとの保持期間	PER一覧								
	最高数値のPER ································· 最低数値のPER								
1年目	12.3%	12.5%	14.0%	13.0%	13.5%	15.6%	17.0%	18.0%	19.3%	16.2%
2年目	10.1	11.3	12.4	14.3	16.7	16.4	18.0	18.5	18.3	17.4
3年目	11.8	13.8	15.7	17.1	17.1	19.1	19.8	18.8	18.8	19.5
4年目	11.1	12.4	14.5	15.1	15.7	15.9	19.8	19.9	20.5	21.4
5年目	11.9	12.9	15.1	16.7	17.1	16.8	19.6	20.1	21.1	20.7
年平均リターン(保持期間5年超)	11.4	12.6	14.3	15.2	16.0	16.7	18.8	19.1	19.6	19.0
5年間累積リターン	71	80	95	103	110	116	137	139	144	138

出所：トゥイーディ・ブラウン

まとめ

　低ＰＥＲ銘柄は、逆張り投資家にとって実り豊かな土壌である。株価がひとたび過去５２週の高値から５０％以上の下げを記録すれば、その企業の利益力に比べて、どの株が安くなっているかを"ＰＥＲ"によって判断することができる。学問的研究によって、低ＰＥＲ銘柄に投資する魅力があることが分かっている。１２カ月の確定利益、または前会計年度の利益のいずれかに基づいて算出されたＰＥＲが１２倍以下であることが、投資のひとつの指標になる。

　もうひとつの指標は、過去５年間での最高値のＰＥＲより４０％以上少ない数値で取引されている銘柄、またはＳ＆Ｐ５００銘柄より小さいＰＥＲを持った銘柄も同様に投資対象と考えられる。どちらの指標を使おうと、低ＰＥＲを基準として使用すれば、逆張り投資法に従って構成されたポートフォリオから多大な利益を得ることができるのである。

第10章 低PBR（株価純資産倍率）銘柄を予約する

> 先達に知られていた原理に単に従うだけで、ビジネスをうまくやれる人は１０人中１人もいない。
>
> ──ウィリアム・フェザー

　低ＰＥＲ（株価収益率）戦略を実行することは、将来の企業収益を適正価額より安く買うことである。低ＰＢＲ（株価純資産倍率）というフィルターは、企業資産を安値で買うために使用される。

実際的効果

　逆張り投資法を実行するチャンスは、株価が１株当たり純資産を下回っているときである。言い方を変えると、株価純資産倍率が１．０倍より小さいときである。

１株当たり純資産

　ある企業の"純資産"という言葉は、会計用語である。もし企業が清算されるとした場合に、その事業価格はいくらに相当しているかを算出するために使われる。純資産は、総資産から負債総額を差し引くことで算出される。

　厳密に言うと、純資産は総資産から無形資産（のれんや商標のようなもの）、流動負債（１年に満たない期間に返済期限の到来する短期債務）、長期負債（流動負債に対する概念。貸借対照表作成日から見て、支払期限が１年以上の負債）、優先株（普通株に優先する権利を認められた株式）、そしてその他の債務（例えば、年金などの積立不足金）を差し引いたもの

に等しい。それゆえ、1株当たり純資産の算式は、次のようになる。

$$\frac{「総資産」-「無形資産」-「流動負債」-「長期負債」-「優先株」}{「発行済株式数」}$$

　発行済株式数について、バランスシートに記載されている数値を計算に使用しなければならない。通常、1株当たり純資産は企業の財務諸表に記載されている。それらはバリューライン・インベストメント・サーベイ社のような調査会社が提供する企業分析においても容易に利用することができる（実際に、バリューライン社は、低ＰＥＲ銘柄同様に、最も低いＰＢＲの企業リストを週刊で発行している。これらのリストは、投資に関するアイデアを得るには悪くない）。

　幾つか注意すべきことがある。純資産は会計用語であり、必ずしも企業の適正価額を完全に表しているとは限らない。例えば、会計原則は、企業に対して、その資産を"歴史的"価値（すなわち、資産の取得価格から必要な減価償却費を差し引いた価格）で記帳することを義務づけている。建物のような資産は、その年数に応じて償却される。したがって、それが売却されるときは、1株当たり純資産より高く売れるかもしれない。その他の資産、例えば、土地は、その地価が何年も上がり続けることがある。これらの土地と建物の1株当たり純資産は、十分に事情を知っている購入者によって購入される場合に比較して、かなり低くなろう。

　ベンジャミン・グレアムは、簿価の計算に簡単な方法を使った。彼は、それを"正味流動資産価額"と呼んだ。彼の定義によれば、それは流動資産（現金、売掛金のたぐい、そして棚卸資産）から当該企業の普通株式に対して優先しているすべての負債を引いたものである。その負債とは、流動負債（買掛金のような1年以内に返済期限の到来する短期債務）、長期負債、優先株、年金債務が含まれる。グレアムは、"流動資産"を用いるに当たって、企業の不動産価額（土地や建物の価額）や設備の価額を一切含めなかったということに留意してほしい。会計原則は、のれんや特許などの"無形資産"を控除するように要求しているが、グレアムは、投資家はそ

のような資産を含めるべきであり、それらが評価可能な市場価値を有している場合には特に、そうすべきであると言っていた(ベンジャミン・グレアム、デビッド・ドッド著『証券分析【1934年版】』[パンローリング])。

グレアムは、1株当たり正味流動資産価額の3分の2あるいはそれ以下の価格で取引されている企業をよく探した。例えば、1株当たり正味流動資産価額が16ドルだとすると、グレアムは株価が10.67ドル(16ドル×66％＝10.67ドル)以下になったときのみ、その購入を検討すべきであると考えていたのである。

グレアムは、そのような株式に幅広く投資したポートフォリオが30年以上にわたって年間約20％のリターンを上げ、これは、Ｓ＆Ｐ５００の11.9％という市場平均よりもはるかに良好な成績であったことを発見した。この市場平均を超えるリターンは、何年にもわたれば、大学の学資や退職後の資金を蓄えようという顧客にとっては莫大な配当金を意味した。例えば、年平均リターン10％を上げる資金サイズ2万ドルのポートフォリオは、30年後には34万8000ドルに成長する。しかし、同ポートフォリオが同期間で年平均リターン13％の成績を上げれば、78万2000ドルになる。たった3％の違いでも、時間がたつと大きな差になるのである。

表10.1 RJRナビスコとフィリップ・モリス(1996年11月現在)

	RJRナビスコ	フィリップ・モリス
株価	$29.00	$93.00
確定PER	23	13
1株当たり純資産	$36.00	$17.00
PBR	0.8	5.4
過去52週の株価変動幅	$26–$35	$85–$107

低ＰＢＲ戦略に基づく調査について考察する前に、一部の低ＰＢＲ銘柄を考察してみよう。

　表１０．１は、タバコとスナック菓子の大会社ＲＪＲナビスコ社に関するものである。理解しやすくするために、その同業であるフィリップ・モリス社と比べてみたい。フィリップ・モリスは、タバコ、ビール、そして食品を製造販売している。これらの会社の１９９６年１１月現在の数字を見てほしい（表１０．１参照）。

　喫煙者から訴訟を起こされていることと喫煙が原因で生じた健康問題解決の費用をＲＪＲナビスコに負担させることを州政府が検討していたことによって、多額の賠賞金を支払う可能性が高かったことから、ＲＪＲナビスコの株価は売り圧力にさらされていた。裁判官は、肺ガンを患ったにもかかわらず生き残った喫煙者の利益を考えていたように思われた。その後、最初は売れ行きの良かったＲＪＲナビスコのダイエット菓子"スナックウェルズ"の売れ行きは横ばいになったのである。ＲＪＲナビスコは、コスト削減のために４２００人のレイオフを発表した。そのとき、投資家は、ＲＪＲナビスコの１ドルの純資産を８０セントで買うことができたのである。フィリップ・モリスについては、１ドルに対して５．４ドルを支払わねばならなかった（両社とも、われわれの逆張り投資の買いの指標である半値下げに至っていないので、投資対象銘柄ではない。そうなるためには、ＲＪＲナビスコはその高値から１７．５ドルまで、フィリップ・モリスは５３．５ドルまで下げねばならない。タバコ会社の株は常に懸念材料を有していることから、逆張り投資対象であるかのように思われそうであるが、われわれの指標からすると必ずしも"買い"にはならない。真実は、ほとんどの投資家はそのとき自分たちの持っているタバコ会社株の保有を継続し、多くのアナリストやポートフォリオ・マネジャーはフィリップ・モリスを好感していたのであった）。

　もうひとつの例は、他の産業のブリティッシュ・スティール（米国預託証券の取引コードはＢＳＴ）であった。理解しやすくするために、同種の２社と比較する。それらは、ＵＳＸ（Ｘ）とベツレヘム・スティール（ＢＳ）である。１９９６年８月時点の比較を表１０．２に記した。

表10. 2　鉄鋼メーカー3社（1996年8月現在）

	ブリティッシュ	USX	ベツレヘム
株価	$26	$28	$11
確定PER	—	8	14
配当金	10.2%	3.5%	—
PBR	0.7	1.7	1.0
過去52週の株価変動幅	$23-$31	$27-$38	$11-$14

注＝ブリティッシュ・スティールに関する比率（レシオ）は、主たる取引所であるロンドンでの取引価格を元に算出されている。その比率は、米国預託証書（ADR）にも妥当している

　短期的な景気後退の恐れと鋼材の価格引き上げはできないだろうという懸念によって、鉄鋼銘柄はすべて低迷していた。ところが、中国や東ヨーロッパ諸国のようなエマージング市場の発展は、長期にわたる堅実な成長を約束するものであった。ブリティッシュ・スティールは、これらのエマージング市場の多くで操業しており、同業他社よりはより良好な見通しであった。ところが、その株式は1株当たり純資産より安い価格で取引されていたのである。一方、同業他社の株価は1株当たり純資産より高い価格で取引されていた。

　では、逆張り投資法に適した低PBR銘柄を考えてみよう。表10．3に記載されている数字は、われわれがよく知っているリード・ライト社の1996年8月1日現在の数字である。この会社はパソコンのディスク・ドライブの部品を製造している。見て分かるように、この時点の同社は、古典的逆張り投資法に適した銘柄である。過去52週の高値49．50ドルから78．8％の下げを記録して、10．5ドルになっている。これは「半値下げ買いルール（down-by-half rule）」に適合している。そして、確定PER7．66倍で取引され、そのPBRは0．899倍であった。逆張り投資法の4つの基礎的指標の2つに適合しているのである。

　その後、この銘柄は30ドル台半ばに上昇したのである。その理由は、業績見通しが好転したことと、敵対的TOB（株式公開買い付け）の申し出があったためである。

表10.3　リード・ライト社（1996年8月1日現在）

	リード・ライト
株価	$10.50
配当金	—
1株当たり純資産	$11.68
PBR	0.899
過去52週の株価変動幅	$9.63–$49.50
確定PER	7.66

低PBR銘柄への投資

　ニューヨーク州立大学ビンガムトン校の金融論の助教授のヘンリー・オッペンハイマーは、グレアム理論をテストした。対象期間は、1970年12月31日から1983年12月31日までの13年間であるが、1株当たり正味流動資産の66％、あるいはそれ以下の価格で取引されている株式の投資リターンについて研究したのである。彼はその期間中、毎年ポートフォリオを組み直した。それらの銘柄の年平均リターンは29．4％であった。ちなみに、同時期のニューヨーク証券取引所とアメリカン証券取引所のインデックスの年平均リターンは11．5％であった。この調査の開始時に、1万ドルを低「株価・正味流動資産価額倍率」銘柄のポートフォリオに投資をすれば、25万4973ドルに増やすことができた。ニューヨーク証券取引所とアメリカン証券取引所のインデックスで1万ドルを運用すれば、3万7296ドルであり、店頭取引市場のナスダックでは、10万1992ドルであった（Ben Graham's Net Current Asset Values: A Performance Update, Henry Oppenheimer, Financial Analysts Journal, 1986/11-12, p42-43)。

　オッペンハイマーは控えめながらも、この成績はいかなる基準に照らしても、極めて満足すべきものであると言う結論であった（Oppenheimerの前掲書, p43)。

リターンは、毎年一定ではなかった。ある３年間では、低「株価・正味流動資産価額率」ポートフォリオのリターンは、年０．６％にすぎなかった。マーケット全体のインデックスの４．６％に比べても少ない。これは本書で述べているように、逆張り投資家は最低３年間は購入銘柄を保有すべきであるというわれわれの考えを支持するものとなっている。

オッペンハイマーは、その他に２つの面白い発見をした。ひとつは、企業が市場によって過小評価される度合いがカギとなるということである。実際、１株当たり正味流動資産価額に対して最小の比率である株価で購入した企業が平均すると最大のリターンを記録した。このリターンには、ある規則性があった。株価が、正味流動資産価額に近づけば近づくほど（したがってそのその倍率が大きければ大きいほど）、投資家が手にするリターンが小さくなるのである。

もうひとつは、グレアムはプラスの収益を上げ、配当している企業の株式を購入すべきであると常に言っていたが、オッペンハイマーは、赤字企業はプラスの収益を上げている企業より、リターンとリスクが若干大きいように思えるということに気がついたことである（Oppenheimerの前掲書, p46）。

トゥイーディ・ブラウン社はバリュー投資戦略を取る会社であるが、グレアムの低「株価・正味流動資産価額倍率」戦略とより伝統的な低ＰＢＲアプローチ法の両方を検討し、投資家がマーケット平均を超えるリターンを得るために、両方の方法を利用できるかどうかを調べた。トゥイーディ・ブラウン社は、データベースのコンプスタット中の７０００社に注目した。それらに使用した基準は、以下のとおりであった。

１．正味流動資産価額の６６％以下で取引されている銘柄
２．１株当たり純資産の１４０％（株価純資産倍率１．４倍）より高くない価格で取引されている銘柄

合併や倒産した企業も含み、時価総額が１００万ドル以上の企業のみが研究対象になった。１９７０年から１９８１年まで毎年４月３０日に構成されたポートフォリオを１２年間観察した。ＰＢＲの数値に従って、９つ

のグループに分けられた。倍率が最小のグループは、株価が1株当たり純資産の30％以下で取引されている銘柄で構成されている。一方、倍率が最大のグループは、1株当たり純資産の120％から140％で取引されている銘柄で構成されていた。トゥイーディ・ブラウン社は銘柄選定後、それぞれの12のポートフォリオを構成した日に対して、6ヵ月、1年、2年、そして3年の保有期間のリターンの計算を行ったのである。

正味流動資産価額の66％で取引されているポートフォリオと低PBRポートフォリオから生じたリターンは、高PBRポートフォリオとS&P500銘柄から生じたリターンを、すべての調査対象とした保有期間で打ち破ったのである。

表10．4で分かるように、1株当たり純資産の0〜30％で取引されている銘柄は保有期間3年で88％の平均リターンを上げていた。これは1株当たり純資産の120〜140％で取引されている銘柄の48.9％、そしてS&P500銘柄の27．7％と比べても大きい。グレアム流のポートフォリオ（正味流動資産価額の66％で取引されている銘柄で構成）では、87．6％のリターンを上げたのである。

表10．4　1株当たり純資産と株価の関係、正味流動資産価額の66％以下で売られた銘柄（1970年4月31日〜1981年4月31日）

銘柄選定基準	3年間保有銘柄 平均リターン	3年間保有 S&P500銘柄
1株当たり純資産の140〜120％	48.9％	27.7％
1株当たり純資産の120〜100％	45.3	27.7
1株当たり純資産の100〜80％	51.5	27.7
1株当たり純資産の80〜70％	57.9	27.7
1株当たり純資産の70〜60％	62.1	27.7
1株当たり純資産の60〜50％	72.6	27.7
1株当たり純資産の50〜40％	77.9	27.7
1株当たり純資産の40〜30％	73.5	27.7
1株当たり純資産の30〜0％	88.0	27.7
正味流動資産価額の66％	87.6	31.5

出所：トゥイーディ・ブラウン

１９７０年４月３０日に、株価が１株当たり純資産の３０％以下である銘柄に１００万ドル投資し、その後、毎年４月３０日に同種銘柄グループに乗り換えてその投資を続けた投資家は、１９８２年４月３０日現在で、２億３３００万ドル以上のおカネを得ることができたのである。同じ方法でＳ＆Ｐ５００銘柄に投資した場合、わずか２６０万ドルにしかならないのと対照的である。トゥイーディ・ブラウン社は研究で、このような結論を導き出した（What Has Worked in Investing : Studies of Investment Approaches and Characteristics Associated With Exceptional Returns, Tweedy,Browne Co,L.P.,New York, p6）。

負債比率が株主資本に対して２０％以下で１株当たり純資産の３０％で取引されている企業の場合、低ＰＢＲ銘柄のリターンは、さらに良かった。これらレバレッジの利いていない銘柄は３年間の保有期間で合計１１３％の平均リターンを記録した。グレアム流の銘柄選択では９８．８％、高ＰＢＲ銘柄では５３．８％、そしてＳ＆Ｐ５００銘柄では２７．７％であった。

以下のように、他の研究も、低ＰＢＲアプローチ法の正当性を証明している。

　１．ロジャー・アイボットソンは、ＰＢＲ（株価純資産倍率）とリターンの関係に注目した。その対象は、ニューヨーク証券取引所上場銘柄である。対象期間は１９６６年１２月３１日から１９８４年１２月３１日までの１８年間である。それらの銘柄は１０のグループに分けられ、毎年１２月３１日に入れ替えが行われた。アイボットソンは、ＰＢＲが１０％と最も低い銘柄のグループは複利ベースの年間リターン１４．３６％を上げたことを発見した。株価が最も高いグループの６．０６％と比べてかなり大きいことが分かる。時価総額で調整したニューヨーク証券取引所インデックスの複利ベースの年間リターンは、研究対象期間では８．６％であった（Tweedy,Browneの前掲書, p2）。

　２．ユージン・ファマとケネス・Ｒ・フレンチは、１９６３年７月から１９９０年１２月までの期間の株式リターンに注目した。そして、各時価

総額のカテゴリー（小、中、大に分ける）別で、低ＰＢＲ銘柄が最高のリターンを上げたことを見いだした。最高のリターンは、低ＰＢＲで「時価総額の小さい企業グループ」の株式によって、達成されたものである。ファマとフレンチは、ニューヨーク証券取引所、アメリカン証券取引所、そしてナスダックに上場しているすべての非金融会社に注目した。それらをＰＢＲに従って分類した。各ＰＢＲ銘柄群を、企業の時価総額に従ってランクづけし、１０のグループに分けたのである。

　最も高いＰＢＲ銘柄群の中では、時価総額の大きいグループが年間平均１１．２％のリターンを上げた。一方、時価総額の小さいグループのリターンは年間平均８．４％であった。

　しかし、最も低いＰＢＲ銘柄群の中では、時価総額の大きいグループが年間平均１４．２％のリターンを上げた。一方、低ＰＢＲ銘柄群に属する時価総額の小さいグループは、驚異的な年間２３％というリターンを上げたのである。低ＰＢＲ銘柄群の全企業の年間平均リターンは、これらの研究者によれば、１９．６％ということであった（Tweedy．Browneの前掲書，p8）。

　3．ジョセフ・ラコニショク、ロバート・Ｗ・ビシュニー、そしてアンドレイ・シュレイファーは、５年間保有した低ＰＢＲ銘柄に注目した。そして、保有期間５年における最後の３年間に、ベストのリターンが記録されたことに気づいた。彼らは、ニューヨーク証券取引所とアメリカン証券取引所の全上場銘柄に注目した。それらをＰＢＲの高い銘柄から順に並べたのである。この研究は、１９６８年４月３０日に始まった。そして、毎年４月３０日にポートフォリオの中身が更新された。その研究は１９９０年４月３０日で終了した。各ポートフォリオは、５年間保有された。

　最も高いＰＢＲの銘柄によるポートフォリオを彼らはグラマー・ストックと呼んだが、これらのグループは５年間の保有期間で年間平均９．３％のリターンを上げた。ところが、最も低いＰＢＲの銘柄によるポートフォリオは１９．８％というリターンであった（Contrarian Investment, Extrapolation, and Risk, Joseph Lakonishok, et al., The Journal of Finance, 1994/12, p1547）。彼らがバリュー株と呼んだ低ＰＢＲ銘柄は、５年間で

次の年間平均リターンを挙げることができたのである（The Journal of Finance, 1994/12, p1548）。つまり1年目17．3％、2年目18．8％、3年目20．4％、4年目20．7％、そして最終年度21．5％であった。

　この研究はリスクにも注目し、低PBR銘柄が高PBR銘柄よりもリスクが高いかどうか調べたのである。明らかに、マーケットでの人気がないため、読者は、低PBR銘柄の方がリスクは高いと考えるかもしれない。研究の結果、そうではないことが分かった。低PBR銘柄は、調査期間内に25カ月間続いた最悪の株式市場で、高PBR銘柄を打ち負かしている。88カ月間続いた下落相場でも、同じであった（The Journal of Finance, 1994/12）。

　なぜそうであったのだろうか？　今まで述べてきたように、逆張り投資法は単に安定したリターンだけを約束するものではない。リスクも低減させるものである。1株当たり純資産価値より低い株価で取引されている銘柄は、通常、理由があって不人気なのである。それらの銘柄は、芳しくない業績レポートの発表によって打撃を被ったとか、投資家が景気後退を恐れていることから下げた景気に左右される循環株であったり、あるいは、大きな訴訟案件を抱えたりしているのである。悪材料の多くは、すでに株価に織り込まれているのである。多くの場合、より悪い材料やマーケットの下げがあっても、これら売り叩かれた銘柄にさらなる影響を与えることはほとんどない。調査によれば、逆張り投資法に従ってうまく構成されたポートフォリオの下げは、マーケット全体の潜在的下げより小さいことが分かった。そして、上昇する場合には、マーケット全体よりはさらに大きく上昇する。

　PBRについて覚えておくべき重要なことが、ラコニショク、ビシュニー、そしてシュレイファーによる研究の中にある。下げ基調のマーケットでは、低PBR銘柄は、高PBR銘柄より損失が少ないということである。研究期間中25カ月にわたって、低PBR銘柄は、高PBR銘柄を打ち破ったのである。低PBR銘柄は、期間中、平均14．8％のリターンを上げた。ところが、高PBR銘柄は、11．4％のリターンしか上げられな

かった（The Journal of Finance, 1994/12, p1570）。

　低ＰＢＲは、単にアメリカ株だけに有効であるだけではないという研究が他にもある。その研究の中で次の２つは考慮に値する。

　１．モルガン・スタンレーは、１９８１年から１９９０年までの１０年間で、国際データベース中の全銘柄に検討した。これらの企業の約８０％が非アメリカ企業であった。それらの株式を１株当たり純資産に対する株価の比率に従ってランクづけし、１０のグループに分けたのである。最も低いＰＢＲ銘柄群に含まれる銘柄は、複利ベースで２３％という年間リターンを享受することができた。ちなみに、モルガン・スタンレー・キャピタル・インターナショナル・グローバル・エクイティー・インデックス・ファンドのリターンは１７．９％、さらに、最も高いＰＢＲ銘柄群のリターンは１３．８％であった。

　２．ノーベル経済学賞受賞者のウィリアム・Ｆ・シャープを含む３人の投資専門家は、フランス、ドイツ、スイス、イギリス、日本、そしてアメリカの株式に注目した。低ＰＢＲ銘柄が、高ＰＢＲ銘柄よりも高いリターンを上げているかどうかを調べるために、１９８１年１月～１９９２年６月までの１１．５年間にわたって調査した。アメリカ株についてはＳ＆Ｐ５００インデックスを、その他の国の株式についてはモルガン・スタンレー・キャピタル・インターナショナル・インデックスを使用した。これらの研究者たちは各国の市場の時価総額に従って、それらのインデックスを２つに分けたのである。ひとつは、各国の高ＰＢＲ銘柄で構成されており、"グロース"ポートフォリオと名づけられた。もうひとつは、低ＰＢＲ銘柄で構成されており、"バリュー"ポートフォリオと命名された。

　２つのポートフォリオのそれぞれの月間リターンは、ポートフォリオに含まれている銘柄のリターンであり、それらのポートフォリオはそれぞれの市場の時価総額でウエートづけされていた。彼らは、バリュー株がグロース株よりどれだけ多くの投資リターンを得ることができたか、その累積

差を計算した。つまり、それぞれの国のグロース・ポートフォリオより、バリュー・ポートフォリオに投資した方がどれほど余分に投資利益を得ることができたかを計算したのである。

表10．5は、国ごとの投資成績の違いを表したものである。各マーケットで、バリュー・ポートフォリオは、グロース・ポートフォリオを打ち負かしている。投資成績の差は、アメリカでの１５．６％以上から、フランスでの７３．７％以上という範囲にわたっている（International Value and Growth Stock Returns, William F. Sharp, et al., Financial Analysts Journal, 1993/1-2, p27-31）。

低ＰＢＲ銘柄を探し出したいときのヒントが以下にある。

１．グレアムは、企業の正味流動資産価額の３分の２以下で取引されている銘柄を見つけることを好んだ。

表10．5　フランス、ドイツ、スイス、イギリス、日本とアメリカにおけるバリュー投資とグロース投資の成績比較（1981/1～1992/6）

国	1981年1月から1992年6月の11.5年間のバリュー投資とグロース投資の累積投資リターン
フランス	73.7%
ドイツ	17.7
スイス	42.7
イギリス	31.5
日本	69.5
アメリカ	15.6
上の国すべて	39.5
ヨーロッパ	31.9

2．デビッド・ドレマンは、低PER銘柄を専門に扱っているが、バランスシート上、負債が資本の４０％より少ない低PBR銘柄を探すという手法を支持している（Stock Picking:The 11 Best Tactics for Beating the Market, Richard J. Maturi, McGraw-Hill, 1993, p8)。
 3．トゥイーディ・ブラウン社は、低PBR銘柄を探し出そうとしている投資家は、以下の指標に注意を払うべきであると言っている。これらはすべて、逆張り投資家の琴線に触れるに違いない。
●低PER
●低「株価・売上高倍率」
●「標準化された利益」に対して低い株価。「標準化された利益」とは、企業がその属している産業セクターの平均的な自己資本利益率と同じであったなら、あるいは、そのセクターの平均的な売上高利益率（プロフィット・マージン）と同じであったなら、と仮定した場合に考えられる利益（売上高利益率＝純利益÷売上高）
●前期利益レベルから、かなり下がった当期利益
●以前のレベルから、かなり下がった株価。これは、企業の時価総額が大きく減少したことを意味する。われわれは、少なくとも５０％下がったものを勧める

 これらの要素に合致した企業を分析する際に、次に掲げる項目に適合するかどうかを考察した方がよい。
 1．「内部者（インサイダー）による大量の自社株買い」があるかどうか。逆張り投資法では、少なくとも１２万ドルの買いがなければならないとする。
 2．他の会社や有名な投資家がその株式を買い集めてはいないか。
 3．自社株の買い戻しが行われていないか。
 4．企業トップが入れ替わってはいないか。特に、外部からの新重役受け入れについては注意すべきである。

 これらテクニカル分析の４つの指標はどれも、ある銘柄が、市場全般が

気づいていない何らかの価値を有していることを他の投資家が見いだしており、その銘柄をより慎重に検討する必要があるということを示唆するものである。

まとめ

　逆張り投資法は、過去５２週の高値から５０％株価が下がった銘柄を見つけだした後で、さらに４つの異なったファンダメンタルズ分析の指標に照らすことをお勧めする。そして、少なくとも、２つの指標に適合した銘柄を探すべきである。これら２つの指標を使えば、たったひとつの指標では不可能であったクロス・チェックやさらなる確認ができるのである。例えば、食品会社の株価は、１株当たり売上高に比べて、非常に小さいことがある。しかし、これは通常の姿で、逆張り投資法の買いのシグナルではない。４つの指標のうち利用すべきは、１株当たり純資産より安い価格で取引されている銘柄に関するものである。非常に多くの研究が、低ＰＢＲで取引されている銘柄はその成績でマーケット全般を打ち負かしているのに、リスクは少ないという結果を示している。ＰＢＲが１．０倍以下の銘柄は逆張り投資法の対象となる。

第11章 バリュー株を選別する：キャッシュフローと株価売上高倍率

売り方よりも、買い方の方に多くの愚か者がいる。
——フランスのことわざ

　資産家のドナルド・トランプは以前、ウォール・ストリート・ジャーナル紙の取材に対して、「カネこそが王様である」と答えた。彼の発言は、一部分正しい。実際に、キャッシュフロー（利潤と減価償却引当金を合計したもので、企業が一定期間に投資に利用できる現金量）は王様である。特に、逆張り投資家がつまらないものから不人気銘柄をふるいにかけるときは、まさしくそのとおりである。逆張り投資家はPER（株価収益率）の低い銘柄を探し求めている。そして、1株当たり純資産よりも安い価格で取引されている企業を欲している。しかし、逆張り投資家はまた、豊富なキャッシュフローを持つ銘柄も手に入れたいと考えている。

キャッシュフローを安値で買う

　株価が50％下がった銘柄について、それが買いに適しているかどうかを判断するために、われわれはファンダメンタル比率分析を使用する。そして、最も役立つファンダメンタル比率のひとつがキャッシュフローである。
　キャッシュフローが良ければ、経営状態の悪い企業でも、魅力ある5％配当を実施することができるし、不満を持った株主をなだめ、株価を維持するために、自社株の買い戻しができる。キャッシュフローによって、企業は問題を巧みに処理することができる。さらに、キャッシュフローによって、本業の立て直しや将来性のある企業の買収にも利用できる。キャッ

シュフローは、非常に大きな威力を持った武器である。その意味で、キャッシュフローは王様である。

　企業収益や資産と同じく、逆張り投資家はキャッシュフローを安く買いたいのである。それは可能だろうか。一言で言えば、「イエス」である、低い「株価フリー・キャッシュフロー倍率」が逆張り投資法に適合した銘柄を見つけだす指標となるか否かを、この章の中で述べるつもりである。

実際的効果

　過去５２週の高値から５０％株価が下がった銘柄の中で、「株価フリー・キャッシュフロー倍率」が１０倍以下の銘柄（それに加えて、われわれの逆張り投資法のファンダメンタル指標のひとつに合致した場合）は、買いである。

キャッシュフローの観察

　キャッシュフローは、理解が非常に難しい会計上の概念のひとつである。多くの書物がキャッシュフローの計算法とそれに密接に関連した「フリー・キャッシュフロー」を主眼にして書かれている（キャッシュフローには、幾つかの種類があり、それぞれについてたくさんの研究がある。一部の人はキャッシュフローに、他の人はフリー・キャッシュフローに注目している。われわれは、基本的にフリー・キャッシュフローを使用している。その理由は、フリー・キャッシュフローによる目標の方が企業にとってクリアすることが難しく、そちらを使った方が投資家にとって有利となるからである）。低「株価フリー・キャッシュフロー」を逆張り投資法の指標として使用する前に、手短に、その概念を説明する必要がある。ここでは、逆張り投資家は、キャッシュフローを計算する必要はないと言っておく必要があろう。なぜなら、ほとんどすべての証券会社が発行する投資レポートに記載されているからである。それは、プロのアナリストが計算したものである。そうは言っても、逆張り投資家はキャッシュフローの重要性を理解しなければならない。そして、その計算方法も理解した方がよい。自

信を持って、それを買いの指標として利用するために、である。

　キャッシュフローとは、事業を通じて、出入りする資金の流れを言う。出金より入金の方が多い企業は、プラスのキャッシュフローを持っている。その反対の企業は、マイナスのキャッシュフローを持っていると言える。常に、マイナスのキャッシュフローの企業は、重大な財務上の問題を抱えていることになる。その解決策のひとつには、より多くの株式を発行することがある。それによって、既存の株主の持ち分の価値は"希釈化"される。

　キャッシュフローを計算するに当っては、まず企業の純利益を押さえ、それに減価償却費などの"非現金"を加える。減価償却費は、企業の会計上の利益を減少させるが、金庫から実際に現金を引き出すことではないので、多くの投資アナリストは、企業の財務上の健全性を理解する上で、キャッシュフローの方が計上された利益よりも役に立つと考えている。

《例》
　１．企業が、１０００万ドルの純利益を計上した。
　２．この金額には、５０万ドルの設備に関する減価償却費が費用として含まれている（これは、会計上で記帳されているにすぎず、実際に、その金額が消費されたわけではない）。

　結果　キャッシュフローは、１０５０万ドルになる。

　もうひとつのキャッシュフロー、すなわち「フリー・キャッシュフロー」の方がより役に立つと主張する投資専門家もいる。フリー・キャッシュフローについては、幾つかの会計上の定義がある。キャッシュフロー主義者の中で指導者的立場にいるケネス・S・ハッケルとジョシュア・リブナットは、フリー・キャッシュフローは業務の結果発生した現金から、在庫品購入費用、設備更新費用、あるいは新工場建設費用を控除したものであるとしている（Cash Flow and Security Analysis, 2nd edition, Kenneth S. Hackel & Joshua Livnat, Irwin, 1996. この本は、キャッシュフロー分析に

ついての最高の教科書と考えられている)。

　有能な経営者は、将来の成長のための投資をする必要性を認識している。そして、実際に必要なときにその投資をする。しかし、一部の企業は企業成長に必要な投資分以上の資金を稼ぎ出している。この余剰分がフリー・キャッシュフローであり、これは、自社株を買い戻したり、配当を厚くしたり、本業を補完する目的で他の会社を買収したり、最先端の新製品を開発するのに使われる。

　フリー・キャッシュフローについての適正な定義のひとつの例として、次の数式がある。

　　「フリー・キャッシュフロー」＝「税引前利益」－「資本支出」

　また、他ではサープラス・キャッシュフローを用いる。

　　「サープラス・キャッシュフロー」＝
　　　　「税引前利益」＋「減価償却費」－「資本支出」

　キャッシュフローとフリー・キャッシュフローを分析し定義するには、会計に関する完璧な知識が必要となる。この知識は高度に専門的なので、時間節約のためにプロのアナリストに頼るのも良しとする。
　事業で必要とする以上の資金を発生させている企業を知るひとつの簡単な方法は、投資情報会社であるバリューライン社のサービスを利用することである。同社は、週刊で『最大フリー・キャッシュフローを持った会社 (Biggest Free Cash Flow Generators)』を発行している。この中に、配当金支払いと工場および設備の更新に必要な資金と現金との比率に従って、大きい会社順に並べた表がある。ウォールストリートのアナリストが発行する投資レポートには、キャッシュフローと標準的な分析の一部分としてフリー・キャッシュフローが記載されている。スタンダード・アンド・プアーズ（Ｓ＆Ｐ）のような独立した格付会社の個別銘柄レポートにも「株価フリー・キャッシュフロー」が記載されている。
　１９６６年のＲＪＲナビスコとフィリップ・モリスを比べてみよう。第

１０章で述べたように、どちらの株式も逆張り投資法の投資対象になってはいなかった。その理由は、それらの株価が５０％以上、下落していなかったからである。この２社は、「株価フリー・キャッシュフロー」が１０倍以下にもなってはいなかった。しかし、タバコ・メーカーは巨大なキャッシュフローを生み出す。次の表は、低「株価フリー・キャッシュフロー」銘柄がどのようなものであるかの例である。

企業名	１株当たりキャッシュフロー	１株当たりフリー・キャッシュフロー	株価フリー・キャッシュフロー倍率
ＲＪＲ	$5.10	$6.02	11.04
モリス	$7.95	$2.82	16.78

お分かりのように、ＲＪＲはフィリップ・モリスより低いフリー・キャッシュフローの会社であった。それが低いＰＢＲ（株価純資産倍率）の企業であることを思い起こしたときに、この表は重要になってくる。４つのファンダメンタル指標（低「ＰＥＲ＝株価収益率」、低「ＰＢＲ＝株価純資産倍率」、低「株価売上高倍率」、そして低「株価フリー・キャッシュフロー」）のうち２つに適合する銘柄を、よく見つけることができる。

実際的効果

５０％株価が下がり、４つのファンダメンタル指標のうち、２つに適合する銘柄は買ってもよい。

これら４つの指標全部が適合する銘柄は、極めて慎重に詳細を調べ直した方がよい。それはあまりにも病んでおり、生き残りが難しい状態かもしれない。今日の数字は、明日には劇的に変わることがある。それゆえ、逆張り投資家は逆張り投資にあまりにもうまく適合しているように思えるすべての銘柄を懐疑的に観察する必要がある。マーケットがすべてのレベルで比較的安い値決めをしているときは、さらなる問題の到来を予言しているのかもしれない。

キャッシュフローを利用して利益を得る

　幾つかの研究が、低「株価フリー・キャッシュフロー」銘柄の購入は優良株を選定し、リスクを低減するもうひとつの方法であることを示している。

　デビッド・ドレマンは、１９６３年から１９８５年までの期間で、規模の非常に大きな７５０の上場会社に注目した。市場価格に対するキャッシュフローをベースにランクづけをし、その後のリターンを測定したのである。最も低い「株価キャッシュフロー倍率」銘柄は、２０．１％の年合計リターンを生じたのである。一方、最も高い「株価キャッシュフロー倍率」銘柄は、１０．７％のリターンしかなかった（Stock Picking:The 11 Best Tactics for Beating the Market, Richard J. Maturi, MacGraw-Hill, 1993, p22）。

　ラコニショク、ビシュニー、そしてシュレイファーの３教授は、彼らの広範な逆張り投資の研究の一部として、低「株価キャッシュフロー倍率」銘柄を選択することで投資家が得たリターンについて研究した。彼らは、ニューヨーク証券取引所とアメリカン証券取引所の全上場銘柄を「株価キャッシュフロー倍率」に従ってランクづけをした。対象期間は、１９９０年までの２２年間で１０のグループに分けた。表１１．１で分かるように、低「株価キャッシュフロー倍率」銘柄は、高「株価キャッシュフロー倍率」銘柄より、常に成績が良かった（Contrarian Investment, Extrapolation, and Risk, Josef Lakonishok, et al.The Journal of Finance, 1974/12, p1541-1578 / What Works on Wall Street, James P. O'Shaughnessy, MacGraw-Hill, p25-26）。

　最も小さい「株価キャッシュフロー倍率」銘柄は、年間平均２０％のリターンを得ており、一方、最も高い「株価キャッシュフロー倍率」銘柄のそれは、９．１％にすぎなかったということに留意してほしい。最も小さい「株価キャッシュフロー倍率」銘柄は、５年間通算で、１４９％のリターンを得た。一方、最も高い「株価キャッシュフロー倍率」銘柄のそれは、５４％であった。

表11．1　ニューヨーク証券取引所とアメリカン証券取引所全上場銘柄の「株価キャッシュフロー倍率」に関する投資リターン（1968年～1990年）

ポートフォリオごとの保有期間	株価キャッシュフロー倍率群 高「株価キャッシュフロー倍率」・・・・・・・・・低「株価キャッシュフロー倍率」リターン（％）								
1年目	8.4	12.4	14.0	14.0	15.3	14.8	15.7	17.8	18.3	18.3
2年目	6.7	10.8	12.6	15.3	15.6	17.0	17.7	18.0	18.3	19.0
3年目	9.6	13.3	15.3	17.2	17.0	19.1	19.1	20.2	19.3	20.4
4年目	9.8	11.1	14.6	15.9	16.6	17.2	18.2	19.2	22.3	21.8
5年目	10.8	13.4	16.1	16.2	18.7	17.7	19.1	20.9	21.2	20.8
5年超年平均リターン	9.1	12.2	14.5	15.7	16.6	17.1	18.0	19.2	19.9	20.1
5年通算リターン	54	77	96	107	115	120	128	140	147	149

出所：トゥイーディ・ブラウン

　この教授たちの調査によって、逆張り投資家の投資戦略は時間をかけることで成果を上げることができることが分かった。研究では、調査対象期間の２２年間のどの年においても、全体の２０％を占める低「株価キャッシュフロー倍率」銘柄は、同じく２０％の高「株価キャッシュフロー倍率」銘柄を打ち破れなかった。しかし、例えば、保有期間１年間では、２２年間のうち１７年において、低「株価キャッシュフロー倍率」銘柄の年間平均リターンは、より高いそれよりリターンが良かった。また、保有期間３年間では、調査対象期間２２年のうち２０年間において、低「株価フリー・キャッシュフロー」銘柄の年平均リターンは、より高「株価キャッシュフロー倍率」銘柄よりリターンが良かった。そして、保有期間５年間では、調査対象期間２２年のすべてにおいて、低キャッシュフロー銘柄の平均リターンは、より高「株価キャッシュフロー倍率」銘柄の平均リターンより良かった（Lakonishokの前掲書）。

実際的効果

　研究の結果、逆張り投資法の採用によって、リターンは大幅に改善されたことが分かった。ただし、保有期間は２年から３年であった。これには、

副産物もある。低い取引コストと長期のキャピタルゲインである。

さらに、3人の教授は低「株価キャッシュ・フロー倍率」銘柄は、低「ＰＥＲ（株価収益率）」銘柄や低「ＰＢＲ（株価純資産倍率）」銘柄同様に、十分に分散したポートフォリオが組めれば、リスクを低減することに気がついた。２５カ月間の最悪のマーケットで低「株価キャッシュフロー倍率」銘柄の方が、高「株価キャッシュフロー倍率」銘柄より成績が良かった。８８カ月間にわたるその次に悪いマーケットでも、それはある程度事実であった。両銘柄群のリターンは、２５カ月間の最良のマーケットとその次に良い１２２カ月間のマーケットでは変わらなかった（Lakonishokの前掲書）。

高「株価キャッシュフロー倍率」銘柄を買い、低「株価キャッシュフロー倍率」銘柄と同じような成績を得たいと考えるのなら、マーケットが良好なタイミングで、その買いを入れることである。しかし、逆張り投資法は、マーケット・タイミングに依存することはない。抗し難い価値のある銘柄を購入することに頼るのである。

ハッケルとリブナットは、同じような研究に従事した。その対象期間は、１９８０年から１９９４年までである。彼らのアプローチは、低「株価フリー・キャッシュフロー」銘柄に注目すること以上のものも含んでいたが、結論はほとんど同じであった。

ハッケルとリブナットがポートフォリオの中に組み込んだ銘柄は、その他の価額フィルターを通して選択されたすべての銘柄中「株価フリー・キャッシュフロー」が最も低い方の２０％に属するものだけであった。彼らは、自己資本負債比率が０．４倍より小さい会社に注目した。他の言葉で言うと、「株価フリー・キャッシュフロー」をもとに、その小さい順にランクづけしたのである。下位５番目のグループに属する企業だけが低「株価フリー・キャッシュフロー」銘柄として考えられた。

毎年１２月３１日に、新しいポートフォリオが組まれた。つまりそれは、１９８０年版ポートフォリオは１９７９年１２月３１日に組まれたものである。このポートフォリオの保有期間は１年間であり、その後新しいポー

トフォリオが組まれることになった。彼らは『キャッシュフローと証券安全分析法（Cash Flow and Security Analysis）』という本を著した。その中で、彼らが組んだ「フリー・キャッシュフロー・ポートフォリオ」は、年間平均リターン１９．２％を上げることができたと述べている。この数値は、同じ投資期間のＳ＆Ｐ５００のそれより４．１％上回っていたのである（Hackel & Joshua Livnatの前掲書, p433-444）。

低「株価売上高倍率」銘柄から利益を得る

　逆張り投資法の最後の基礎分析ツールは、株価売上高倍率である。銘柄分析するときに、投資家は、企業の利益に大いなる関心を示す。利益は増加しているだろうか。その伸び率は、どうであろうか。それは、持続できるだろうか。確かに、企業の利益は重要である。しかし、売上高も同様に重要である。

実際的効果

　われわれのガイドラインでは、株価が５０％下がった銘柄は１．０倍以下の株価売上高倍率になっている。そして、逆張り投資法に基づいて買いを入れるためには、もうひとつのファンダメンタル指標に適合しなければならない。

売上高に焦点をあてる

　ジョージ・Ｍ・Ｃ・フィッシャーは、イーストマン・コダックの方向転換を実行すべき使命を帯びてモトローラから採用された後、一部のアナリストはコストを劇的に削減し、利益を急上昇させるために、大幅な人員削減戦略を実行すべきであると主張した（コダックのＣＥＯが取締役会によって追い出され、フィッシャーが後任となる少し前に、ウィリアム・パタロンは、同社を担当し始めた）。しかし、フィッシャーはこれらの意見に耳を貸さなかったように思われた。実際に、それらの質問をした記者に次

のように答えた。「あなたの指摘する方法では、大したコスト削減はできません。それより、成長性を追求すべきです」。フィッシャーが述べた成長性とは、利益についてのそれではなかった。売上高の成長についてであった。

　企業の売上高が伸びなければ、持続した利益の成長はありえない。また、時折、売上高が増えたとしても利益が増えないことがある。それは、新製品の初期コスト、裁判費用やレイオフ費用などの一時コスト、あるいは企業買収のコストなどがその該当四半期の利益を食いつぶすことがあるからである。利益が横ばいだったり、減少している企業の株価は迷走したり、下落する。売上高は、企業が利益を増やしたり、配当を増加したり、さらには株価を上昇させるなど、われわれの欲するすべての好材料の"原材料"であることを思い起こす必要がある。企業の損益計算書をさっと見るだけでも、売上高の伸びが「トップライン・グロース」と呼ばれる理由が分かる。損益計算書の第１行目には常に、企業活動から生じた収入額が記載される。その項目名には、正味売上高、総売上額、あるいは、その企業が使用する類似の単語が用いられる。企業は、そこから経費を控除する。それらは、従業員の賃金、原材料購入費、広告宣伝費、設備備品購入費、減価償却費、負債についての利子支払い、そして売上高に対する税金などである。残ったものが企業の利益である。それが、一番下の行に記載される。

　それは、より詳しく分析しない限り、極めて単純なことに思われる。毎年、ビジネスを伸ばすためのコストは上昇する。賃金は上がり、原材料費も上昇する。健康保険料などの福利厚生費も上がり続ける。そして、税金も例外ではない。フィッシャーは、パトロンに言った。コダックでは、毎年約３億ドルのコスト上昇がある。フィッシャーが、売上高の成長性について、強調しすぎるぐらいに言及したのは、それが理由である。その"原材料"である売上高の成長なしに、利益を伸ばし続けるのは不可能であった（最終的に、売上高の成長性が鈍化したとき、コダック社の株価は急落した。そして、さらなる人員整理を発表せざるを得なかったのである）。

　実際、売上高を増やせなかった企業は、現状を維持するために、コストをカットせざるを得ない。企業にとってそれができるのは、長期的衰退の

始まる前のみである（長期的衰退が始まったら、現状維持すらできなくなる）。

■あるポートフォリオ・マネジャー（逆張り投資家）の回想
　ポートフォリオ・マネジャーたちとのコンファレンス・コールをしたときのことである。その中のひとりが、フォーチュン１００企業にとって、大規模なレイオフが会社と株価にいかに必要であるかを力説した。労働力の５％を"ダウンサイジング（規模を縮小）"するということ、別な言い方をすれば、追放するという行為は、確かに、株価を１０％押し上げたのである。
　ある気の利いた人が皮肉を言った。「企業が労働者全員を整理すれば、株価は３倍に跳ね上がるのではないだろうか」　　　　　　　　　　　■

　企業は、しばしば、問題に直面する。しかし、その中のごく一部のみが、逆張り投資法の投資チャンスの対象となれる。投資チャンスであるか否かを確認するひとつの方法は、株価売上高倍率を利用することである。他のレシオのように、それは、株価を１株当たりの売上高と対比した比率で表したものである。計算式は、１株価格÷１株当たり売上高（１株当たり売上高＝総売上高÷総発行済株式数）。
　１２カ月間続いた高値から、５０％株価が下がった銘柄について、低「株価売上高倍率」をファンダメンタルズ分析の２つの"買い指標"のひとつとして、使用することができる。
　低「株価売上高倍率」の定義は、１倍以下のものをいう。その計算は簡単である。
《例》
　●ある企業が、７億ドルの売上高を上げている
　●発行済株式数は、１億株である
　●株価は、６ドルである。
　　１．１株当たり売上高を計算すると、
　　　売上高７億ドル÷発行済株式数１億株＝７ドル

2．株価をこの数値で割ると、

　　株価６ドル÷１株当たり売上高７ドル＝株価売上高倍率０．８５倍

　この倍率は単に、次のことを意味しているだけである。マーケットは、１株当たりの売上高１ドルを８５セントと評価している。あるいは、別の言い方をすると、この場合、株価の１ドルは、１．１６ドルの売上高に裏づけられていると言える（１株当たり売上高７ドル÷株価６ドル）。

　低「株価売上高倍率」は、逆張り投資法の有効な"買い指標"になるだろうか。ジェームズ・Ｐ・オショーネシーは、『ウォール街で勝つ法則――株式投資で最高の収益を上げるために』（パンローリング）という本を書いているが、その中で、低「株価売上高倍率」銘柄のリターンに注目した。対象期間は、１９９４年までの４３年間である（オショーネシーの著作は、多くの異なった投資運用システムに関する素晴らしい調査を行っている。真剣に学ぼうとしている投資家にとっては、必須の書物である。『ウォール街で勝つ法則――株式投資で最高の収益を上げるために』。彼の疑問は単純であった。毎年１２月３１日に、１万ドルを５０種の低「株価売上高倍率」銘柄に投資した投資家の報酬を知りたかったのである。研究対象期間は、１９５１年から１９９３年末までであった。株式の保有期間は、１年間であった（最後の購入は１９９３年に行われたが、研究は、１９９４年に終了した）。

　その結果は、複利ベースの年間リターンが１６．０１％であった。時価総額が１億５０００万ドルより大きい全企業のバスケットの年間リターンは１２．８１％であった。これら２つのリターンの差は、次のようになる。すなわち、１万ドルを低「株価売上高倍率」銘柄に投資すると、５９０万ドルに増える。一方、時価総額が１億５０００万ドルより大きい全企業の株式に投資すると、１７０万ドルにしかならないのである。

　逆に、投資家が高「株価売上高倍率」銘柄５０種に投資すれば、複利ベースの年間リターンは４．７２％にしかならない（O'Shaughnessyの前掲書, p105-106）。この数値は、投資家に、低「株価売上高倍率」銘柄に投資せよ、と言っているに他ならない。

実際に、低「株価売上高倍率」銘柄は、研究対象期間４３年のうち２８年間でマーケット全体の伸びを上回っている。そして、オショーネシーがテストした多数の定量的投資戦略の中で、これが最も成績の良いものであった。

■ある新聞記者（逆張り投資家）の回想
　アンソニー・ガレアと私は、これらの低「バリュエーション（評価）倍率」銘柄で構成されたポートフォリオの成績は、マーケット全体のそれよりも一貫して良い結果となっていることに何度も感銘を受けた。低「バリュエーション倍率」とは、低ＰＥＲや低「株価売上高倍率」などである。もっと興味あることは、高「バリュエーション倍率」銘柄で構成されたポートフォリオの成績は、マーケット全体のそれよりもかなり悪い結果であったと言うことである。
- 高「株価収益率」によるアプローチ法はマーケット全体より悪い。
- 高「株価売上高倍率」によるアプローチ法はマーケット全体より悪い。
- 高「株価フリー・キャッシュフロー」によるアプローチ法はマーケット全体より悪い。
- 高「株価純資産倍率」によるアプローチ法はマーケット全体より悪い。

　それについて本当に熟慮すれば、意味があることが分かる。低「バリュエーション倍率」の銘柄を購入するときは、あなたは本質的にはそれを安売りのバーゲン価格で買っているのである。われわれは、バーゲンセールの期間を狙って、薬局や車のディーラーで買いものをする。株式の購入もこれと同じに考えるべきである。　　　　　　　　　　　　　　■

　しかし、記憶すべきことがひとつある。オショーネシーが検証したすべての投資戦略は、毎年ポートフォリオの中身を適切なものに入れ替える必要があるということである。それには、取引コストがかさみ、利益を食ってしまう。特に、相対的に少額投資をする個人投資家にとっては、無視できない問題である。さらに、今まで述べてきたように、悪材料株式は購入

後2、3年を経るまでは最大のリターンを生まないのである。

本書で検討しているように、1996年8月時点で低「株価売上高倍率」に適合した銘柄を考察してみよう。インテル（INTC）とアドバンスト・マイクロ・デバイシーズ（AMD）というチップ・メーカーの競合2社を例に挙げる。

1996/8/15

取引コード	株価	52週株価変動範囲	株価売上高倍率
INTC	$81.625	$49.81-83.25	4.45
AMD	13.125	10.25-36.00	0.57

インテルは、世界最大のマイクロ・プロセッサー・メーカーである。この部品は、あらゆるパソコンの頭脳部分になっている。インテルのチップのクローン（複製）を作っている会社は数多くある。その中で、アドバンスト・マイクロ・デバイシーズは長い期間わたって成功を収めていた。しかし、最終的には独自のマイクロチップを設計し、製造し、販売することを強いられた。遅れを取り戻すために、優れた技術力を持ったネクスゲン社を買収した。しかし、製造過程の問題、パソコン市場の売り上げの減少、そして、独自のチップ工場建設費に関する懸念などによって、アドバンスト・マイクロ・デバイシーズの株価は急落してしまった。しかし、同社業務には、コンピューター・ネットワークというもうひとつの分野がある。これは、コンピューター産業では、巨大な成長性が見込める分野である。

これらの要因だけでは、アドバンスト・マイクロ・デバイシーズを逆張り投資法の買いに適合した銘柄とは言えなかった（アンソニー・ガレアは、アドバンスト・マイクロ・デバイシーズの株式を自分の管理するポートフォリオにだんだんと組み込んでいった。その理由は、逆張り投資法の基礎的指標に適合していたからである。彼は1996年9月4日に12．63ドルで購入し、1997年3月12日に47ドルで売却した）。同社の株式が2つの重要な指標に適合していても、逆張り投資家はハイテク株であることで買いを控えることがある。2つの重要な指標とは、株価の50％

下落と、低「株価売上高倍率」である。ハイテク株の多くは、瞬間的に成功することのある株式であり、専門的知識抜きには分析が難しい。同業他社と比べることで、ある程度の見通しを得ることができる。ハイテク株によって打撃を受けた人にとっても、比較分析がその出発点である。

価格は適正である

　オショーネシーが正しいとするなら、低「株価売上高倍率」銘柄は最良のリターンを提供する。なぜ、そうなるのだろうか。

　第一に、企業の利益はしばしば会計上の操作の対象となる。一方、売上高は単純である。したがって、株価売上高倍率はより頼りにすることができる。企業の利益と違って、販売に関する数値を操作するのは難しい。第二に、株価売上高倍率の低い会社は、販売の核となる製品を持った十分に確立された会社が多い（A Value Oicker's Best Friend, Paul Sturm, Smart Money, 1996/5, p63）。面白いのは、株価売上高倍率が低い企業は、逆張り投資法の基礎的指標の幾つかに適合することがある。特に、低「ＰＥＲ（株価収益率）」と低「株価キャッシュフロー倍率」である。

　ゼロックスは古典的逆張り投資法の買い指標のすべてに適合していた。同社は素晴らしい大会社であった。優良な製品、よく知られたブランド名、そして確固たる財務的・経営的人材など、非の打ちどころのない会社であった。そして権限委譲計画にしたがって、カーンズは自分の子飼いのポール・A・アレールにＣＥＯの席を譲った。アレールは、自分のボスの経営方針の幾つかを確立しようとした。しかし同時に、自分独自の方針の変更も行った。金融サービス業務を販売し、積極的にコンピューター・ネットワークに接続することができるデジタル・コピー機を販売し始めたのだ。

実際的効果

　一般的に企業が問題に直面しているとき、変革を志す経営陣の能力を軽視する傾向がある。実際に、投資家は問題を誇張しすぎる。その結果、株価を適正価額より必要以上に押し下げることになる。

ゼロックスのような大会社は、大きなポケットを持っている。ブランド名は通っているし、技術力も素晴らしい。何よりも大きな顧客基盤を持っている。確かに、大きな船は方向転換するのが難しいが、沈めることも難しいのである。

まとめ

　調査は、低「株価フリー・キャッシュフロー」銘柄への投資は魅力ある投資であるということをかなりの説得力を持って示している。逆張り投資法では、同倍率が１０倍以下であるとき、極端に低いバリュエーションまで売られていることを確認するシグナルとして利用する。逆張り投資法の他の指標と組み合わせて使用すれば、潜在的優良銘柄を選択するのに役立つ。キャッシュフロー分析は、本質的にテクニカル分析なので、財務会計についてのかなりの知識が必要とされる。それゆえ、逆張り投資法は、これらの数値をプロのアナリストが計算したもので代用することにしている。自ら計算することも重要であるが、それに用する時間を他のことに振り向けた方がさらに価値がある。

　ある銘柄が５０％以上下落すれば、引き金を起こす。次に、引き金を引き、不当に安くなっている株を買うために必要な確認を求める。しっかりした調査は、低「株価売上高倍率」がその補強証拠となることを示している。われわれは、低「株価売上高倍率」と５０％以上の株価下落の併用で十分とは考えてはいない。逆張り投資法の他の３つのファンダメンタル指標のひとつと適合することで、買いの正しさが保証されると考えているのである。１．０倍以下の株価売上高倍率は、有効な指標である。

　逆張り投資家は、廃業しそうな企業の株を買うのは避けたいと考える。ゼロックスのような名前の知られた企業の株式購入は、劇的にリスクが少なくなる。株価が５０％下がった銘柄を見つけたら、次の４つのファンダメンタル財務レシオのうち、２つに適合しているかどうかを検討すべきである。

- ●１２倍以下のＰＥＲ（株価収益率）
- ●１．０倍以下のＰＢＲ（株価純資産倍率）
- ●１０倍以下の株価フリー・キャッシュフロー倍率
- ●１．０倍以下の株価売上高倍率

《逆張り投資法の適用例》
リストラ銘柄：ファンダメンタル的には魅力的である

　逆張り投資法に適合した銘柄にするために、大会社はＣＥＯのクビを切るべきではない。リストラの銘柄もまた、素晴らしいリターンを生じさせることができる。これらの銘柄の購入も、忍耐が必要である。リターンを得るには、２年または３年待たねばならないからである。しかし、それによって報われるときは、待つ価値がある。

　悪材料は、本当に株価を押し下げる。特に、長く悪材料を長く引きずったときはそうである。しばしば、企業は幾つかの異なった問題に同時に悩まされるときがある。それらが複合して投資家を遠ざけてしまうのである。これらの企業のひとつの例としてゼロックスを取り上げよう。

ゼロックス：方向転換の検証

　問題に直面している有名な会社の株式を買うチャンスに巡り合って、経営陣がそれを解決するのを待つだけで投資額の１０％の利益を上げることができるとする。あなたは投資するだろうか？　もちろん、そうするでしょう。逆張り投資家もそうする。しかし、多くの投資家は見ているだけである。ゼロックスは、逆張り投資法の興味深いケーススタディとなる。この銘柄は、優良銘柄（ブルーチップ銘柄）であり、われわれが今まで説明してきた重要な指標の幾つかに適合している。

　われわれがこれから検討するものは簡単なことであるが、大部分の人は気づかない。

　１９９０年後半に、同社株は１株当たり１ドルの配当を実施していたが、９．７０ドルという安値をつけた。これは、この株の利回りは１０％強であることを意味していた（ゼロックスの株価は、１９９６年に実施した１株を３株にする株式分割の結果を反映していない。株式分割を調整した安値は１株９．７ドルであった）。確かに、同社は難問に直面していた。ヨーロッパや南米のような主要マーケットは、深刻な経済問題に遭遇してい

た。また、その当時、投資家は確信を持てずにいたが、アメリカは大規模な景気後退の真っただ中にあったのである。

ゼロックスは、その他の問題にも直面していた。しかし、これらはゼロックス自身が作り出したものであった。われわれが知っているとおりに、１９５９年に"９１４"というコピー機をマーケットに投入した。このコピー機は大成功を収め、新しい産業を興すことができたほどであった。ゼロックスほど、市場を独占することによる長期利益を享受した会社はない。これらの大きな利益をライバルが指をくわえてみているはずがなかった。彼らは、このマーケットに参入した。１９７０年代後半、そして１９８０年代前半までに、ゼロックスは大問題に直面したのである。日本のライバル社がゼロックスの製造原価を割る価格でマーケットに参入したのである。

１９８２年に会長職を引き継いだ直後、デビッド・T・カーンズはゼロックスが廃業に向かっている可能性があると認識した。実際に廃業するまでには時間がかかり、おそらく１９９０年くらいまでは耐えられるが、このままでは破滅する運命にあると考えた。そして、カーンズは、素早い行動が必要だと考えた。

顧客のトータルで満足させることに焦点を当てた、自己改善のための経営哲学であるトータル・クオリティ・マネジメント（ＴＱＭ）を全社的に実行した。ＴＱＭは成功した。１９８０年代後半までに、ゼロックスのコピー機は再び顧客の満足を得て、利益を生み出した。しかし、カーンズの戦略を実行するための他業種への参入は、ゼロックスの業績改善には寄与しなかった。それらには、金融サービス、損害保険業務、そして不動産であった。これらの事業に行き詰まったとき、ゼロックスも行き詰まったのである。

例えば、１９９０年にマルコルム・ボールドリッジ・ナショナル・クオリティ賞を得るわずか１年前であるが、ゼロックスは不動産部門から撤退するため、３億７５００万ドルの償却を行った。一部にはこの無用の事業のために年末にゼロックスが発表した１株当たり利益は１年前の６．５６ドルより大幅に減少し、わずか１．６６ドルであった。経営陣は、問題を

正確に認識し、ROE（株主資本利益率）１５％のリターンを得られない分野からの撤退を決めたのである。

ゼロックスには逆張り投資法でいう買いのシグナルがあった。９．７０ドルという株価は、１９８９年１２月５日の高値から５０％をわずかに超す位置まで下がっていた。これは、逆張り投資法の最初の指標である「半値下げ買いルール（down-by-half rule）」に適合している。同じく逆張り投資法の４つのファンダメンタル指標のうちの２つにも適合したのである。つまり、ＰＥＲ（株価収益率）は約７倍であった。そして、ＰＢＲ（株価純資産倍率）は０．６倍であった。主観的なシグナルもそこにあった。同社の事業は多くの問題に直面しており、投資家はこれらの問題が容易には解決されないだろうと懸念していた。

最後のポイントは、高い配当利回りの経験はたとえ無配ということになっても、マーケットはその復活があると明確に期待しており、素晴らしい収入の流れがあり得ることを意味する。

ゼロックスは、景気後退の時期を切り抜け、オフィス用事務機器部門を強化し、最終的には保険・金融部門の売却を決めたのである。そして、表１１．２を見れば、その結果を知ることができる。方向転換を狙った銘柄購入は、購入後３年以内に（あるいは、株価の５０％以上の上昇の後に）、売却した方がよいとわれわれは提唱している。しかし、実際に、購入原価の１０％のリターンが、それからも得られるなら、保有し続けようという気持ちが生じても致し方ない。

表１１．２は、ゼロックス株を売却しないで保有したときに、マーケット全体と比べて、どれだけリターンがあったかを示している。

表11．2　ゼロックス（1990年10月～1997年8月）

日付	終値	ダウ終値	株価の 累積上昇率	マーケット全体の 累積上昇率
1990/10/26	$ 9.70	2436.14	N/A	N/A
1991/10/28	20.55	3045.62	112%	25%
1992/10/26	26.08	3244.11	169	33
1993/10/26	24.08	3672.49	148	51
1994/10/26	36.13	3848.23	272	58
1995/10/26	42.67	4703.82	340	93
1996/10/28	46.38	5972.73	378	145
1997/8/5	83.88	8187.54	765	236

第3部
逆張り投資法の売りシグナル

Contrarian Sell Signals

第12章 リスクを最小にする：逆張り投資戦略

恐竜のその後の運命は、ある程度の大きさは有効であるが、大きすぎることは必ずしもよりよいことではないことを雄弁に物語っている。

——エリック・A・ジョンソン

　投資家が購入する目的で銘柄を調べるときは、例によってリターンに関心を集中し、自問する。「この投資でどのくらい利益を上げることができるだろう」。しかし、次のようには自問しない。「それだけのリターンを得るために、どのくらいリスクを負う必要があるのだろうか」。逆張り投資は、これら２つの質問に答える投資法である。売り叩かれた銘柄を購入することができるが、そのような株を買うことに付随するリスクを慎重に検討する必要がある。

　この章では、株式市場リスクを管理する上で、何が有効で、何がそうでないかを明確にしたいと思う。これまで、逆張り投資法による銘柄分析、購入、売却について述べてきたが、リスク管理の一助になる簡単な一連のルールを紹介したいと思う。それらは、以下のとおりである。

- 逆張り投資法のポートフォリオでは、同一銘柄が５％以上になってはならない。最大で３％にすべきである。
- 投資ごとのテーマを明確にすべきである（例えば、公定歩合の上昇）が、そのテーマに基づいて購入した銘柄がポートフォリオの２０％以上になってはならない。１５％、いや１０％がリスクの集中を避けるのに向いている。
- 株価が購入価格より２５％下がれば、損切りした方がよい。購入銘柄のすべてに、売りの逆指値注文（ストップロス・オーダー）を置くことである。これによって、自動的に損切りができる。損失の出た銘柄

は処分して、次の投資チャンスを探した方がよい。

トレーダーの見方

　商品取引トレーダーのリスク管理戦略を研究すれば、多くを学ぶことができる。逆張り投資家は、トレーダーではない。素早い取引で利益を確定しようとはしないからである。とはいえ、逆張り投資家も、大豆の立会場（ピット）にいる熱狂的なトレーダーと同様にチャレンジし、破産することを避けるため、損失をコントロールしているのである。

　先物取引においては、リスク・コントロールと資金管理がすべてである（本書は、商品取引に関する解説書ではないので、十分に説明を加えることができない。前述したことをそのまま受け入れてほしい。しかし、「付録B：逆張り投資家のための図書目録」に関連書籍を記載しているので参照してほしい）。実際に、リスク・コントロールは、商品をいつ売買するかを決定することよりも重要である。先物取引は、大いにレバレッジ効果に負うところがあり、多額の先物取引を少額のエクイティを利用してコントロールする。それゆえ、トレーダーは普通にキャッシュ取引をするよりも、かなり大きいリスクを負うのである。

　例えば、投資家が金の先物を買うときは、実際には、100オンスの金の引き渡しを受ける権利を買うのである。もし金が400ドルで取引されているときに、その先物を購入すれば、投資家は4万ドル分の金を売買していることになる。ブローカーは、投資家がそのポジションを維持する上で必要な"証拠金"の2000ドルのみを要求するのである。これは、金価格が12ドル下落すると、1200ドルの損失になることを意味する。

　その損失は、投資額の半分以上を吹き飛ばしてしまう。しかも、それがわずかな時間で生じてしまう。20万ドルの口座残高で取引するときに、1日で1万ドル、つまり5％の幅で数値が動くのは珍しいことではない。伝統的な債券マーケットと比べると非常に違いが分かる。債券市場では、通年で5％の損失が生じるのはまれである。

　このように、リスクが極めて高い商品取引マーケットでは、素早く損切

りをしなければならない。それを怠れば、自分の財産のすべてを失ってしまう。商品取引トレーダーのリスクに関する執念は、すべての投資家の胸に刻まれるべきである。逆張り投資法に基づいて銘柄を購入するときでも、例外ではない。最初に述べたように、多くの投資家はリターンだけに気を取られている。彼らは、稼ぐことだけに熱中し、リスク管理を忘れているのである。それは間違いである。そういう状態からは、長期的に利益を得られないからである。利益の見込めない銘柄を選択して、すべての資金を失う恐れがある。

リスクの本質

　リスクの定義はさまざまである。ある人にとって、リスクはポートフォリオの中のボラティリティである（マーケットにおいて、激しく上下する度合い）。他の人にとっては、リスクは全損の可能性と定義される。

　われわれは、リスクをもっと特殊な意味に定義したい。リスクとは、より高いリターンを生じさせる長期的投資戦略を放棄させるように働きかける単一あるいは複数の出来事である。それゆえ、われわれは落胆し、自分の戦略を途中で放棄し、投資自体を止めることなく、投資を継続できるような方法で投資をする必要がある。素晴らしい投資プランを維持できれば、普通株から満足すべきリターンを長期的に得られるのである。

■あるポートフォリオ・マネジャー（逆張り投資家）の回想

　顧客の投資資金の管理をしてきたこの２０年間、私は長期間継続的にそれに従えば役立つという数多くの投資戦略を見てきた。さまざまな優良株に分散投資したポートフォリオは役立つ。バリューライン社の格付けに基づいて買う戦略は役立つ。能力のあるアナリストの意見に従う戦略は役立つ。能力のあるファンド・マネジャーを雇って自己資金を運用させる戦略や成績の良い投資信託に資金預託する戦略は、ともに役立つ。

　一言で言うと、株式市場にアプローチし、そこから利益を得る方法は数多くある。しかし、株式市場における投資家が直面する最大のリスクは、

耐えることのできる範囲をはるかに超える額の損失を被るということである。通常、それはベア・マーケットで生じる。継続するとさらに損失を重ねるのではないかという恐怖心から、投資家は何年もマーケットから遠ざかってしまうのである。その結果、次に続くブル・マーケットで多くの機会を逃してしまうのである。多くの投資家がブル・マーケットの終わるころにリスクを増大させ、ベア・マーケットの終わるころに向かってリスクを減らしていることに不思議はない。

世の中がよく見えるときにははやる気持ちを抑えて冷静にし、その逆に、世の中に希望がないように思われるときこそ、情熱を持つべきである。これこそが逆張り投資家がすべきことであり、これによって、生き残ることができるのである。　　　　　　　　　　　　　　　　　　■

長期的展望

投資とは、マラソンであり、短距離競走ではない。すべての投資家が長期的利益を得るための合理的な理由のある戦略を開発すべきである。長期間にわたり生き残れれば、有効に機能する戦略を立てる時間が生じる。長期的な視野と健全な戦略が一体となって、成功を約束するのである。

2人の実在しない投資家の例を考察してみよう。ランダルとアリソンは、2人とも同じ投資戦略を取っている。一方は成功しているが、他方はそうではない。

ランダルは、Ｓ＆Ｐ５００に連動したストック・インデックス・ファンドを買うことを決める。２０年間、それを保有し、退職時に売却するつもりである。彼の同僚のアリソンは、そのアイデアに感心し自分も同じことをしようと決心する。

ランダルは、その潜在的リターン金額を計算して興奮する。そして、銀行に行き、２万５０００ドルのパーソナル・ローンを組むつもりである。それは、退職資金の先払いとして使うのである。そのローンの利率は８％で、インデックス・ファンドの１０～１２％の長期予測リターンより少ないというのが彼の論理である。自分の収入の範囲で問題なく返せる月間返

済額である。利率は、変更されることがあり、公定歩合によって上下することがある。ＦＲＢ（連邦準備制度理事会）がインフレを阻止しているので、ランダルの毎月の支払額が近いうちに増加する可能性は低いと考えている。

アリソンは自分の普通預金口座から２万５０００ドルを引き出して、そのファンドに投資する。１年後、インフレが起きる。利率は２％上がる。その結果、株式市場は１５％下落する。ランダルとアリソンの２人とも、３７５０ドル損失を被る（２万５０００ドル×１５％＝３７５０ドル）。２人ともその損失を悔いる。しかし、長期的に埋め合わせすることができ、取り戻せるであろうと考える。ランダルは少しばかり神経質になるが、変動利率ローンの返済額を少しばかり上げるだけで、対応できると考えた。

この戦略における２年間で、株式市場はさらに１０％の下げを記録する。しかし、底入れの感がする。緩やかな景気後退のゆえに、金利が下がり始めた。ランダルとアリソンともに、退職金勘定には２万ドル弱しかない。この景気後退は、彼らの雇用主にとって、実に辛いものであるが、幸いなことに、２人とも職を失うことはない。しかし、彼らの地方銀行はそれほど幸運ではない。不良貸付（好景気のときに、あまりに軽い審査で貸し付けている）が重くのしかかり、隣町の大きなライバル銀行に買収される。新頭取は１０万ドル以下の当座貸しを回収することを決める。

ランダルは銀行に返済猶予を嘆願するが、無駄である。新しいマネジャーは同情的であるが、ランダルの取引銀行を困難に陥れたそもそもの問題である貸し付けの引き締めをしているからである。ファンドを売る以外に、彼には選択権がない。そして、新車購入の頭金に予定していた預金を取り崩すことで損失を埋め合わせることになる。

ランダルは、株式市場から撤退する。

一方、アリソンは利益を得ている。自らの忍耐力と規律の賜物である。ランダルよりもかなり低くしてあるリスク・レベルも、寄与している。ブル・マーケットの到来によって、彼女は次の３年間で４０％以上の値上がりを経験する。

ランダルの総コスト
 金利2年分：4800ドル
 投資損失額：5875ドル
 合計損失額：1万0675ドル（投資額の42％）

　2人の投資家は同じ戦略を取った。同じ投資を正確に行った。両者ともにそれを持ち続けるつもりであった。彼らの違いはリスク・レベルである。
　ランダルは、レバレッジ・リスクを無視した。その結果、長期的に投資を継続することができなかった。多くの投資家は、リスクに対する注意が散漫なため、失敗してしまうのである。あたかも、友人から軽い気持ちでチップを借りて、全く調べもしないで、ドンと賭けてしまう行為に似ている。大きなポジションを取るために借金をする。そのとき、マーケットが予想に反して動いたらどうなってしまうかとは考えない（この本を書いているときに、ブル・マーケットが猛威を振るった。アンソニー・ガレアは、自分の401k口座から借金をし、通常の取引口座を使って信用取引をしている数人の投資家——彼の顧客ではない——がいることを聞いた。リスクを負うことについて話をすべきである）。あるいは、そんなことはあり得ないのであるが、ゴールド・ラッシュ時代のように一獲千金を夢見て、すぐに億万長者になろうとする戦略を選択する。そこには、長期的戦略という考え方は微塵もない。
　適切なリスク管理をすることで、間違った投資決定をしても、それから利益を得ることができる。われわれの意味することを理解してもらうために、もうひとつの例を見てみよう。
　アルは10万ドルの資金を使い、3カ月満期の1枚2万5000ドルの米国財務省短期証券を4枚購入する。株式市場の動きを予測できると信じているので、乗り換え時の財務省短期証券の金利の半分を、S&P500のインデックス・オプションの購入に充当しようと考えた。5年たって、アルは連続してオプションのトレードで20回負けた。彼は正しくなかったのだ。しかし、10万ドルの口座残高は、11万1000ドルに増えたのである。金利の半分をオプション購入に充てなかったからである。他の

言葉で言うと、マーケット・リスクにさらされなかった資金のゆえに、口座残高が増えたのである。

アルは、正確に自己のリスクを管理し、未熟な投資技術を補完したのである。公平に見て、２０回連続して損失を被るとは信じられない。アルは投資資金を確実に増やせなかったばかりか、インフレによる目減り損を被ったのに、元金は無傷のままであったのである。

投資家は連続して２０回も間違うことが可能であり、それでもなお利益を出すことができたということを見たが、これによって、リスク管理の重要性が分かっていただけたと思われる。より多くの時間をリスク評価に割けば、投資成績を上げることができる。リターンを心配する必要がなくなる。これは、直感に反する学習である。通常、人は銘柄選択に気を奪われ、それらの銘柄選択あるいは投資戦略によってもたらされるリスクのことはほとんど考えない。

■あるポートフォリオ・マネジャー（逆張り投資家）の回想

長い間、リスクと言う視点から投資に関する問題を解決しようとしてきたため、巨大なリターンを約束すると思われる投資に関するアイデアに好意的になることは難しい。

顧客が、ある銘柄について意見を求めるために電話をかけてくることがある。彼は、大きな儲けが潜んでいると考えている。そのとき、私の最初の反応は、下がるリスクを考えることである。判断を間違ったら、どれだけ損失が出るかを考えるのである。決まって出す私の結論は、希望するリターンの生じる可能性が全くなく、非常に大きなリスクが伴っている、というものである。

他の要因もあるが、このことが、投資家が万馬券を狙うような銘柄のリスクを過小評価し、不当に売り叩かれた銘柄のリスクを過大評価するという傾向にあるという私の信念を格別に強化するのである。

リスクの評価がいかに難しいかを知っているので、また、私はそれを毎日実行しているため、なぜ非常に多くの投資家が結果的に劣悪な投資経験しか持てないのか理解できる。つまり、彼らにはリスクの評価戦略が欠如

しているのである。

リスクのワナを避ける

　逆張り投資法のような適正な投資戦略を持っていれば、利益を得ることができる。この投資法は、長期的展望に立って十分に効果を発揮するものである。生き残るための最良の方法は、損失を許容し得る以上の額を唯一の投資対象へ集中させないことである。投資家は自分の許容し得るあるいは十分耐え得る範囲の損失を計算することを難しいと考えている。後ほど、その方法は述べるつもりである。しかし、初めは投資家を陥れる典型的なワナについて考察したい。

　ひとつの考えに投資金の多くの部分を過大に投資することによってリスク・コントロールに失敗することは、幾つかの考え方から生じるのであるが、これらの考え方は投資家にとって百害あって一利なしである。自分自身でこれらを認識できるように学ぶ必要がある。

　1．「素早くカネ持ちになるには！」。人は大きなリターンを欲しがっている。それもすぐに。それを成し遂げることを我慢強く待てないか、さらにひどいのは、それまでの損失を埋め合わせたいと考えているからである。あるいは、たぶん、自分の成功を自慢している他人に嫉妬しているのかもしれない。あるいは、資金上の問題を抱え、おなじみの１０倍になる銘柄を購入して、それを解決したいと考えているのかもしれない。

　結論――2、3の銘柄を購入して、大きなリターンを期待する。しかし、大きなリターンを追及することに付随するリスクはあまりにも大きい。そのリスクが、結果として身を滅ぼす元となる。

　2．「ブル・マーケットで錯覚すること」。健康的なブル・マーケットで幾つかの連続した取引をし、良いリターンが得られれば、自分を無敵と考え始める。マーケット全体が上がっており、それが成功した理由のほとんどであるということに考えが及ばない。その結果、自分の投資対象は全部成功すると確信し、投資対象を多様化しようとは考えない。何かが自分の身に起こった場合に家族が分かるように、自分の投資戦略を分かりやす

く文書にしておきたいと考える。たぶん、本を書くことさえ考えるかもしれない。結果は、さらに悪化する。自分を過信し、公然と他人の投資法を軽蔑するようになっているからである。

次第に、自分では"絶対"と思う銘柄にポジションを集中する。そして、その銘柄が下がり、底に至るまでその銘柄に乗り続け、おそらく損失は2倍3倍に膨らみ、結局粉砕されてしまうのである。驚くべきことに、それでも自分の取った判断は正しく、他人が間違っていたのだと考える。

3．「極秘情報による被害」。いわゆる"囁き情報銘柄"に大金を投資することがある。これは、会社の同僚、友人、タクシーの運転手が特ダネとして教えてくれた株式情報である。それに基づいて買った途端に、悩み苦しむことになる。すぐにでも反転し、大きなリターンを得られるのではないかと考え、損切りのタイミングを失ってしまう。

「他人から教えてもらった秘密情報は無視すべきである」。第一に、本当のインサイダー情報に基づいて利益を得たら、刑務所に入らねばならない。第二に、その情報がやましいものではなかったとしても、購入に当たってだれかの情報に頼った場合、今度は売るべき時はいつかを教えてくれるかどうかは保証の限りでない。

4．「思惑違い」。投資アイデアにとらわれるあまり、客観性を失う。これは生じやすい誤りである。投資家は、投資テーマを何度も繰り返す。投資の正当性について完全に確信が持てるまで繰り返すのである(基本的に、過熱したマーケットで株価が上昇を続ければ、いよいよ永遠に上昇を続けると誤解される段階になってくる。マーケットが上昇するのは、投資家が上昇すると考えるからである。それゆえ、投資家はさらに買い続ける。その結果、マーケット全体を押し上げる。このように、さらに買うという投資家心理が明確になる。もちろん、最後には、車輪は回転を止めてしまう)。

調査によれば、実際に投資家はお気に入りのテーマに執着する傾向がある。たとえ成功を収める可能性が低くともそうである。そのような状況で利益を望むのは、お門違いである。金に夢中になっている人は、金は非常に魅力ある投資対象だから、必ず報酬を得られるという強固な信念で、その金を何年もの間、集めることがある。企業が直面するマーケットの変化

や、その変化によって新しく生じたリスクを考慮に入れることなく、何年も何年も同じ銘柄を購入する投資家は、同じ間違いを起こしている。

　思惑が外れたとき、どのようにして、それを知るのだろうか。反対側の議論を試みるのも手である。ある銘柄に惚れ込んでいたら、それがベアのケースを考えてみた方がよい。上昇相場では、なぜ相場が下がるのかを考えた方がよい。それができなければ、自分自身のロジックにとらわれすぎるので、いかにそれが役に立たないかに気がつかないのである。自分に非常に自信を持っているので、いかなる痛みにも喜んで耐える。それは、最後には正しかったことが証明されるだろうと考えているからである。結果として買い続け、リスクを分散させるために、いろいろな銘柄を買うことはしないのである。

　最終的に、正しいことが証明されるかもしれない。だが、大きくなったリスクと失った投資機会のコストを考えると、このやり方は貧弱な投資戦略であると言わざるを得ない。

　５．「知識の欠如」。リスク分析をしない。そして、リスクを理解しようとしない。ミューチュアル・ファンドは、リターンだけしか宣伝しない。銘柄が推奨されるときはいつも、目標株価が示される。しかし、株価が下がる可能性については触れられることがない。人々が極秘情報に基づいて買うとき、あるいはファンドを選択するとき、さらにある銘柄に投資するとき、自分たちが負うリスクについては、ほとんど知識がないのである。リスクが明示されたとしても、投資家はそれを理解しようとしない。または、理解するための時間を割こうとしない。リスクを認識するのは簡単である。潜在的リターンを理解するのと同程度である。それができなければ、投資はできない。

■あるポートフォリオ・マネジャー（逆張り投資家）の回想

　現代の株式市場の歴史について思いつきに調査してみても、どんな年でも、市場は２０～２５％下がる可能性があることを示している。このような下げは何度も起きている。これからも再び起きることに疑いはない。

　個人退職勘定（ＩＲＡ）を使って、または借金までして、大いに普通株

に投資している投資家はこのことを理解できるだろうか。彼らは、２０万ドルの投資で４万ドルの損失を被る事態を受け入れる用意があるだろうか（訳者注　確定拠出型年金の４０１ｋは、転職先に持っていくことができる。転職先にこの制度がないとき、ＩＲＡを設定する）。

リスク管理ルール

　われわれは、不安定な潜在リスクを見てきた。われわれの簡単なガイドラインの多くを使ってそれをいかに適正に管理するかを見てみよう。

　逆張り投資家は、不人気銘柄を買うので、高い価格を支払うことはない。とはいえ、５０ドルから２５ドルに５０％下がった銘柄は、さらに５０％下がって１２．５０ドルになる可能性がある。他の投資家のように、逆張り投資家はポートフォリオが売り叩かれた銘柄で構成されているので、リスクは大きく減少した、あるいは除去されたと誤って考え、そのポートフォリオの大部分を唯一のアイデアに賭けてはならない。逆張り投資家は、「半値下げ買いルール（down-by-half rule）」に基づく投資でさえも、独自のリスクを負っているのではないかと考える必要がある。

　逆張り投資法のリスク管理ルールをより詳しく見てみよう。

　１．「逆張り投資法に基づくポートフォリオは同一銘柄を５％以上の構成にしてはならない」。なるべくなら、それより少ない方がよい。３％が適正なパーセンテージであると考える。これに従うと、ひとつのポートフォリオを２０～３５種の銘柄で構成することになる。そのようなポートフォリオは、リスクを分散させている。たとえ、ひとつの銘柄が劇的に下がってもポートフォリオ全体が同様に下がることはないのである。

　２つ目のルールは、このリスク管理コンセプトをより拡大した物である。

　２．「特定の産業や投資テーマがポートフォリオに占める割合を２０％以下にした方がよい。できれば、１０％が望ましい」。ポートフォリオに占める割合が１０％のみであっても、このルールでは一産業に対して３種

の銘柄を購入することを可能とする（あるテーマによる投資がポートフォリオの１０％を占めており、ポートフォリオの中で１銘柄当たり３％から５％に投資を限定するルールに従えば、同じ産業に属する３種の異なった銘柄を買うことができる。ポートフォリオの３％を占める３種の銘柄は、どの産業の１０％と言う上限より少なくなっている）。

　互いに一体となって上下している一群の銘柄よりなる単一のテーマに銘柄選択を集中することを避けるべきである。逆張り投資の機会は、ある特定の産業に集中することがよくある。例えば、ある公益事業株が５０％下がった場合、それ以外の公益事業株にも下がる可能性がある。落下の理由は、その特定産業のファンダメンタルズに関係しているかもしれない（例えば、通常、火力発電所の燃料として使われる石炭の価格高騰）。ある銘柄の価格を引き下げる要因は、他の銘柄のそれも引き下げてしまう。それら幾つかの産業セクターを中心にポートフォリオを組むことはやさしい。しかし、それは危険である。というのは、同時にすべての損失を一挙に被る可能性が非常に高まるからである。

　ある特定の産業に属する全銘柄は、密接な相関関係にある傾向がある。つまり通常、同じことを原因にして、株価が連動して上下することを意味する（相関関係については、後ほど説明したい）。例えば、６つの異なった鉄鋼銘柄を購入して、うまく分散投資をしたと考えるかもしれない。しかし、６つの異なった鉄鋼銘柄を保有することは、単に投資リスクを鉄鋼産業に集中させただけである。

　売り叩かれたため幾つかの金鉱山会社の株式が魅力的に思える場合、会社ごとに分散すべきである。しかし、金関連銘柄への投資額はポートフォリオ全体の１０～２０％に限定すべきである。言い方を変えれば、金関連の３銘柄（それぞれポートフォリオの３％分）または４銘柄（それぞれポートフォリオの５％分）に限定した方がよい。

　金鉱山会社の株式は、ひとつの特定の会社のみに影響を与える要因が何もなければ、すべての金鉱山会社が金の発掘費用と金の市場価格という同一の関係をベースにして運営されているため、一緒に連動する傾向がある。

投資のアイデアが正しいものであれば、投資した４つの金鉱山会社は全社とも利益を上げているはずである。もし間違いであったら、全４社とも損失を出しているはずである。それゆえ、いかなる銘柄であっても、ポートフォリオの５％以上を占めてはならない。

ただひとつのアイデアで同一の方向に動く銘柄に投資したポートフォリオの２０％は、４つの銘柄に５％ずつ投資した場合と同じである。

同じ産業に属する４種の銘柄には、高度な相関関係がある。つまり、これらの株価は一致して動くので、各銘柄ともポートフォリオの５％にとどめておくことは、テーマや産業によって選定した関連する１０銘柄に各５％ずつ配分した場合よりも、はるかにリスクは少ないのである。

われわれは、似たような産業に属する同様の銘柄ばかりでポートフォリオを構成しない方がよいということについて多く説明してきた。しかし、少なすぎるのも好ましくない。よく直面するリスクは、単一の会社がその属する産業の市況とは関係なしに下げることがあるということである。過去５２週の高値から最低５０％下がった金関連銘柄や鉄鋼関連銘柄を１銘柄以上購入することで、いわゆる"イベント・リスク"を最小にできる。"イベント・リスク"とは、ひとつの会社だけに生じる事件であり、この事件はテーマとはかかわりなしに発生し、例えば、落雷による打撃のように、しばしば大きな損失の原因となる。

ひとつの産業に集中して投資することだけが、リスクを集中させ、高めるのではない。テーマに対する投資にも、同じような影響がある。たぶん、逆張り投資法のテーマは、インフレの復活である。だれでもインフレには楽観的である。エネルギー価格の低下がインフレ促進型の消費を喚起すると考えている人は多い。もしそれが本当なら、２種類の金関連銘柄と１種類のエネルギー関連銘柄を買うことは、３種類の金関連銘柄を買うより望ましい（金および金関連銘柄は、インフレ・ヘッジに適している方法であると考えられている）。しかし、投資を２つの産業に分散させたとしても、この場合はインフレ・ヘッジ銘柄に投資したことになる。それゆえ、ある意味では、同じリスクに直面していると言わねばならない。そのリスクとは、インフレが生じなかった場合である。

もちろん、普通の人は多様な分散投資ができるほど、資金が豊富ではない。あるテーマに基づいて投資するときに、ひとつの銘柄しか買うことができないなら、最良の財務状況の銘柄を選択すべきである。企業の財務状況を測る幾つかの簡単な方法がある。それらは、次のようなものである。
- スタンダード・アンド・プアーズ（S＆P）やムーディーズ・インベスター・サービスによる債券格付け
- バリューライン社の株式安全ランク表、またはその他の定評のある格付け

逆張り投資法に適合する多くの銘柄は、何か問題を抱えた会社のものである。それゆえ、それらを克服できるだけの財務力を有する銘柄を選択することが肝要である。多大な負債を持った、または断続的に売り上げが落ちている銘柄は、ポートフォリオに加える前により詳しく調査する必要がある。

このことが、われわれの提唱する最後のリスク管理ルールを導き出してくれる。

3．「損失を購入価額の25％に限定すべきである（このルールに適合するように、証券会社に25％の逆指値注文——株価が25％下がったら売却するように指値すること——をしておくとよい。その利用法は、「第13章　逆張り投資法に基づく売却」で述べる）」。つまり、25％下げたレベルに損失を限定するための逆指値の売り注文を出しておくべきである。サイズが10万ドルのポートフォリオがあり、その中のある銘柄のポジションが5000ドルの場合、その25％の株価下落リスクの額は、1250ドルになる（5000ドル×25％＝1250ドル）。これによって、各銘柄ごとの損失は、ポートフォリオの1.25％に限定されることになる。

その理由は以下のとおりである。
- われわれはどの銘柄もポートフォリオの5％以上を占めてはならないとすでに述べた。サイズが10万ドルのポートフォリオでは、同一銘柄への投資は5000ドルを超えてはならない（10万ドル×5％＝

５０００ドル）。
- 購入銘柄ごとにその２５％以下の水準に損切りのための売りの逆指値注文を設定することによって、銘柄ごとの損失が投資額の４分の１以上にはならない（１銘柄への出費５０００ドル×２５％＝最大損失額１２５０ドル）。
- ２５％の損切りルールの設定は銘柄ごとの潜在損失額をポートフォリオ総価額の１．２５％に限定する（最大損失額１２５０ドル＝サイズ１０万ドルポートフォリオの１．２５％）。

読者は、逆張り投資法のガイドラインが協調して働くことに気づかれたと思われる。簡単に言うと、同一銘柄にポートフォリオの５％以上を投資してはならない。その銘柄が購入原価より２５％以上下がった場合は、すぐに売りに出すべきである。これは、大きな損失を許容しているように思われる。しかし、損切りの水準は、通常のマーケットの振れ幅や、タイミングの過ち、さらに損失が致命的になる前にそれをカットすることを許容できるような水準に設定すべきである。

今まで見てきたように、１銘柄の２５％の損失でさえ、全体のポートフォリオの価値に対して非常に小さなインパクトでしかない。この損切りルールと、同種の銘柄あるいは投資テーマにあまりにも多額の資金を集中することを禁ずる２つのルールとを一緒に組み合わせれば、ポートフォリオのダウンサイド・リスクを限定することができる。もし逆張り投資家がこれらの３つの単純なルールに厳格に従うならば、すべての資本を失うことはほとんど不可能である。実際に、数学的にポートフォリオ全体を失う確率は非常に低いので、考慮する必要すらない。そして、それは長期的に保有することになる可能性が高いということを意味する。

次の３つの禁止事項に注意してほしい。
- 同一銘柄でポートフォリオの５％以上を占めてはならない。３％以内にすべきである。
- 同一産業に対して、あるいは共通テーマに基づいて、ポートフォリオの２０％以上に当たる金額を投資してはならない。１０％に抑えるべ

きである。

●同一銘柄について、２５％以上の損失を被ってはならない。

■あるポートフォリオ・マネジャー（逆張り投資家）の回想

　利用するのに、非常に簡単に利用できるルールがある。それらは、非常に価値がある。しかししばしば、投資家の熱意は正しい判断力を狂わせる。

　ひとつの投資に関してどれほど興奮しても、私のルールは、その投資の上積みを禁じている。さらに、投資の思惑が外れたとき、私のルールは、自分の間違いを素直に認め、退場することを命ずる。しかし、これは私にとって実行することが最も厳しいものである。

　他の投資のヘッジとして、何か銘柄を買うことがある。それは、利益を得るためにある銘柄を買うときほどに、損切りは重要ではないということを意味している。損切りするかどうかはすべて私の投資理由のいかんに左右される。

　しかし、これらのルールによって、私は地に足の着いた投資をすることができている。自分勝手な思い込みから生じる損失から自分を守ることができる。　　　　　　　　　　　　　　　　　　　　　　　　　　■

難平（ナンピン）買いはしない方がよい

　もし読者が損切りできないタイプの投資家としても、自分のことを悪く考えないでほしい。勝利者のままでいたいというのは、人間の本質である。しかし、難平は止めてほしい。難平買いとは、平均購入価額を下げるために値下がり銘柄を買い増すことであり、多くの投資家が行っている。逆張り投資法に基づいて選定した銘柄が２５％値下がりしたら、すぐに売って、次に備えるべきである。売りの逆指値は、長期的投資を目的に考えられるものであり、長期投資に本当の利益が存在するのである。売りの逆指値を無視すること（時として、値下がり銘柄を保有し続ければ株価がリバウンドすることがあり、正しい場合もあるが）は、通常、破滅への道を突き進むことである。逆張り投資家は、素早く損切りすべきである。機械的に損

失を確定すること、そして、それを一貫して行うのが最良の方法である。

　ある状況下で、売却した銘柄が逆張り投資法のガイドラインに適合し続けるとき、買い戻すことができる。ただし、最初の購入価額より少しばかり高くなったときである。株価の上昇トレンドが始まったことを確認するために、そして、一度はアイデアに失敗した後、考えがまだ正しいことを証明するために、売却価額より高い金額を支払うのである。

　例えば、あなたの投資口座に２０万ドルがあり、株価１０ドルのアブソロン・ブラザーズ・クラッカー社の株式１０００株の購入を決めるとする（１０００×１０＝１万ドル。これは、口座２０万ドルの５％である）。株価は、高値２５ドルから５０％以上下落している。多くの投資家はこの銘柄を嫌っているが、あなたはクラッカー市場がすぐに好転すると信じている。株価が７．５０ドルに下がったので、売って手仕舞いしてしまう。その結果、２５００ドルの損失が生じる。２５％の損切りルールが発動されて、１株当たり２．５０ドルの損失が発生したのだ（「購入原価１０ドル」－「１株当たり下落額２．５０ドル」＝「売りの逆指値発動価格の７．５０ドル」）。

　クラッカー・メーカーの株式は弾ける寸前であると、あなたは相変わらず信じている（米食品医薬品局はクッキーの健康に与える悪影響について調査中である）。あなたは、アブソロン株が幾分元気を取り戻すまで待つ必要がある。キャンセルされるまで有効な指値１０ 1/8ドルで、１０００株購入の注文を出す。

　多くの投資家は、かつて値下がりによってイライラしたアブソロン株を２倍になるように買い増してしまう。平均購入価額を下げるためであり、株価が反転上昇すれば、リターンを増大させると信じた結果である。これは、役に立たない戦略である。もしさらなる悪材料（例えばクッキーに発ガン物質が発見される）が出て、そして株価が７．５０ドルから５．００ドルへ下がったとしたら、損失額は７５００ドルに拡大する。難平買いによる７５００ドルの損失額は、投資口座額２０万ドルのほとんど４％に当たるのである。損失額から考えて、一連の劣悪な取引によって生じる資金を全額喪失するリスクは、もはや理論的なものではない。それは起こり得

るのである。

　情緒的な見地から、アブソロンは今やほとんど売ることは不可能な銘柄になっている。株式市場で失敗する多くの人々は、間違えた株を処分できないから失敗するのである。最終的に、彼らはあまりにも多くの損失銘柄を抱え、そのポジションから抜け出ることができなくなるのである。彼らの投下した資本は、固定化してしまって、決して利益を生まない。悪くすると、それは雲散霧消してしまうのである。本書で輪郭を説明している逆張り投資法のルールは、興味深い効果を持っている。読者は、損失銘柄をより分け、ポートフォリオを勝ち銘柄でいっぱいにしている自分を見つけるであろう。

　アブソロンの株価が１０ １/８ドルになるまで待つことによって、逆張り投資家は、この銘柄が投資価値を有していることを自分で証明することを許すのである。もしそれが反転上昇すれば、最初のタイミングを失ったことを意味する。７．５０ドルの安値から１０ １/８ドルに上がれば、その銘柄は明確に新しい上昇トレンドの中にあると言わなければならない。そう、あなたは５２４０ドルを儲け損なったことになる（上昇分２．６２ドル×株数２０００＝５２４０ドル）。しかし、逆張り投資法として確認したい。その銘柄が１０ドルで"買い"であれば、それは１０ １/８ドルで"買ってもよい"のである。

　１０ドルという価格が妥当であれば、７．５０という価格はさらに良いと信じるのは間違いである。このケースでは、その銘柄の動きは、第一義的に逆張り投資法による買いの根拠を確認するものではない。たぶん、そのテーマは無効であるか、あるいは、たぶん早すぎたのである。しかし、買い戻しをする前に、反転上昇するまで待つことは、難平買いによってしばしば被る損失を避ける機会を与えてくれるのである。

　損失の出ている銘柄を買い下がっているときには、貴重な資金をそれ以外のよりよい投資チャンスに投じることができないということを記憶しておいてほしい。この種のポジションを守ろうと試みるために、多くの時間、エネルギー、そして最も重要な投資資産である資金を費やすことになってしまう。

■あるポートフォリオ・マネジャー（逆張り投資家）の回想

　難平買いは、投資家を厄介な問題に引き込む。私は常に感じているのだが、ある銘柄を選定し、その結果が芳しくないからといって、難平買いをしてさらに間違いを重ねたくない。もし難平買いをすれば、すべての種類の問題が生じてしまう。２度目の買いの後、その銘柄が下がったとしたら、下げトレンドに投資したのであり、それが続くことは極めて明確である。難平買いは、落下してくるナイフを素手でつかむようなものである。ナイフのどこをつかむことになるか決して分からない。

　負け銘柄を保有することは、多くのエネルギーを要する。しかし、２回負け銘柄をつかんでしまうことはさらに悪い結果となる。損失の額が増えるだけでなく、自信喪失に陥り、次の投資チャンスを目指す気持ちを萎えさせてしまうのである。受身になり、現在の投資チャンスに全力を傾けるのではなく、最後の間違いを繰り返さないようにと考えてしまうのである。

　私は多くを学んだ。今では、ある銘柄を買い、結果が良くなければ、損切りすることにしている。単純に考えても、非常に多くのさまざまな投資に関するアイデアや銘柄があるので、ひとつの間違いにこだわることができないのである。　　　　　　　　　　　　　　　　　　　　　■

　ポートフォリオの中に存在するリスクを理解することでリスクを管理すべきである。ポートフォリオの中のリスク全体を管理するためには、各銘柄のリスクとポートフォリオの中の各銘柄のリスクとの相関関係を理解する必要がある。投資家は、自分の保有するポートフォリオは５０種銘柄で構成されているので、よくリスク分散されていると考えるかもしれない。ところが、現実は、その５０種銘柄はグループとしてより広範な株式市場全体と連動して上下する傾向がある。そのように、銘柄選定に気を配らなかったポートフォリオは、個々の銘柄のリスクをマーケット全体のリスクに変えただけである。この場合、ひとつの銘柄の値下がりは投資家に致命的ダメージを与えることはない。しかし、マーケット全体が下がったときは、そうではない。

　リスク管理は、逆張り投資法では大きな魅力である。逆張り投資法によ

って選定された銘柄は、購入したときにはすでにそれらの銘柄のベア・マーケットを経ているのである。したがって、マーケット全体が辛いベア・マーケットに突入したとき、たとえ平均株価が２５％下がっても、逆張り投資法によるポートフォリオは、それほど下がらないのである。

しかし、最も機敏な逆張り投資家でさえも、その修羅場から完全に逃げることはできないのである。

リターンを最大化する

長期間にわたってリターンを最大にするためには、資金をリスクにさらす必要がある。投資リターンを増大させるためには、うまく計算された方法で単純にリスクを増加する以外に方法はない。金融市場においては、投資家はリスク回避とリスク負担の双方を行うことができる。計算されたリスクを負う投資家は、長期的に高いリターンによってそのリスクが報われなければならない。投機家と投資家は、リターンを得るべく努力している。しかし、自分たちが引き受けたリスクがリターンを生まないとしたら、投資を止めてしまう。

■**あるポートフォリオ・マネジャー（逆張り投資家）の回想**
これは理解するのに時間がかかった概念である。他の人が常時普通株に十分に投資すべきであるというのを聞いたとき、株式は他の投資対象よりずっと高いリターンを提供するので、そうすべきだと言っていることを理解した。しかし、それは単純化しすぎである。最終的に私が理解した本当のメッセージは、株式投資を続けたままにするということではなく、資金をリスクにさらし続けるということであった。多くの人々は、株式市場が自分たちの資金をリスクにさらす上で最も容易な方法であると分かったのである。■

資金をリスクにさらす必要があるということは、アメリカの普通株に投資し続けるということを意味しない。ベア・マーケットでそうすることは

投資家を過度のリスクにさらすことになる。

実際的効果

投資家が、資金をリスクにさらし続けることが可能であり、お互いに異なったときに異なった度合いで上昇したり下落したりする市場や投資対象を選択することによって、その資金を分散投資することができるなら、利益を得る機会を失うことなくポートフォリオの全体的なリスクを減少させることができる。

投資にはリスクが付き物である。しかし、さまざまなリスクの種類別に多様化した投資対象からなるポートフォリオを構築し、そして、これらの投資の多くがプラスのリターンを長期にわたってもたらすなら、われわれは完璧に近いポートフォリオを持つことができるのである。

相関関係の謎

価格変動という観点からはお互いにさほど関連し合っていない投資というものを確認するためには、ポートフォリオ中の各投資対象の価格変動についての相関関係を熟考する必要がある。

類似した銘柄や共通のテーマに基づいて購入した銘柄は、ポートフォリオの１０～２０％に限定すべきであると述べてきた。これは、株価変動が密接に相関している銘柄の保有を全体の株式保有額の１０％あるいはそれ以下にせよ、ということである。危険分散のルールを守ることができるようになるために、相関関係とは何であるかを理解する必要がある。

真の危険分散とは、一部の投資家には理解しがたい概念である。長期にわたって、全投資対象から確実に利益を得たいと考えがちであるが、それらがすべて同時に起こることを必ずしも好んでいるわけではないであろう。それらすべてが同時に同じリターンを上げているなら、それらは互いに関連性があると考えなければならない。すべてが一緒に上昇する株式は同時にすべて一緒に下落する可能性があるので、危険である。ベア・マー

ケットでは致命的となる。

　相関関係のない銘柄でポートフォリオを組むことで、長期的に利益を得ることができ、金融資産価額が大きく上下に振れるリスクは減少し、長期的に生き残る可能性が高くなる。

　もし2つの投資に完璧な相関関係があれば、それらは常に同時に同じ速度で、同じ方向へ、同じ程度に動くことを意味する。この事象が生じれば、「この2つの銘柄は、プラス1．00（＋1．00）の相関関係にある」とわれわれは呼んでいる。ハイウエーを車で走っているときに、2つの後輪は完璧な相関関係にある。それらは、同じ方向に、同じ速度で、同時に動いているからである。

　2つのものが否定的相関関係にあるとき、それらは違った方向に、同時に、同じ速度で動くことを意味する。シーソーに乗った子供たちは、完全に否定的相関関係にある。一方が上がれば、同時に同速度で、他方は下がってしまう。これを、「マイナス1．00（－1．00）の相関関係にある」と呼んでいる。

　2つのものに相関関係がないとき、それらは連動するとは言わない。それらの変動に関係がないからである。裏庭の木から落ちる1枚の木の葉は、モーニング・コーヒーの温度とは何の関係もない。これを、「0．00の相関関係」と呼ぶ。

　最後に、2つのものに弱々しい相関関係が見られるとき、もちろん何らかの関係があることが分かる。しかしそれが弱すぎると、価格変動に関する役立つ予測を立てることができない。それは「－0．50～＋0．50の相関関係」にあると考えられる。例えば、雨が降っているときに、われわれは何人かの人々が傘をさしていると考える。つまり、傘の使用は極めて雨と関連がある。しかし、ビルから次に出てくる人が傘を持っているか否かを予測しなければならないとき、相関関係はあるが、弱いと言わねばならない。次の歩行者は、傘を持っているかもしれないし、持っていないかもしれないのである。

　幸いなことに、われわれは、異なった資産の過去の価格変動を比較することができる。相関関係を分析することで、2つの資産の価格が連動する

か否かを決定することができる（マイクロソフトのエクセルやその他の表計算ソフトを使用すれば、相関関係分析は容易である。「付録Ａ：逆張り投資法のための数学」の中の幾つかの公式を参照してほしい）。例えば、アメリカの典型的優良株は、ダウ・ジョーンズ工業株３０種平均指数に極めて相関関係があると考えられる（＋０．９０以上）。これらの銘柄は、必ずしも常にダウと正確に連動しないが、ブル・マーケットではダウの上昇分と同様の利益を共有し得る可能性が高い（これはベータと同じではない。ある銘柄が株式市場と高度な相関関係があっても、ベータがかなり低いということはあり得る。ある銘柄の市場全体との相関関係が＋１．００であるが、ベータは０．７０ということがあり得る）。

逆に、市場の下げの圧力をほとんど受けない銘柄はない。それゆえ、優良株といえども、ブル・マーケットがベアに転じれば、下がる可能性が高いのである。

ダウ・ジョーンズ工業株３０種平均指数に含まれる３０銘柄を指数に比例した株数を保有すれば、そのポートフォリオは完全にその指数に相関関係がある。そうすることは、１種類の株式を所有することによってさらされるリスクを、ダウ平均指数のリスクと交換したということである。そして、そのリスクは単に１種類の株式を保有するリスクより、はるかに大きいのである。

投資家は、自分が思っているよりもはるかに大きいリスクを負っているものである。幾つかの高名なミューチュアル・ファンドを買うときにわれわれが負う、驚くべきリスク、しかも隠れたリスクを考慮してほしい。

- Ｓ＆Ｐ５００銘柄と有名なグロース・ミューチュアル・ファンドの相関関係：０．９２
- Ｓ＆Ｐ５００銘柄と有名なバリュー・ミューチュアル・ファンドの相関関係：０．９５
- Ｓ＆Ｐ５００銘柄と有名な小型株ミューチュアル・ファンドの相関関係：０．８９

読者は、上記３つのファンドそれぞれに同じ金額を投資すると、リスク

を幾分分散することができると信じるかもしれない。次がそれらのファンドを購入したときの効用である。

　１．特定のファンド固有の事柄（取引上のスキャンダル、有能なマネジャーの辞任、あるいは大きなロスの後、投資家によるそのファンドの売り）に関するリスクを減じている。

　２．好みでない投資スタイルに関するリスクを減じている（強いブル・マーケットでは、グロース・ファンドは役に立つ。一方、バリュー・ファンドはトレンドのないマーケットで効果的であるように思われる）。

　３．ひとつの銘柄に生じた破壊的な損失でファンドにダメージを与えるリスクを減じている。

　しかし、これらの広範な株式ポートフォリオは、マーケット全体の変動に類似した動きをするため、これらのファンドに投資した人は、株式市場のリスクを実質的に増大させたのである。他の言葉でいうと、ひとつの銘柄の急落がポートフォリオ全体の大きなロスにつながるリスクを減じているにすぎないのであり、そのリスクとマーケット全体が大きく下げた場合に大きな損失を負うリスクとを交換したことになるのである。それでもなお、この状況において多くの投資家は、危険分散をしていると考えるかもしれない。

　ポートフォリオ全体の見地から、すべての投資家は多くのリスクを負担している。われわれは特定の投資についてのリスクを１～２％に限定したいと考えている（損切りを活用することで達成する）が、まさに投資の本質はリスクを甘受することである。長期にわたって、かなりの大きなリターンを得たいと考えている限り、リスクから逃れることはできない。それは、マーケットは、追加的なリスクを負う者に報いるからである。

　リスクがそこにあることを認識することは重要である。その認識の結果、より保守的なアプローチ法やより知的なテクニックを使用して投資法を選定するのであれば、その認識は確実にプラスに働いていると言える。

　違う方法で説明してみよう。長期間に２つの投資をする。年間平均リターンは、どちらも１２％である。それらの価格変動の相関関係は弱い。そ

のため、完全に相関関係のある2つに投資するときよりリスクは少ない。理由。これらの弱い相関関係にある投資対象は常に同時に上昇したり、下落したりはしない。つまり、これらの複合した成績がポートフォリオの変動幅を平滑化する傾向にあるからである。

　2つの完全に相関関係にある投資が原因で生じるポートフォリオ価額の大きな振れは、多くの投資家に不安感を与える。大きな価額の振れは、損失への恐怖を助長する傾向がある。つまり、十分に考慮されてはいるが、時間を必要とする投資計画から投資家を時折遠ざけてしまうような恐怖である。表12．1に示されているように、50％のゲインを得る2つの方法を熟考してほしい。

　読者は、どちらのポートフォリオを持ちたいと思われるだろうか。どちらを継続したいとお思いだろうか。どちらが、一貫した規律のある戦略を継続することを可能とし、どちらが読者を恐怖に陥れ、投資戦略を変えたくなるものであろうか。A、Bどちらも目標は同じである。しかしBプランにこだわり続ける強い精神を持った投資家は何人いるであろうか。Bプランを選択すると、結局、2年間は継続した損失のあるポジションを抱えることになる。ボラティリティを低減し、ポートフォリオ価値の過度の上下への変動を抑えることができれば、長期的に運用を確実に行うことができ、それによって、大きな利益を実現することができる。

表12．1　6年間の50％ゲイン

年	ポートフォリオA		ポートフォリオB	
1	$100,000		$100,000	
2	$110,000	+10%	$120,000	+20%
3	$120,000	+9%	$135,000	+12%
4	$130,000	+8%	$122,000	-10%
5	$140,000	+7%	$119,000	-2%
6	$150,000	+7%	$150,000	+26%

■あるポートフォリオ・マネジャー（逆張り投資家）の回想

　人々が株式市場の大きな下げを経験するとき、粗雑なボラティリティ分析に夢中になり、持ち株を処分して現金に変えようとする。想像よりも株式市場のボラティリティがはるかに大きく、損失が生じる結果、これらの投資家は持ち株を売却し、現金化することでボラティリティを低減しようとする。

　不幸なことに、これらの投資家は現金のポジションに戻ったまま、将来のボラティリティと損失を過大視しすぎることで間違いを増幅させてしまう。株式市場が明らかに上昇基調に転じたことが確認できて初めて、これらの投資家は下方向へのボラティリティの可能性が低くなったと信じることができ、再び市場に戻ってくるのである。実際には、彼らは株式を購入することによって、ボラティリティを増加しているのである。

　このような急激な動きは、非常に高くつく。タイミングが悪いことや、税金、取引コスト（さらに感情的な苦痛）は時が経過するにつれ、結果的に貧弱なリターンとなる。ほとんどの人は、すべての市場において自分たちが受け入れることの可能な中庸の道をたどることによって、もっとうまくやっているのである。ある年に大きく利益を上げ、その翌年に大きく損失を被ることよりも、小さくとも継続した利益を得ることの方が好ましいのである。　　　■

狭量なアセット・クラスの設定

　リスクを低減することは、個々の投資額をどの程度にするか、また個々の投資の相関関係をどのようにコントロールするかということ含んでいる。2社の製紙会社の株式を買えば、リスクを分散できたと考えるかもしれない。しかし、何か1社だけに特有の事件が起きたときを除き、2つの銘柄は連動する。もし製紙産業が逆張り投資法向きであると信じたら、そこに属する1社ではなく5社（各銘柄ともポートフォリオの3％ずつ）を買う方がよい。しかし、取引コストの上昇や小さなポートフォリオ・サイズがそのような贅沢を許さないかもしれない。

言うまでもなく、製紙会社5社保有するか、1社を保有するかにかかわらず、製紙産業と株式市場両方のリスクを抱えることになる。

アメリカの投資家は、一般的にアメリカ株偏重である。投資家は、最大の情報が得られるところに引きつけられるからである。逆張り投資家は、すべての投資を同様に考えるべきである。そして、広く世界中の投資対象に対する関心を広げるべきである。20年前、アメリカ株式の時価総額は、世界のそれの3分の2を占めていた。今日、その比率は逆転しており、約40％にしかすぎない。

最善の投資チャンスの多くは、現在海外市場にある。そこにはアメリカ市場にあるより高度の効率性がまだ存在していない。非効率性の存在がチャンスにつながるのである。

成長率にも注意すべきである。アメリカ経済が、やっと年に2～3％の成長しか示せないときに、多くの海外市場では、その2倍か3倍の速度で成長している。それら諸外国の一部の政府は、インフレを食い止めるために成長率を抑えようと躍起になっている。

実際的効果

ポートフォリオに多様性を持たせるには、投資家は横断的に多くの異なったタイプやクラスの投資を研究すべきである。

逆張り投資家は、海外の市場、商品、そしてアメリカ以外のアセット・クラスに、S&P500に対する投資と同様に、気楽に投資すべきであると信じている。アメリカ株式は、広範な投資とリスクの世界が提供している機会のほんの一部にすぎない。多くの投資家が海外市場までを投資対象のポートフォリオに含めると、リスクが大きくなりすぎると信じている。しかし、これを信じ、投資をアメリカ普通株だけに限定している投資家は、ポートフォリオの中に外国証券を含めている投資家よりも、大きなリスクに直面しているのである。多くの外国証券取引所は、アメリカの株式市場との相関関係が少ない。ファンダメンタルズ株式分析技術について述べた章で学んだように、調査は、逆張り投資法の指標の多くはアメリカの銘柄

を選定するときと同様に、外国株式銘柄の選定に役立つ。

■あるポートフォリオ・マネジャー（逆張り投資家）の回想

　顧客への説明が難しい戦略の一部は、このような方法で分散投資をした場合、いつも特定の時点で投資の一部の結果が目立った成果を上げていないことがあるという考え方である。われわれは、相関関係がないか、否定的相関関係にあるかという観点で投資対象に注目することで、顧客のポートフォリオのリスクを管理している。われわれは、そのようにすることによって、いつでもエンジンのすべてのシリンダーが爆発しているわけではないという認識で、ポートフォリオを構成している。多くの人々は、以下のように自問しながら、この概念と闘っている。「自分たちは、すべての投資に関して、常時勝利者になるべく努力すべきではないのではないか」。たぶんそうかもしれない。しかし、そのタイプのポートフォリオを持っていたとしても、かなりのボラティリティがあるだろう。すべてのものから同時に利益を得ることができるなら、逆もまた真なりである。すべてのものから同時に損失を被ることがある。そのように増幅された上下の振幅がある場合、リスクの増大が顧客に市場離れを引き起こすことになるのではないかと私は懸念する。１２％のリターンをもたらす２つの異なった投資対象を見つけることができれば、それらにできるだけ早くしかもタイミングをずらして投資し、ボラティリティを低くするようにしたい。

　厳格な意味では、これは逆張り投資法の哲学ではないが、結局、激しいボラティリティを減らす効果がある。われわれの多くの顧客は退職を視野に入れてわれわれに資産運用委託をしている。それゆえ、将来のリターンが予測確実で継続的であることが重要なのである。　■

　時折、特定のアセット・クラス全体が逆張り投資の対象となる場合がある。魅力的なバリュエーションであり、長期にわたって価格低迷しており、ポートフォリオの中でそのアセットのウエートを高めたいと思わせるものがある。その例として、１９９２年の金関連銘柄を思い起こすことができる。１９８１年のアメリカ普通株、そして１９９４年の日本株もそうであ

る。逆張り投資法では、確かに、あるアセット・クラスの１００％のポジションを取ることができる。しかし、この種の動きをすることは、巨大なリスクがあることを理解する必要がある（アメリカ普通株を、ひとつのアセット・クラス、つまり数ある投資機会の中の単なるひとつとして見ることに失敗する投資家は多い。アメリカ株２０種で構成されているポートフォリオはもちろん、分散投資されており、株価を暴落させる悪材料がひとつの企業に生じたことで起きる大損失の影響を受けないようなっている。しかし、それはアメリカ市場全体のリスクから隔離されているわけではないということを強調しておきたい。例えば、アメリカの景気後退が原因で生じたベア・マーケットは、いかに十分に分散投資投資をしていても、また、いかに注意深く銘柄選択をしても、アメリカ株で構成されたすべてのポートフォリオに大きな損失を与える）。

キャッシュは紙屑ではない

　リスクを低減したい投資家にとって、キャッシュは見逃されたアセット・クラスである。しかも、極端に重要なアセット・クラスである（われわれがキャッシュについて議論するときは、短期金融商品に言及している。それらは、マネー・マーケット・ファンド、譲渡性預金、財務省短期証券、コマーシャル・ペーパーなどである）。例えば、長期のブル・マーケットの後、マーケットに参入するのは通常よいことではない。ところが、多くのマーケット観察者は常時、株式に十分に投資し続けることを激賞する（本書の著者たちは、次のことを読者に約束することができる。これは、マーケットが底を記録したときに、投資家全体に蔓延した感情ではない）。さらに、投資家は、短期金融商品のような低いが確実なリターンをもたらすものに、あまり魅力を感じない。しかしながらキャッシュは、幾つかの魅力的な特徴を持っている。

　投資家は、投資できる資金を持っているとき、キャッシュを大量に保有することのリターンとそれ以外の投資対象の潜在的リターンをはかりにかけているということを常に記憶しておいてほしい。換言するなら、「この

投資は、短期金融商品への投資より成績が良いだろうか？」と自問してほしい。言い方を変えると、キャッシュはほとんど常に金利を稼ぐので、株式のような投資対象は特別なリスクを負うことを正当化し得るに十分なリターンを提供する必要がある。「私は、資金を失うリスクに値する高いリターンをこの銘柄に投資して得ることができるだろうか」。この考え方をより詳しく分析してみよう。

　第一に、キャッシュはリスクをベースとした他のすべての商品と相関関係がない。キャッシュはほとんど常にプラスのリターンを得ることができるので、プラスのリターンを示したり、あるいは示さない可能性のある他のアセット・クラスといかなる相関関係もない。例えば、3年間のうちの1年間で、あるいは4年間のうちの1年間で株式市場が損を記録したと仮定すると、キャッシュは大まかに言って、期間的には25〜33％だけ株式より投資成績が良い。これは、キャッシュをポートフォリオの一部に加えることを考慮するのに十分な数値である。

　第二に、マネー・マーケット・ファンドや譲渡性預金のような短期金融商品への投資は、極めて低いボラティリティを示し、ポートフォリオのリスクを少なくするのである。

　最後に、キャッシュはあらゆる逆張り投資戦略に容易に組み込むことができる。長期的には、キャッシュは株式や債券の投資のリターンを下回るが、逆張り投資家はいつでもキャッシュを正統な投資対象のひとつとみなすことができる。キャッシュからのリターンは、必ずしもそれ自体で増える必要はない。株式市場や債券市場が継続して数年間大きなリターンを出しているとき、キャッシュからのそれは、当然それらを下回る。しかし、株式や債券は必ず逆境を迎える可能性がある。そのとき、キャッシュによって、逆張り投資をすることができるのである。

　かなりの部分を株式と債券で構成しているポートフォリオのキャッシュ比率を増加させることは、キャッシュに投資することと同じである。一時にすべてをする必要はない。通常、逆張り投資法に従って新しい銘柄を購入するときに5％のポジションを割り振るが、持ち株を処分して新しい銘柄を購入するとき、3〜4％にポジションを制限するのも方法である。そ

して、差額の１～２％をキャッシュで残すのである。

　多くの投資家はキャッシュを見くびっている。マネー・マーケット・ファンドや譲渡性預金からのリターンは株式市場から得たいと考えている数値と比べるとかなり低く、十分なものとは考えていないからである。キャッシュが長期的に平均的に低いリターンしか提供しないのは事実である。しかし、もしキャッシュからのリターンが３％あり、株式市場が１５％下がれば、キャッシュからのリターンは実質的に１８％になる。これは、ポートフォリオのリターンに大きな影響を与えることになる。

　さらに、キャッシュには、平均以上のボラティリティを有するポートフォリオの中で重要な役割を有している。ひとつの銘柄で構成されているポートフォリオを想像してほしい。その銘柄が１．２０のベータを持っていれば、同じ方向に、株式市場より２０％だけ大きく振れることを意味する。株式市場のボラティリティに関して、投資家が大まかに均衡を保ちたいと考えるなら、ポートフォリオを２０％のキャッシュと８０％の株式で構成すればそれが可能である。

　キャッシュは、ポートフォリオ全体のリスクとボラティリティを低下させることに役立つ。時に逆張り投資家は、非常に価格変動の大きい株式、債券、ミューチュアル・ファンドを保有したことに気づくことがある。そのとき、リスクを低減するのに、キャッシュを加えるのである。

　逆張り投資家は、ほとんど保証されたと同様のキャッシュからのリターンと株式からの予測リターンを比較する習慣をつけるべきである。１１％の予測リターンの銘柄への投資を検討し、キャッシュが５％の利回りであるならば、逆張り投資家はその銘柄への投資は６％の超過リターンを得るものであると理解すべきである。キャッシュ・ポジションを続ければ５％を得られることを知った上で、逆張り投資家はその銘柄をそれでも買うべきであるかどうかを自問すべきである。

　その銘柄が２０％下がる可能性があれば（これは、ベア・マーケットの年には極めて普通に見られる）、リスクゼロのキャッシュと比べる必要がある。逆張り投資家は、６％のリターンを得るために２０％下がるという危険を犯すべきであるかを判断しなければならないのである。

まとめ

　投資家はポートフォリオを組むときに、概して十分なリスク分析をしない。彼らは中身に多様性を持たせようとするが、せいぜいひとつの株式のリスクをアメリカ株式市場全体のリスクと変換するだけである。逆張り投資家は、しばしば困難に陥った証券に投資することがある。それゆえ、逆張り投資家は、ひとつの銘柄への投資額がポートフォリオ全体の価額の3～5％を超えないようにしなければならない。また、厳格な損失基準を用いることで、投資家は投資資金を維持しなければならない。
　次に、逆張り投資法の投資アドバイスを掲げる。
　1．1銘柄の購入額をポートフォリオ全体の価額の5％以内（より少ない方が好ましい）に限定すること。
　2．ある産業への投資額やあるテーマによる投資額をポートフォリオ全体の価額の20％以内に限定すること。より少なければ、さらに良い。
　3．すべての銘柄で25％の損切りを行うこと。
　4．複数の投資をするときに、相関関係のないものを選ぶこと。
　5．外国株によるリスク分散法のメリットを忘れないこと。
　6．常に、投資リスクとキャッシュへの回帰を比較すること。

　リスクに特別な注意を払うことで、投資家は、逆張り投資戦略が十分に効果を出す時間を稼ぎ出すことができる。逆張り投資家は、リスクを分析することにいくら時間を費やしても十分すぎるということはない。より高いリターンを追求すれば、リスクをゼロにすることはできないので、投資で成功を収めるにはリスクの影響を最小にすることが肝要になる。

第13章 逆張り投資法に基づく売却：ルールに従う

> 樽を開けたときと終わりのときには、杯にたっぷりと酒を注ぎなさい。途中では、控えめにしなさい。
> ——ヘシオドス（紀元前8世紀ごろのギリシャの詩人）

　株式投資では、適正な売却時期を知ることは習得が最も難しい技法であろう。それと比べると、購入はやさしい。あるガイドラインを定めて、それに合致したときに買えばよいが、売りについては、感情に支配される。

売却は難しい

　なぜ売却がそれほど難しいのかを理解することはやさしい。ポジションに利益が出ているときに、そのまま保有を続けると損失が発生するのではないかという恐怖心が生じる。それでもなお、売却しないで保有を続けてしまう。なぜなら、人は貪欲でさらに利益を欲するからである。
　保有銘柄に損失が生じたとき、さらに損失が拡大するのではないかという恐れが生まれる。しかし、損切りしたくないのである。やがて株価が回復し、購入時に望んだ利益を得られるのではないかという淡い期待を持っているからである。自分の行為の正当性を証明したいがために、保有を続けることに固執する。時には、買い増すことさえある。
　株式の売却について、2つの難しい決断をしなければならない。
- 株価が上がれば、いつそれを売却して、利益を確定するか。
- 株価が下がれば、いつ選択ミスを率直に認めて、損切りし、次の好機に備えるか。

この章では、いかに利益を守り、損失の出ている銘柄を損切りするか、つまり、逆張り投資法のポートフォリオから長期的利益を導き出すための技術について触れるつもりである。

売却：途中のルール

売却は非常に難しい。特に、逆張り投資法に基づいて購入した銘柄の場合はそうである。それゆえ、そのための判断ルールを次のように設定した。

1．「ある銘柄を購入するとき、購入価格から２５％下がった価格に売りの逆指値注文を置くこと。この指値は、撤回するまで有効な注文とすること」

売りの逆指値注文を置くことは、単に特定の価格で清算することを常時注文しておくことである。その注文は、（実際には執行されずに）観念的なものになる可能性があるが、以後別途指示するまで証券会社を拘束するので、実際に執行されることもある（売りの逆指値注文でも、配当落ちのときには株価が調整される。例えば、その銘柄が２５セントの配当落ちをしたときには２５ドルの売りの逆指値は自動的に２４．７５ドルのそれに修正される）。

２５％の水準まで下がったときに売りの逆指値を設定することによって、１６ドルで購入した銘柄は、株価が１２ドルに下がれば、自動的に売却される（購入原価１６ドル－２５％の損失額＝売りの逆指値額１２ドル）。買ったことが確認されるや否や、この形式の売り注文を出した方がよい。

すべての保有銘柄の損失額を購入原価の２５％に限定することで、そしてその保有額をポートフォリオの最大５％に設定することで、すべての保有銘柄についての可能損失額は、ポートフォリオの１％を若干上回る程度にすることができる。この第一の売却ルールは、全体的なリスクを小さくすることを狙うものである。

２．「利益の出ている銘柄は、"５０％の利益が生じたとき"、または"買ってから３年が経過したとき"のどちらか早い方が到来すれば、売って手仕舞いすること」

このルールは、ポートフォリオを新鮮にする。次の好機を求めるからである。しかし、コンスタントに取引していれば、これはそう頻繁には生じない。

このルールには、幾つかの例外がある。例えば購入の後、その企業の展望がより改善されたときには、もう少し長く保有したいと思うであろう。

３．「利益が出ているが、いまだ売り注文を出してない銘柄については、３０％あるいはそれ以上の利益が出るような水準に売りの逆指値を置くこと」

このルールは、少なくとも利益の一部を確保するように考えられたものである。例えば、１０ドルで購入した銘柄が８カ月間で１５ドルに上昇したとする。もちろん、そのまま保有したいと考えるのは自然であるが、マーケットに何が起こるか分からない。そこで、１３ドル（購入原価１０ドルに対して、３０％の利益になっている）になったら売りという逆指値注文を出しておけばよい。株価が上昇するにつれて、この逆指値を出す水準が重要になる。逆指値の発動は利益を確保するが、株式市場の通常の変動にも耐えることができるようにしてくれる。

購入銘柄には売りの逆指値注文を設定する

多くの投資家は、売りの逆指値注文の効用に気づいている。しかし、それを実行している人は少ない。典型的な動きは、以下のようになる。つまり、ある悪気のない投資家がある銘柄を所有し、それが上昇した。そこで、現在の高値の１０％から２０％下の価格に売りの逆指値注文を出す。その銘柄は指値のレベルまで下落し、その投資家はポジションを手仕舞いする。しかし、その後、その銘柄は、反転上昇し、株価が倍になってしまう。

その投資家はこの結果に怒り、二度と売りの逆指値注文を利用しないと決心するのである。

■あるポートフォリオ・マネジャー（逆張り投資家）の回想

すべての投資家は、一度や二度ならず、売りの逆指値注文を試している。

さらに、二度三度と試すかもしれない。しかし、初めて大きく利益の出ている株価が、反転し大きく上昇する前に売りの逆指値水準まで下がったために早めにその株式を手放してしまった場合、投資家は売りの逆指値注文を二度と使わないことを誓うのである。これは、不幸なことである。売りの逆指値注文は、投資家が利用できるおそらく唯一の規律ある売りに関するルールであるからである。もちろんそれは完璧なものではない。しかし、下落する株が底に届くまで保有することよりは確実に良い結果をもたらす。私は、株式投資で大きな損失を被ったとき、もし売りの逆指値注文を利用していたらそれほど落胆しなかったであろう、といつも振り返って気づくのである。　　　　　　　　　　　　　　　　　　　　■

　一般的に売りの逆指値注文が敬遠されるのは、次の2つの理由があると考えられる。
　●投資家が、その適正な利用法を知らない。
　●投資家が、その目的を忘れている。致命的な損失を避けるのが目的である。

　二番目の方が議論しやすい。売りの逆指値を置くことは特定のポイントで、投資家に株式を手仕舞いさせるということである。われわれは、マーケットがどう変動するか予測することがほとんど不可能であること、あるいは、株式の見通しを突然予想もしない方向に変えてしまうような情報を予見することは不可能であるということを知っているので、この手法を利用する。戦争のような事件の勃発、重要な政治家の暗殺、スーパーボウル勝者がどちらのリーグに属しているかなどの出来事は、株を買ったときにはこれらのことを考慮してはいなかったような影響を与える（歴史的に言って、ナショナル・フットボール・リーグ――NFL――のチームがスーパー・ボウルを制したとき、マーケットはブルになる。アメリカン・フットボール・リーグ――AFL――が制したときはベアになる。著者たちはニューヨーク州の北部に住んでいる。そして、AFL所属のバッファロー・ビルズとNFL所属のピッツバーグ・スティーラーズのファンであ

り、好みが分かれている)。売りの逆指値注文を活用することは、大きな損失を被るリスクを削減する。

　購入銘柄すべてに、原価の７５％の金額のところに売りの逆指値注文を置くべきである。これを実行し、ひとつの銘柄の購入価額をポートフォリオの５％以内に限定することで、どの銘柄もポートフォリオの１．２５％以上の損失を被ることがなくなる（ポートフォリオの５％×２５％＝ポートフォリオの１．２５％)。

　売りの逆指値注文を設定すれば、かなりのマーケット変動があっても安心していられる（特に、悪材料が完全に払拭される前に購入したときはそうである)。しかも、自分の投資元本を守ることができるのである。しばしば、逆張り投資法の効果が表れないことがある。企業の抱える問題が思いのほか深刻であるため、株価がさらに落ち続けるときである。ある銘柄が高値から５０％（逆張り投資法の最初の買い指標である）下落し、さらに２５％下がれば、現在株価は、その高値の３分の２になっている。高値から３分の２も下げた銘柄は、通常予測されているよりさらに低くなるという可能性の方が高い。

　売りの逆指値注文を設定することによって、小さな損失が大きな損失になるという可能性を排除することができる。したがって、執行された売りの逆指値注文はすべて、その戦略が成功したことを意味する。ポートフォリオの戦略によって、致命的な大損失の可能性を除去できれば、他の投資家に対してそれだけで多大な優位性を得たことになる。大きな損失の心配をする必要がなくなり、逆張り投資法に適した他の多くの銘柄を試すことができるのである。

　売りの逆指値注文が執行された場合は、その特定の銘柄から損失を取り返すことはないということを意味する。異なった銘柄から、取り返すのである。投資家は、売らない限り損失は発生しないと（非合理的に）信じがちである。だれでも希望的観測に固執する。そして、株を売るときは、希望も捨てるのである（これは、ダンテの「地獄編」で地獄の門に掲げられていた次のようなクールな言葉を思い起こさせる。「汝ら、ここに入るもの、一切の望みを捨てよ！」)。しかし、損失を被った銘柄に対して希望

的観測に固執することは、投資リターンに対して高価な代償を要することになりかねない。

■あるポートフォリオ・マネジャー（逆張り投資家）の回想

　プロの投資家として、時には間違いをすることも仕事の一部であると認識している。一般投資家もこれを理解すべきである。損失額、取引手数料、諸費用、そして税金は、投資家が負担する経費である。つまり、勝ち銘柄の中にも損失が含まれているのである（「システム売買」の有名な信奉者であるラリー・ウィリアムズは実際に言っている。投資家は、カジノに出かけて、賭けてみて、小さな負けを重ねてみる必要がある。そうすることによって、投資家は日常的に損失を被ることに慣れることができると、彼は信じている。『相場で儲ける法』日本経済新聞社）。　■

　売りの逆指値注文の利用法を習得するには、時間がかかる。高く上昇した銘柄で利益を確保するためにそれを設定するときには、特にそうである。

損失を限定する

　購入したすべての銘柄の25％下がったレベルに損切りのための売りの逆指値注文を設定すべきである、というわれわれの提案を検討してみよう。商品取引では、すべてのポジションに初めから売りの逆指値注文を設定しなければならない。同様に、逆張り投資法のポートフォリオにも、そうすべきである。

　ある投資家が各銘柄の比率が3％（ひとつの銘柄がポートフォリオの5％にならないようにせよと言ってきた。3％の方がさらに良いと考えられる。この例では、より保守的手法を取り、占有率を3％に設定した）になるようにポートフォリオを組み、全銘柄の25％下の水準に売りの逆指値を設定する。この場合、各ポジションのリスクは、ポートフォリオ全体の0.75％にすぎない（3％×25％＝0.75％）。

《例》
- ●ポートフォリオ：１０万ドル
- ●購入額：３０００ドル（３％限定）
- ●２５％下に売りの逆指値注文を置く＝最大可能損失額：７５０ドル
- ●７５０ドル＝ポートフォリオ総価額の０．７５％

　各ポジションごとに損失額を限定することで、逆張り投資法は、長期的に継続して投資することを可能にする。逆張り投資法によって選定された株式は、しばしば困難に直面している企業のものである。普通の投資家は、そのような銘柄を選ぶことはしない。

　最初にしなければならない決断は、"精神的な"売りの逆指値と、キャンセルするまで有効という条件をつけて証券会社に注文する"機械的な"逆指値注文のどちらを使用するかということである。一部の非常に有名な投資家は、自分たちの手のうちを他のトレーダーに見せたくないので、実際に逆指値注文を設定することをしないかもしれない。しかし、一般投資家も実際に売りの逆指値注文を設定したがらない。自動的に保有株を売却してもよいという約束をしたくないからである。しかし、それは間違いである。

　確かに、負けている銘柄が最終的には利益を出す水準に戻るということはある。そして、売りの逆指値注文はある程度の利益を残すことがある。しかし、もっと重大なリスクは、"精神的な"売りの逆指値水準として設定した限度額を無視し、株価が損失を発生させる水準へと下げるのを見ることになるところにある。予期しない展開に凍りつくこととなる。

　一般投資家は、売りの逆指値注文について断片的記憶しかないように思われる。彼らは、売りの逆指値の設定・解除を６度繰り返すことができる。そして、保ち合い相場から７度目で抜け出たとき、逆指値注文が６度連続して効果のあったことを忘れたかのように思われるのである（ウイップソウ――トレンドのない状態――においては、次々と過ちを起こしてしまいフラストレーションを持つ。例えば、投資家は２５ドルで買い、２０ドルで売却してしまう。そのうち、３０ドルに上昇したので再度購入する。そ

うすると、すぐに２５ドルに下がってしまう）。

勝ち銘柄に売りの逆指値注文を設定する

　素晴らしい上昇トレンドを持った銘柄を保有しているとする（株価の上昇は持続しており、安値を切り上げ、さらに高値を更新している）。当然、その銘柄を持ち続けたいと考える。同時に、利益を確定したいとも考える。そのため、売りの逆指値を設定する。問題は、いつどの水準でそれを設定するかである。

　チャート分析は、われわれがどのように売りの逆指値注文を設定するかを理解する上で、役立つ。

　チャート分析においては、株価チャートを研究し、目先の天井や底を決める株価動向を観察する。逆指値注文がその周辺に多くたまっているために、天井や底が形成される可能性が高い。テクニカル分析で言及される"支持線"や"抵抗線"がいかにして形成されているかをまず見ることから始めよう。

　表１３．１の株価チャートを見てほしい。１は、逆指値注文が多く蓄積されるであろう水準として際立っている。株価がこの水準を下に突き抜けることは、おそらく新しい下げトレンドのシグナルとなると思われる。株価は、天井の２まで上昇する。そこには、再度新しい逆指値注文が蓄積されるであろう。この２の水準での注文は、天井で売るチャンスを逃した投資家による売り注文と、この銘柄に対して空売りを仕掛けている投資家による損切りのための買いの逆指値注文であろう。

　３までの下げは２に置かれた指値には影響を与えない。しかし、３には、新しい逆指値（一般的には売りである）が蓄積される。４までの反転は、２で設定した指値水準を超えない。それゆえ、幾つかの新しい逆指値がここで設定される。５に至る下げは、３で設定した逆指値に届かない。

　５から６までの変動は、ついに３で設定した逆指値を抜いてしまう。しかし、１で設定した指値は撤回されていない限り、有効である。７への反転は、窓を埋めることを目指したが、結局失敗する。８までの下げは、そ

れまで設定されていた1の水準からのすべての売りの逆指値を下に突き抜けて注文が執行される。

これは、かなり典型的な株価変動チャートである。この不安定な価格変動では、適正な逆指値を設定することは不可能ではないが、難しい。ひとつの問題は、もし投資家がこの銘柄を1近辺で購入した場合、投資家はこの銘柄が新高値をつけ、その後に3分の1下げる結果となることを知り得なかったということである。もちろん、逆張り投資家はこの銘柄を最初の時点で購入することはしない。逆張り投資法に適合しないからである。

それにもかかわらず、1近辺の26ドルで購入し、23ドル付近で売りの逆指値注文を設定した。これは合理的な水準である。これによって、逆指値が発動されるまでに10％の価格調整を許容範囲（23.5ドルまで）としているからである。しかし、10％を逆指値設定の基準とした場合、値幅としては極めて狭いものになる。しかし、逆張り投資法で選択した銘柄が突然に10％急落するのは珍しいことではない。

図13.1

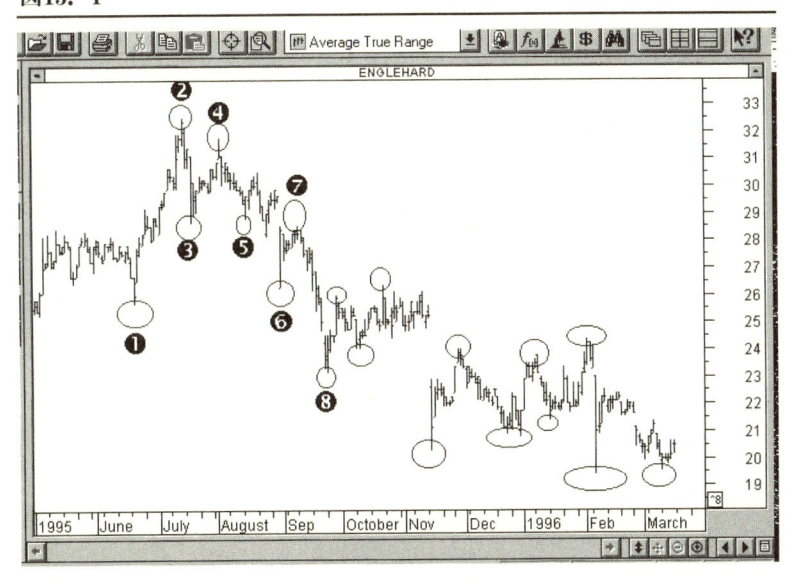

すでに魅力的なリターンを記録した銘柄に、逆指値を設定するのは容易ではない。リスクと報酬のバランスを取ることが肝要である。指値が買い値とあまりに近接していると、通常の価格調整で振るい落とされてしまう。かといって、指値を非常に低く設定すると、多くの利益をあきらめることになる。

いつそれらを保有し、いつそれらを売却するか

逆指値に引っかからない限り、逆張り投資家は購入銘柄を3年間、あるいは50％の利益が出るまで、保有することを考えるべきである。これらのうち、どちらか早い方が実現したら、売却するのである。この売却ルールのそれぞれを検討してみよう。

ベン・グレアムは50％の利益が出たとき、または、購入後24～36カ月の期間が経過したときのどちらか早い方の条件で、ポジションを清算すべきであると考えた。これは、簡単に割り切りすぎるように思われる。かなりの儲けを逸するように思われる。しかし、株価と時間という2つの重要な部分に分けて考えれば、グレアムの売却ルールは研究の出発点として非常によいものである。

われわれが検討した学問的研究は、逆張り投資法に従って購入した銘柄を2～3年保有することの有効性を証明している（ヘンリー・オッペンハイマー、ワーナー・ドゥボンド、リチャード・テーラー、グレッグ・ジャンク、そしてステファン・クラフクなどの研究が本書全般を通じて引用されている）。さらに、ジョン・ハウの業績は、50％の価格上昇を記録した銘柄（彼の言う好材料株）は、その数値を達成した後、マーケット全体のインデックスを下回っていることを明らかにした。他の言葉で言うと、一度50％上昇した銘柄はマーケットを抜くことはできない。他の銘柄を選択した方がよい。

かくして、3年間保有した、または50％の株価上昇を記録した銘柄を売却するということは、その根拠が証明された。これら2つの簡単なガイドラインには、次に掲げるように、幾つかのメリットがある。

１．それらは客観的であり、解釈が必要となる主観的なものではない。逆張り投資家は、時間を節約できる。新しい銘柄選択に使うことができる。いつ売るかを考えて思い悩む時間を少なくできる。

　２．それらによって、ポートフォリオの中身を刷新することが強制され、高リターンの可能性のある銘柄に入れ替えることができる。３６カ月保有を続けた銘柄があれば、自動的に他の銘柄と入れ替えるべきである。

　３．それらは、逆張り投資法の考え方を維持するのに役に立つ。売り叩かれた銘柄が５０％の上昇を実現するには、投資家は間違いなく自分の意見をベアからブルに変える必要がある。

ルールの例外

　われわれは、「半値上げ売りルール（up-by-half rule）」が、時に非常に多くの儲けをマーケットに取り残すことがあることを認める。５０％の上昇を示したので、２５ドルで売却処分した銘柄が１５０ドルまで急騰したりすることによって、その銘柄で可能であった余分な儲けをふいにすることがときどきある。５０％株価が上昇した銘柄を保有することにはメリットがある場合がある。ある銘柄で１００％、２００％、または３００％のリターンがあれば、ポートフォリオに多くの余裕を持つことができる。次に掲げる４つのルールは、銘柄の長期保有を決定するときの一助になると思われる。以下の場合は、保有した方がよい。

　１．企業利益見通しが継続的に改善されることが明白である場合である。逆張り投資家は、しばしば方向転換寸前のときに株式を購入する。それゆえ、短期間で５０％の利益を得ることができる。たぶん、株価の５０％上昇は序曲であることは明白である。株価が急落したときの対策として、ポジションの３０％に当たる利益を確定するために、最初の売りの逆指値注文の水準を引き上げた方がよい。保有を続けるにつれて、指値を変更し、それまでに生じている利益の６０～７０％を確保し得るように調整すべきである。株価が１００％上昇を示したら、新しい売りの逆指値注文を出して、少なくとも６０％の儲けを確定した方がよい（１０ドルの銘柄が１５

ドルになっても保有を続ける場合は、最初に設定した売りの逆指値を変更する必要がある。つまり７．５０ドルを１３ドルにしなければならない。株価１３ドルは少なくとも３０％の利益を確定している。同じ銘柄が２０ドルに急騰すれば、指値は１６ドルに変更しなければならない。これによって、６０％の利益が確定できる)。

　２．新しい「内部者(インサイダー)による自社株買い」が明らかになったときである(「内部者による自社株売り」を取り上げた章で議論したように、これは有効な売りシグナルではない。内部者は、個人的な資金事情で自社株を売る。会社の将来性によってではない。しかし株価が５０％以上の上げを示し、それに「内部者による自社株売り」が重なれば、事情は違ってくる。基本的に５０％利益確定ルールが適用される。すぐに売却処分した方がよい)。ポジションが５０％上昇し、内部者がその銘柄を買えば(１２万株以上)、保有を続けた方がよい。「内部者による自社株買い」は、われわれが最もブルと考える買いの指標である。ポートフォリオの大部分に、売りの逆指値を出しておくことを忘れてはならない。

　３．株価が周知の"心配の壁"を上昇し続けているときである。読者がブルの立場を取り、その銘柄を長期的保有しているときに、多くの投資家がベアの立場であれば、読者は真の逆張り投資法を実行することができるため、その銘柄を長期保有したいと考えるに違いない。保有期間が長くなればなるほど、多くの投資家が買い方に参入してきて、期待利益が大きくなる(それは繰り返される。底だった株式市場が上昇を開始し始めるとき、多くの人はそれを全く信じない。何かが変わったことを理解するのに時間がかかる。そして、被った損失、あるいは今や時代遅れになった前提をもとに相場に挑むのである。そして、最終的に光が見えるようになる。もし読者の保有している銘柄に対して一般投資家がベアであるなら、読者の保有している銘柄をさらに上昇させる新規資金はそのような投資家以外の投資家によって投入されるのである)。

　４．継続的にプラスの利益を得ているときである。それは、当たり前のことに思えるが、次のことを言わなければならない。利益を得ているという事実は保有を継続する理由になる。マーケットがその保有するという決

断の正しさを証明している。ポジションの利益が先月のそれより多ければ、そして年初のそれより多ければ、株価が上昇トレンドにあると言える。それゆえ、もう少し長く保有しても構わない。月末の利益が先月より下がっていることが分かれば、それは価格調整か、または天井である。売却して、利益を手に入れた方がよい。

これらの例外を実行するときは、極端に注意を払うべきである。しばしば貪欲さは、われわれに周りを見えなくさせ、売りについての賢明な判断力を鈍らせるからである。一度、自分の予想した方向に株価が動き始めると、適当なときに売り抜けることは非常に難しい。それに反対する強い理由がなければ、５０％の利益が得られたとき、または購入から３年経過したとき、売却した方がよい。

売却に必要な判断力

売却の決断は、非常に難しい。それに関し、幾つかの心にとどめておくべき格言がある。

「逆張り投資家は、株価を予測することを止めた方がよい。株価がどこに行くのか、だれにも分からない」。株価トレンドが進行中のとき、それがどのくらい続くのか、どのくらい上がるのか、投資家には分からない。

この本の中で述べた幾つかの分析ツールでさえ、不合理なマーケットの変動を予測することはできない（皮肉ではあるが、買う側としては不合理なマーケットの変動は素晴らしい。大多数の投資家は、何かのニュースに過剰反応するため、適正価額をはるかに下回った値段で買えることがあるからである。逆張り投資家は、これらの銘柄を買い対象としてとらえることができる。売りの技術として、根拠なき熱狂を利用するのはかなり難しくなる）。

１６ドルで購入した銘柄が急騰して３５ドルになることがあるかもしれない。その価格は、すべての合理的な基準で見て十分な価格となっている。もし投機的な熱狂が生じれば、その価格は簡単に８０ドルに上昇すること

がある。もちろん、35ドルが80ドルになる動きをとらえたいと切望している。しかし、ファンダメンタルズ分析やテクニカル分析を使用しても、継続的にそのようなことができるはずはない。幾つかの例を検討したい。

銘柄購入に極めて有効なテクニカル分析の幾つかのツールは、逆張り投資法の前では色あせた存在である。この意味を理解するには"移動平均"を考えてほしい。これは、テクニカル・アナリストが最も好む分析ツールである。"移動平均"とは、定められた期間の終値の平均である（通常、100日または200日平均が最もよく利用される）。50日移動平均においては、ある銘柄の終値平均を50日以上の期間で計算してみる。最初、1日目から50日目までの平均を計算する。51日目に、2日目から51日目までの平均を計算する。以後、1日ずらして計算する。この作業で、"移動平均"を得ることができる。

図13.2　移動平均（コカコーラ）

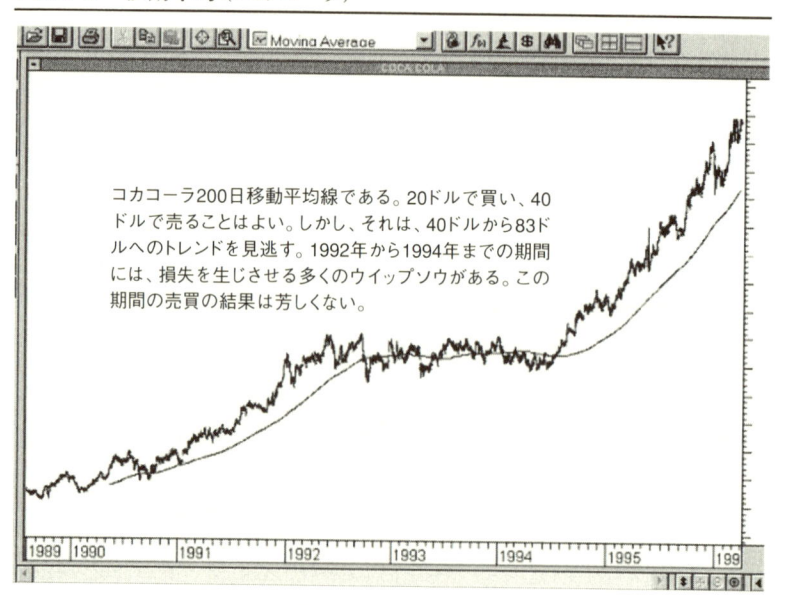

コカコーラ200日移動平均線である。20ドルで買い、40ドルで売ることはよい。しかし、それは、40ドルから83ドルへのトレンドを見逃す。1992年から1994年までの期間には、損失を生じさせる多くのウイップソウがある。この期間の売買の結果は芳しくない。

この移動平均システムでは、株価が移動平均価格より上にあるとき、その銘柄は買いである。その逆に、株価が移動平均価格より下にあるとき、それは売りである。
　このシステムを使うとき、突然の株価反転によって"撤退してしまうこと"がよくある。その結果は、再び上昇が以前にも増して力強く始まることを眺めるだけとなってしまうということである。
　表13．2に示されているコカ・コーラ社の株の上昇トレンドを見てほしい。1992年半ばから1994年半ばまでの期間で、この株式は40ドル近辺を推移していたが、これらの上下する動きの中で非常に多くの撤退する機会があったため、この銘柄を購入して、80ドル台半ばのピークまで持ち続けた投資家はほとんどいなかった。
　その他の多くの例を挙げることができる。事実は、株式を売るための逆張り投資法として頻繁に適用できるほど正確にトレンドを測定するためにテクニカル分析を利用することはできない。
　ファンダメンタルズによる計測はときに一助にはなるが、しばしば役に立たない。何年もの間、S&P500の配当利回りが3％以下に下がれば、株式は過大評価されていると投資家は信じていた。1996年までは、このシグナルで株式を売却していた投資家は消極的態度を取っていた。ダウが2000ポイント以上の上昇をするのを眺めていただけであったのである。
　その他の投資は、より心理的なガイドラインを使用して、売りのタイミングを計っている。例えば、他のマーケットが最も合理性を欠いているとき、すなわちパニック状態になっているとき、金は最も儲かる投資対象である。ファンダメンタルズ分析によって、産業界の需要と供給のバランスの狂いの指摘があっても、それは関係がない。金のヘッジ機能に気がついた大衆がそれを所有したいと考えたときに、ファンダメンタル分析ではその投資家の不合理なニーズを計測することはできない。
　ある銘柄に多くの空売りが行われ、上昇し始めた場合、ショート・スクイーズ（踏み上げ）が起ることがある（ショート・スクイーズ――踏み上げ――によって、株価は急上昇する。借株を返すために、借株をして空売

りをした者にしばしばいかなる価格によっても買い戻しをさせるからである。多くの空売りを呼び込んだ銘柄は、そのような窮地に陥った売り手の数が多ければ多いほど上昇を加速する。これらの銘柄は急騰することが特徴である）。そのような状態においては、株価はあらゆる合理的な評価（バリュエーション）の基準を超えているのである。空売りで踏まされた投資家は、買い戻しするために躍起となるため、その銘柄に対していかなる価格でも支払う。再度明確にすると、評価はニーズによって決定される。それは利益、簿価（純資産価値）、その他の伝統的、合理的な価値評価手段とは関係がない。

　株価がどこへ向かうかは何人にも分からないので、株価目標額を算定するツールや分析ツールの存在意義は限定的である。それは、われわれが次に掲げる格言に直接通じる。

「貧弱な、あるいはタイミングの悪い売却決定のために、一度した決断を振り返るような無駄な時間を費やしてはならない」

　すべての投資家と同じように、逆張り投資家も時にはミスを犯す。売りのタイミングが早すぎ、価格暴騰のチャンスを逃してしまうのである。あるいは、折角定めた売りのルールを無視して、大損を被ってしまうのである。このルールは、非常に多くの無駄な時間を省くことができるように、つまり、自分の決断に疑問を持つ時間を減らすようにしたものである。

　しかし、ミスを犯したときでさえも、これから学ぶことができる。自分自身を許し、次に向かって動き出すことである。

■あるポートフォリオ・マネジャー（逆張り投資家）の回想

　時に売りの逆指値注文を設定した取引は、非常にうまくいく。それによって、利益を確保することができる。リード・ライト社を覚えておられるだろうか。ハードディスク・ドライブのメーカーである。１９９６年９月に同社株を１６ドルで購入した後、２５％下の水準に売りの逆指値注文を設定した。株価が上昇したので、その必要はなかった。ところが、株価が２４ドルを超えたとき、５０％の利益が生じていたので（数週間のうちに生じた）、高値の２０％下に売りの逆指値注文を設定した。その逆指値注

文によって、われわれは少なくとも３０％の利益は確保し終えていた。

　同社株は、１９９７年１月に３３ドルに上昇した。その後、下がり始めたので、２８ドルで売却した。２５％の売りの逆指値注文を設定していたので、７５％の利益を得ることができたのである。

　同年の２月と４月に、同社株が動き始め、３３ドルに戻った。手仕舞いが早いのではないかと考えた。

　しかし、同年５月までに、２０ドルに下がってしまった。ここで、われわれの取引ルールの重要性を再認識した。それに従わなかったならば、利益の３分の２を失っていたのである。

　確かに、売りの逆指値注文が発動して、一定の利益を儲け損なうことが時折あることは認めなければならない。ティンバーランド社での経験を述べたい。同社は靴の製造販売をしている。同社株が暴落したので、１９９６年８月に、１株１８ドルでポートフォリオの３％相当額を購入した。それは、逆張り投資法に適合した銘柄であった。非常に分かりやすい業態であるが、業績不振で売り叩かれていたのである。

　翌年２月まで、同社株は上昇した。それから、下降を開始した。売りの逆指値注文が発動して、３８ドルで売り抜けたのである。この数値は、購入原価の２倍以上であった。うまくやったと思った。

　しかし、不運なことに、３８ドルへの下落は短期的調整であることが分かった。同社株は、再び上昇を開始したのである。その次の６カ月間で、ほとんど垂直に上がり、さらに３０ドル分の上昇が上積みされたのである。

　これは、われわれの投資専門家としての能力に疑問を呈することになっただろうか。読者はその方に賭けるかもしれない。われわれは、投資法を変えただろうか。否、そんなことはない。一瞬たりともそんなことは考えもしなかった。　　　　　　　　　　　　　　　　　　　■

まとめ

　一般投資家は圧倒的に銘柄選定法に関心を集中するが、われわれは銘柄をいつ売るべきかを知ることが投資家が上達することのできる最も重要技

法であるという反対の見解を（当然に）持っている。われわれの売りのルールは、損失を最低限にし、利益を最大にすることに役立つのである。

1. 株式を購入したときには、必ず購入価格から２５％下落した場合に、その銘柄から手を引くことができるよう、その水準に売りの逆指値注文を設定すること。
2. ５０％の利益が出たら、売却すること。さもなければ、３年間保有したら売却すること。どちらか先に生じた条件に基づき実行すること。ただし、幾つかの例外がある。例えば、その会社の業績見通しが明確に明るくなり、継続しそうな場合は、保有し続けてよい。
3. ５０％上昇した銘柄に、少なくとも３０％の利益を確定するように売りの逆指値を設定すること。それ以上上昇した銘柄については、７０％の利益を確定するように、逆指値を設定することを考えてもよい。少々のボラティリティが生じても、逆指値の設定で気にする必要はない。確実に、利益を守れるからである。

訓練を要する他のシステムと違って、逆張り投資法は、首尾一貫しないあるいは最悪の結果をもたらしかねない度胸や直感に基づく行動を除去することができる。

第14章 勝利を得るためのプランニング：自分自身の逆張り投資戦略を創造する

成功の秘訣は、目的に忠実になることである。

——ベンジャミン・デズラエリ

　すべての成功した投資家は、例外なく、次の２つの特徴を持っている。
　１．自分自身のプランを持っている。
　２．そのプランを確固たる規律をもって実行する。

　商品取引には、古い言い伝えがある。「自分の仕事のプランを立てよ。次に、そのプランを実行せよ」。自分自身の投資戦略を創造し、その戦略に従うべきである。成功している投資家は、カンに頼る投資をしない。ある人は、真のプロは毎日市場に飛び出し、直感的にてきぱきと反応し、その日の取引に一定のスタイルと落ち着きをもって取り組み、ポケットにいっぱいの利益を詰め込んで毎日を終えると考えているように思われる。
　成功する投資家は長期間にわたって、自分自身の投資スタイルを確立している。彼らも窮地に陥ることがある。そのときは、見当はずれなことをし、手をいっぱいに伸ばして利益をつかみ取ろうとするのだが、損失を重ねるだけに終わる。しかし、自分のスタイルに固執し頑張り通す。最終的に、彼らの規律や自分たちの知っていることを貫徹する意欲は実を結ぶ。何年にもわたって、改良を加えられた彼らのアプローチ法は確実な利益を長期的に約束するのである。
　不幸なことに、その単純な成功への道を、多くの投資家は理解できない。彼らは、それをブル・マーケットでの心構えと混同しているか、投資スタイルをコロコロと変えてしまうのである。彼らは、１日で利益が得られると誤解している。利益が毎日マーケットを飛び交っていると考えているよ

うである。

　一部の投資家は、経験の浅さゆえに犠牲者になることがある。そのとき、マーケットが不正な手段で操作されており、内部者（インサイダー）や得体の知れない投資集団がマーケットを操作して、個人投資家に損失を与えていると考えるのである。これらの投資家は、自分たちの能力不足が諸悪の根元であることを認めない。

　われわれは、特定の企業についての内部者による自社株売買は、その企業の将来展望を示す格好の指標であると考える。そして、買いの方が、売りよりも示唆に富んでいると考える。そして、これらの内部者でさえもときどき間違うことがある。

　一部の技術好きの人は、コンピューターの中にこそ、富への真の道があると信じている。彼らはボタンを押して紙を印刷するように、簡単に投資利益を得られるような完璧なトレーディングシステムを求めて、来る日も来る日も開発に明け暮れている。それは、何か有望に見えたとき（例えば、シカゴの気温がニューヨークより華氏20度以上高くなれば買いであり、華氏10度以上低くなれば売りであるというように）、それを実行し、結果として、失敗するのである。しかし、コンピューターを捨てることはしない。プログラムにちょっと手を入れて、再び挑戦するのである。

　最終的に、彼らはすべての興味を失ってしまう。あるいは、すべての財産を失ってしまうのである。

　他の投資家は、すべての投資プロセスを擬人化してしまう。彼らが偏執狂と思われる状態になったときは、マーケットは自分たちをやっつけるために休んでいると信じる。購入銘柄の価格が売りの逆指値水準まで下落すれば、逆指値注文が発動して、彼らはマーケットから追い出されてしまい、その後、20ポイントの反騰をすれば、自分たちをやっつけるために、マーケットが下がったと考えるのである。

■あるポートフォリオ・マネジャー（逆張り投資家）の回想

　私は、化学肥料の会社のユニットを買って、ポートフォリオに組み入れたことがある。その業界は振るわず、だれも関心を示していなかった。化

学肥料生産自体も、それほど魅力あるものではなかった。これは、完全に逆張り投資法向きの銘柄と言える。私は、高利回りを目指すポートフォリオの一任勘定向けにこの銘柄を購入した。この会社がリミテッド・パートナー会社として、ニューヨーク証券取引所で取引されていたとき、２０％の利回りであった。私が購入してから３年間で、この会社（の利益と）ユニット価格は２倍に跳ね上がった。穀物の供給が不足したために、家庭用菜園で野菜などを栽培する人が増え、化学肥料に対する需要が大幅に増えたからである。

　同社は、パートナーシップから株式会社へと組織変更する予定であり、そうなれば、利益のすべてを配当として支払う必要がなくなる。それまでの配当利回りは明らかに１～２％減らされることになろう。その変更は、１０カ月後に行われる予定であった。当該会社のユニット価格は、新会社への組織変更日が近づくに連れて下がり始めたので、私は３万株のポジションを３６ドルですべて売り払った。２日後、ある新聞記者がテレビの番組の中で、同社の配当利回りが素晴らしいために買いであるというコメントを発表した。株価は、９ドル上昇し４５ドルへと暴騰したのである（その記者の伝えた事実は、全くの誤りであったにもかかわらず）。ひとりの顧客が電話をかけてきて、「なぜ、待てなかったのか？」と尋ねた。

　私の答えは、以下のとおりである。「この銘柄を第一ステージで買えたことは幸運であったと考えている。重大な穀物不足は、予測できなかったからである。しかし、テレビのインタビュー番組の前に売却してしまったのは不運であった」

　私は、自分自身を責めることはしなかった。その記者を責めることもしなかった。テレビ・ネットワークをののしることもしなかった。次に何を購入するかを考えることで、非常に忙しかったからである。　■

　投資で成功を収めるには、投資判断の形成に懸命に努力することである。そして、その投資判断に基づいて行動することに信念を持つことである。その結果は、投資技術の健全さによって左右される。幾つかのケースでは、不運が正常な判断や正当な理由を凌駕してしまう。人は、結果としての損

失について、不当であると言いがちである。しかし、マーケットには、正当も不当もないのである。そこにあるのは、利益を得たか、損失を被ったかである。そこでしてはならないことは、怒ること、ヒステリックになること、偏執狂的になること、狭量的になること、ショックのあまり抜け毛を起こすこと、そしてそれらが自分にだけ起こったと思うようなことである。健全な投資プランを立て、規律をもって長期的に実行すれば、それらすべてを避けることができるのである。

自分自身を理解すること：自分は、逆張り投資家だろうか

　自分の投資プランを実行するときに、まず自分自身を分析した方がよい。この分析では、自分がだれであるかを正直に評価しなければならない。それは、自分がどうありたいかではない。われわれはみんな、あの勇敢で、毎日相手方をののしり、自宅に大金を持ち帰るようなトレーダーでありたいとは思うが。

　ところが、われわれはトピーカ市のセールスマンであり、ユージーン市の保険会社事故係であり、ヒューストン市の企業の一員であり、あるいはボルチモア市のパソコン専門の記者である。われわれには、扶養家族があり、住宅ローンがあり、車のローンがあり、年取った両親がいる。さらに心配事として、退職後必要となる金額に十分な預貯金ができるかという問題がある。われわれは、自分の農園をすべての投資アイデアに賭けるわけにはいかない。同時に、銀行のＣＤ（譲渡性預金）の少ない金利ですべてを解決するわけにもいかないのである。われわれはより大きなリターンを得るために、幾ばくかのリスクを負おうとする。実際、われわれはそうしなければならないのである。

　さらに、自分自身の性格を理解する必要がある。成功する逆張り投資法による投資は、大多数の投資家と反対のことをすることなので、独立してものを考えられる人になる必要がある。これができるだろうか。それとも、他人の意見に従っていれば満足してしまう人間だろうか。

　成功する投資には、規律が必要である。良いとき悪いときを通じて、自

分のゲームプランを維持できるだろうか。何度も何度も繰り返して適用するほど、自分の考えや戦略に十分な信頼を持っているだろうか。

リスクを前にして、平静でいられるだろうか。逆張り投資家は、しばしばハイリスクと思われるセクターやマーケットに投資をし、そこに属する銘柄を購入することがある。自分のプランがいまだ効力を発揮していないときに、おじけづかないで、それを実行し続けられるだろうか。

簡単に言うと、逆張り投資家になるには、集中力、忍耐力、独立心、不断の努力、そして図太い神経が必要なのである。

■あるポートフォリオ・マネジャー（逆張り投資家）の回想

投資と投資スタイルとの適合性は、投資の世界では最も見逃された概念のひとつである。ひとりの投資家には非常に役に立ったものが、他の投資家には壊滅的損失を与えることがある。多くの投資家が失敗する理由はそこにあると考える。彼らは、良き投資戦略や技法を持っているかもしれないが、それらの戦略や技法が自分たちの性格に適合していないため、それらに満足できないのである。その結果、彼らはそれらを貫くことができないのである。

例えば、私はリスクを心配する気弱な心を克服する唯一の方法は、自分のポジションに、極めて厳格に、売りの逆指値注文を設定することであるということを長年かけて学んだ。ハイリスクのポジションをいつ売却するかを決めることは、大変困難であることを知っていた。売りの逆指値注文は自動的にその困難から私を解放してくれ、大いに役立った。自分自身の口座で取引するときは、すべてのポジションに、キャンセルするまで有効な売りの逆指値注文を設定している。ある銘柄や投資を損切りするときに、ああすればよかったと後悔することはしないのである。実際、私は、自分の投資戦略を貫く規律を有していたことを示せたことに喜びたい。　■

経過時間を熟考する：訓練を積んでいるだろうか

どのくらい自分の投資プランに、時間を割くことができるだろうか。現

実的になってほしい。もし5人の子供たちがいて、2人が仲間とサッカーの移動試合をし、そして大きな芝生があり週末に庭仕事をするなら、毎週、多くの投資戦略が必要とする時間を割くことができない。ファンダメタルズ分析やテクニカル分析を駆使して、自分の興味ある産業のトップ・ファイブの企業について、深く検討することができない。あるいは、5つの異なったアニュアル・レポートの脚注まで読んで、非常に細かい数値までそしゃくするほど十分な（そして、おそらく、平和で静かな）時間を持つことができない。

　規律を持つということは、重要である。自分の投資プランを貫くためにあなたのスケジュールを管理する必要がある。たぶん、普通の人は、1日のうち1時間程度は投資検討に時間を使えるかもしれない。あるいは、1週間でまとめて3時間かもしれない。自分の投資プランが、どの程度の時間を必要とするのかを確認する必要がある。1週間のうち、1晩しか時間が割けないとしたら、毎日検討を要する投資プランは向いていない。他方、毎日30分だけ時間が割けるなら、その30分で検討可能なプランを作成するべきである。

■あるポートフォリオ・マネジャー（逆張り投資家）の回想

　私は、1週間のすべてを投資のために費やしている。それゆえ、多くの選択の機会がある。私は何をするかによって異なる投資に対して、異なった時間枠を使用していることを発見した。

　私は、自分の子供の口座の投資を年に一度分析する。彼らは、何年も資産を増やすことのできる時間がある。それゆえ、投資対象地域を世界の他の国や地域（ヨーロッパやアジアなどである）を選び、数年かけて資金が蓄積するように投資する傾向がある。しかし、自分自身の口座では商品取引をしているのだが、毎晩1時間を費やすことにしている。そして、週末には、戦略をさらに明確にするために2時間から3時間を使うのである。商品取引には、非常に緊密な管理が必要とされるからである（参考までに言うと、本書を執筆中、私は自分の商品取引を中止した。顧客、本書の執筆、そして自分自身の商品取引のすべてに適正な時間を割くことができな

いので、自分自身の商品取引を中止したのである。注意をいろいろなことに向けすぎて、自分が顧客のために十分時間を取れないリスク、あるいは投資リターンが減少してしまうようなリスクを顧客に負担させたくなかったのである。それゆえ、私自身の商品取引口座は止めざるを得なかったのである）。

毎日手当てをしている顧客のポートフォリオは、毎週末に再検討を加えなければならない。定期的に彼らのポジションを観察しながら、毎日や毎月の調整ではなく、毎週それに調整を加えているのである。

私が使用するメソッドは、各投資対象にふさわしい適正な戦略を直接に反映している。それぞれの利用法は合理的である。自分の子供の口座を毎日分析するのは、愚かなことだろう。それと同じく、自分の顧客のポートフォリオを１カ月も放っておくことも愚かなことである。■

情報源の調査：喜んで宿題をこなす気持ちがあるだろうか

自分の意見形成に必要な知識は、調査から得ることができる。自分の投資プランを有効なものにするためには、調査の結果を継続的に利用できなければならない。同じ雑誌、新聞、調査レポート、あるいは投資情報番組を毎週、毎月、毎四半期ごとに継続して見たり、読んだりできる必要がある。もしある情報が一連のものとして得られたのではなく、散発的に得られたものであれば、それを投資決定のベースとして使いたくはないだろう。

もしバー・カウンターの隣に座っただれかから得た秘密情報、あるいはケーブル・テレビのインタビュー番組から得た情報をもとに、銘柄を購入するとしたら、有効な投資プランを持っていないのだろう。インタビュー番組を見て、良さそうに思えたので投資した。それが本当に規律に基づいた投資方法と言えるだろうか。情報源の意見は、翌日には変わるかもしれない。それを知ることができるだろうか。彼の翻意を知らなかったなら、売りのシグナルを見逃してしまうことになりはしないだろうか。

継続して手に入る情報源を特定した方がよい。例えば、バリューライン社が発行しているバリューライン・インベストメント・サーベイは、役に

立つ。年間購入費が高すぎるというなら、町の図書館にあるだろう。その他にも、効果のある情報源がある。証券会社が発行する週報はそのひとつである。コンピューターによって編集された月間のミューチュアル・ファンド格付けサービスという情報源もある。

　購入決断のために、これらの資料を使えと言っているのではない。覚えておられるだろうか。逆張り投資家は、独立して物事を考える人物である。しかし、これらの資料は、すべての人が嫌っている不人気銘柄の選定や、ひとつのマーケットや産業から、逆張り投資法に適した候補銘柄を見つけた後、どの銘柄を購入するかを決定する上で役立つのである。

　情報源は、その素晴らしさに定評があり、継続的に手に入るものでなければならない。人はだれでも、取得した情報を明確に理解したがる。それは役に立つのか、どのような意味があるのか、ときどきそれは変わることがあるのか、というようにである。分析の規律の一貫性を保つためには、同じ調査の情報源にも継続性を持たせる必要がある。情報収集が運任せであれば、結果も運任せとなろう。

　情報源は、売りと買いの両方に役立つ情報を提供しなければならないということを覚えておいてほしい。月刊誌に取り上げられた銘柄が偶然にも逆張り投資法に適合した魅力的なものであることが分かったとき、売る時期を知るための情報を、いかにして得るかを考えなければならない。例えば、ニューギニアの鉱山会社を悩ませている労働争議についての記事を読むかもしれない。金相場に対してブルなので、この悪材料に基づいてこの銘柄を購入したいと考えるかもしれない。その下落した株価に乗じようというのである。それは確かに正しい。しかし、その投資対象の動向を知ることができるのだろうか。どこで、購入後の情報を得ることができるのだろうか。

　５０％利益を得た後で売却するというわれわれのルールは、この種の情報の代わりになると考えられる。しかし、投資家の投資テーマ全体を変更させるような悪材料の出現によって、このルールが明確に破られることがある。注意散漫であってはならず、情報源は、保有しているポジションそれぞれについて常に最新の情報を送り続けてくれるものでなければならな

い。

これらの情報源を幾つかに分類することができる。

《投資行為に規律をもたらすことに役立つ情報源》
- ザ・バリューライン・インベストメント・サーベイ
- モーニングスター
- リッパー
- 証券会社発行の週刊調査レポート（多くの証券会社は、週報を発行している。意味ある調査結果を総合的な方法で、顧客に知らせようとしている。中身は、自社のアナリストによって、収集分析されたものである。さらに、より詳しい内容の個別レポートも発行される。一般的にこれらの週報は、２５ページから１００ページの冊子になっている。）
- スタンダード・アンド・プアーズ社の調査レポート
- ナイト・リッダー・コモディティ・リサーチ

これらのレポートは、広範囲な投資対象に関して定期的に詳細な事実、数字および意見を提供している。それぞれのレポートは、フォローアップの分析を提供するので、投資対象を選ぶための良い出発点であり、ほとんどの投資家のニーズを満たす多様性を持っている。

《新しいアイデアを得るために、役立つ情報源》
- バロンズ（逆張り投資家が好む週刊誌）
- ウォール・ストリート・ジャーナル
- インベスターズ・ビジネス・デイリー
- エコノミスト
- フィナンシャル・タイムズ

《新しい傾向について深く掘り下げた記事を掲載する大衆雑誌》
- キプリンガーズ

- マネー
- フォーチュン
- フォーブス
- ワース
- スマート・マネー
- ビジネス・ウィーク
- エコノミスト

　読者の地元の図書館では、これらの多くを購読していると思われる。もしなければ読者は自分で、それらを購入すべきである。そうでなければ、情報源を捨て去ることになる。これらのなかからひとつか2つを選ぶとすれば、日刊の経済新聞（ウォール・ストリート・ジャーナルか、インベスターズ・ビジネス・デイリー）のひとつを購読することと、バリューライン・インベストメント・サーベイ（多くの一般投資家は、証券会社のフルサービスを利用しないので、アナリストが作成する週報を手に入れることができないため）を利用することをお薦めする。経済界全体の動きを包括的に理解するのには、ウォール・ストリート・ジャーナルが役立つ。インベスターズ・ビジネス・デイリーからは、トレーダー向けの詳しい情報を得ることができる。

　毎週土曜日に、新聞スタンドでバロンズを買うのは、逆張り投資家にとって、楽しみのひとつである（バロンズは、申し込めば、毎週土曜日の朝にインターネットを通じて手に入れることができる。しかし、新聞スタンドで手に入れるものと同じ感じがしない）。バロンズを読んで週末を過ごすのは愉快である。逆張り投資家として、自分の投資について集中して考え、新しい考えを得るのに役立つのである。その上、知能を刺激するのに役立つ。バロンズからは、ほとんどすべてのマーケットに関する1週間の取引データを得ることができる。他の情報源からは得られない多くのデータも含まれている。バロンズは、すべての逆張り投資家にとって、読む価値のあるものである。

　アメリカの読者が一般に見過ごしているのは、フィナンシャル・タイム

ズである。この日刊経済新聞は、ロンドンで発行されている。世界のマーケットについて卓越した予測を掲載している。特に、狭量なアメリカの投資家に欠けているグローバルな見方が載せられている。逆張り投資法を海外マーケットにも適用しようと考えている投資家にとって、フィナンシャル・タイムズは必読紙である。その購読料は、ウォール・ストリート・ジャーナルとほとんど同じであり、多くの人には贅沢な価格である。それは、大きな都市の多くの図書館に置かれている。また、ほとんどの新聞スタンドに置いてある。

多くの投資家は、独自の調査が最善であると信じている。アニュアル・レポート、10-Kファイルなどを手に入れることは、昔から行われている方法である。しかし、他にもたくさんの資料や書類がある。それらにも、貴重な情報が含まれている。逆張り投資家の時間の使い方としては、アニュアル・レポートの裏にある脚注を読むよりも、投資アイデアを得ることに使った方がよい。これらのレポートを解読するには、テクニカル分析、ファンダメンタルズ析、そして会計に関する知識が必要である。これは、多くの投資家の能力を超えるものである。

真の逆張り投資法のアイデアは、決して一般的なものではないことを思い起こしてほしい。したがって、逆張り投資家は、その目的を実現するために、あれこれ手をつくす必要がある。スペシャリストになっている余裕はない。今日は南米に投資チャンスを見つけ、明日はフランスで見つけ、翌週には金投資に、1カ月後には自動車部品産業にチャンスを見つけだせるかもしれない。それは、イギリスのある産業であるかもしれないし、あるいはアラバマ州の企業かもしれない。

われわれが提唱したいのは、時間をもっと価値あることに使うべきだということである。株価が暴落し、売り叩かれた運送会社の株式があるとする。それらの銘柄の中でどの会社が財務的に最も健全な会社かを決定するために、アナリストのレポートを使用するのは間違いではない。この産業に対するアナリストの投資判断が"持続"（それは、疑いもなく読者も知っていることとは思うが、ウォールストリートでは、しばしば"売り"を意味する）だとしても、逆張り投資家は、これらの株式を購入するかもし

れない。

　ニューヨーク、ボストン、サンフランシスコ、そしてセントルイスでさえも、多くのアナリストが住んでいるが、彼らの役割はこの種の投資関係の資料を読んで意味を理解することである。われわれは、アニュアル・レポートを綿密に検討しなかったために消失してしまう一定数の有利な投資機会があるということを認めるのにやぶさかではない。しかし、一方で投資チャンスについて独自に考えることができることによって、多くの素晴らしいリターンをもたらす勝ち銘柄を探し出すことが可能となることにも気づくであろう。

■あるポートフォリオ・マネジャー（逆張り投資家）の回想

　投資家は、アナリストがたまたま発表した芳しくないアイデアを、あたかもうさを晴らすように指摘することが好きである。自分が逆張り投資法のテーマに適合していると信じるものを見つけだしたとき、私はそれについての詳細な分析をアナリストに委ねることにしている。

　例えば、電力株が割安であり無視し得ないと判断した場合、財務資料の分析に時間を割くことはしなかった。私は、電力産業は低コスト体質であると判断してきた。すぐに、多くのアニュアル・レポートを手に入れ、熟読できたかもしれない。しかし、公益事業アナリストによる分析の方がはるかに優れたものとなる。私は、アナリストの分析を参考にして、自分のニーズにある４種の銘柄を購入したのである。

　私は、大きな投資テーマを見つけだすのに時間を割いている。それを見つけだした後の詳細な調査は他人に任せるのである。働くことに費やせる時間は限られている。したがって、どのようにその時間を費やすかということに細心の注意を払う必要がある。　■

資産額の把握：どれだけ投資に向けられるかを計算せよ

　投資に回す資金額の大きさによって、自分自身の逆張り投資法にのっとった投資プランは大きく左右される。

もし読者が1万ドルの投資資金を有している場合、国別、産業別、そしてインデックス別などのアイデアが単一の投資で広範なリスク分散を可能にするので、最も利用しやすいということに気づくであろう。分散投資のニーズは個別銘柄よりもほとんどの場合テーマ別に分散することを要求する。したがって、ミューチュアル・ファンド、クローズド・エンド・ファンド、カントリー・ファンドなどが読者の投資対象として選択されるであろう。しかし読者は、幾つかの逆張り銘柄を試みることによって個別株の銘柄選択を開始することも可能である。着手するのに決して早すぎるということはない。

　もし読者が2万5000ドル以上の投資資金を蓄えたなら、個別株を選択し、同時にファンドやファンド・グループをある程度利用することがより効果的と思われる。

　5万ドル以上の投資資金があれば、自分自身のポートフォリオのほとんどを個別銘柄で構成すべきである。また、規模の大きなミューチュアル・ファンド・ファミリー（その中に幾つかのファンドがあり、投資に関するアイデアが変化するにつれて、乗り換えが簡単にできるものであることを確認しておく必要がある）口座と、自分で個別株の選択をして取引するための証券会社の口座を所有するかもしれない。調査分析が必要と考える読者は、フル・サービスを提供してくれる証券会社との取引を考えるかもしれない。しかし、他の調査情報源を使えることができるのであれば、ディスカウント・ブローカー（訳者注　客の注文を単純に執行する証券会社。情報提供などのサービスは行わない。よって、一般の証券会社より手数料が安い）で十分である。本書で説明している逆張り投資法によるアプローチは、ポートフォリオの回転率が極めて低いので、支払う手数料の問題は、投資情報や調査結果へのアクセスができるかどうかという問題よりも重要性は低いだろう。（投資家が負担する手数料を巡る闘いが継続するにつれて、新しく、革新的なアイデアが前面に出てきている。例えば、フルサービスを提供する証券会社は、取引ごとに手数料を徴収する代わりに、定額料金を要求し始めている。インターネット証券会社は、1取引当たりの手数料を最小化している。自分の投資プランに最も適合したサービスを徹底

的に探した方がよい)。

　投資資金が２０万ドル、３０万ドルあるいはそれ以上であっても、逆張り投資法のメニューは限りがない。プロのファンド・マネジャーによって管理されている口座、商品取引、ファンド、株式、そしてオプションなど、すべて可能である。ほとんどすべての投資アイデア、それが大規模なものであろうと小規模なものであろうと、利用可能である。すべての選択肢の中から最善の投資アイデアを選び出すことがチャレンジである。投資に回せる現金を持っているとき、自分自身にほんのわずかのリスクしかないと言い聞かせることで、容易に投資を合理化できる。読者は、逆張り投資法のアイデアを実行するよりも多額のカネを所有していることに気づくであろう。

　多くの金額を投資に回したからといって、投資プラン検討に、多くの時間を費やさねばならないということではない。一度ある投資チャンスを分析した後は、ポートフォリオの中の一定の割合をそのアイデアに投資するであろう。５０００ドルの投資をするよりも５万ドルの投資を検討することが、より多くの時間を必要とするわけではない。１回当たりの投資額が大きくなるにつれてより慎重にはなるが、５万ドルの投資決定に要する時間は５０００ドルの投資決定に要する時間の１０倍必要だということではない。ポジションの金額が増えるのではなく、ポジションの数が増えるにつれて、検討に要する時間は長くなる。そのことに気づく必要がある。時間に制約があれば、採用可能な投資アイデアの数は少なくなる。

　リスクについて神経質ならば、できるだけポートフォリオの分散化を図るべきであり、最も優れた逆張り銘柄を購入することを確実にすることに時間を費やすべきである。もし個別銘柄を好むなら、Ｓ＆Ｐ５００銘柄で、時価総額が大きく、バリューライン社のような調査会社が常時調査対象にしているような銘柄に限定すべきである（ただし、同銘柄には、相互に密接な相関関係があることを肝に銘じてほしい）。

自分の投資プランを効果的にする：
投資プログラムを貫くことができるだろうか

　多くの投資家は、素晴らしい投資戦略を巧みに創造している。しかし、それを実行しないため、彼らは投資に失敗してしまう。投資家は、自分の投資プランに基づく失敗を責めるが、実際はその価値を判定できるほど十分に継続使用していないことに気づかないのである。

　投資スタイル、流行、そして関心は、時を経て変わるものである。昨年、あるいは過去5年間に効果のあったものは、これから5年間では同様の素晴らしい成績を残すことはできないと思われる。それゆえ、不満足な成績であったという単純な理由で、健全な戦略を捨てるべきではない。しばしば投資家は、自分の投資プランが効果を表し始める前に、方向を変えてしまうことがある。それゆえに、長期的に投資が必要なのである。戦略に対する信頼感の欠如は、通常、投資家が最初からその戦略を理解していなかったことを意味する。

　成功を収めた投資戦略について研究するだけでは十分ではない。熱意を持って、それを実際に実行することである（聖杯が見つかった！　訳者注　聖杯＝キリストが最後の晩餐で用いたとされる聖杯で、その行方の探求が有徳の騎士の使命であった。転じて、トレーディングで完璧なシステムのこと）。一般投資家は、その投資アプローチが自分の性格に合っているかどうかを検討しない。おそらく、そのことを理解していないと思われる。それゆえ、損失が出た瞬間に、その投資戦略を捨て去ってしまうのである。

　投資プランを働かせる最も重要なルールは、投資戦略を徹底的に理解することである。投資テーマとその詳細を理解しなければならない。通り一遍の理解でも、戦略を遂行することはできるが、上辺だけの知識では、辛い時期にその戦略を貫徹するという信念が生まれない。損失が積み重なったとき、疑念が生じてくる。成績が振るわないときは、我慢が足りなくなるのである。

　自分の戦略を徹底的に理解する唯一の方法がある。その研究者になることである。われわれの戦略や他の戦略をチェックリストでチェックするだ

けでは十分ではない。戦略そのものを研究する必要がある。そのニュアンスを調べ、それについて熟慮する必要がある。自分の戦略のいろいろな様相について見つけることのできるすべてを研究しなければならない。

例えば、２５％の売りの逆指値を採用する前に、売りの逆指値注文についてできるだけ多く研究する必要がある。他の人がそれを利用した結果は、どうであったか、そして、彼らは何を勧めているかを研究しなければならない。目的は、売りの逆指値は自分にとって不可欠であり、その技法は最も重要な投資技法であると確信できるまで熟知することである。

投資プランの各局面についての理解が進むにつれて、それに対する信念も強くなる。そして、この信念とともに、投資プランを生かすことができるまでそれに固執し得る能力が生じてくるのである。

失敗を受け入れる

常に効果のある投資戦略はない。時には、素晴らしい成績を収めるが、あるときには貧弱な成績しか残せないのである。すなわち、戦略には妥協が必要である。いかにシステムに修正を加えても、常時成功を収められるわけではない（商品取引関係者の間では、成功率の非常に高いシステムは必ず失敗することが知られている。３５～５５％の成功率で利益をもたらすシステムは、最も適正で信頼できるものである。それ以上の成功をもたらすシステムは、おそらく過去のマーケットの曲線に当てはめて設計されたものを示すと思われる。残念ながら、そこでは歴史は繰り返さないのである）。毎年大きなリターンを望むとフラストレーションが生じ、長期間で利益の生じる戦略を貫徹する自信をなくしてしまう。戦略は、単純に長期間で利益を生じさせるよう機能すれば十分なのである。

■あるポートフォリオ・マネジャー（逆張り投資家）の回想

商品取引をするとき、６５～７０％の取引に損失が出ると覚悟している。何年もの間、この取引をやっていると、こういうことはよくある。多くの売買シグナルに基づいて、取引するからである。自分のリスクを限定する

ために、かなり狭い幅で適正と思われる売りの逆指値注文を設定することにしている。結果として、何度も損失を出す。しかし、これらの狭く設定してある逆指値注文のおかげで、損失が大きくなることを防ぐことができる。そして、これらの損失をカバーし、投じた時間に値する以上の十分な利益を残りの３０％の取引で稼いでいるのである。

損失の発生する取引の回数を減らそうとすると、幾つかの大きなトレンドを見過ごす結果になるということを発見した。もし利益を得ようと、取引回数を多くすれば、それぞれの取引での損失が増えるであろう。それゆえ、私は完全なシステムがないことと、私のシステムとてその例外ではないということを知っているので、損失を甘受する。私は、ときどきアメリカンリーグでの３割打者はオールスターチームのメンバーになれるということを思い起こす。

忍耐が肝要である

効果的な投資戦略は、かなりの忍耐を必要とする。もし戦略が健全であれば、使えば使うほどにその価値は増す。ときどきラフを叩くことがあろう。しかし、それも、投資ゲームのうちなのである。

株式市場について、考えてみよう。われわれはみんな、明日、マーケットが上昇することもあれば上昇しないことも知っている。今四半期に、あるいは今年中に、マーケットは上昇することもあれば、上昇しないこともある。しかし、われわれはより長期的にわたれば、株式市場は上昇する可能性があることを知っている。５年、１０年、あるいは２０年という期間をとれば、マーケットには上昇方向のバイアスが働くと、強い自信を持って言える。

戦略が普通株を購入することであれば、損失を被る年が何年かあることを覚悟した方がよい。１年間悪かったという理由だけで、株式を放棄することは意味のあることであろうか？　もちろん、そのようなことはないであろう。逆張り投資法による銘柄選定法でも同じことが言える。

継続することが肝要である

　利益を得るために最大の効果をもたらすためには、一貫する必要がある。四半期ごとにポートフォリオの中身を入れ替えたいなら、その作業を毎四半期に間違いなく実行する必要がある。偶然に任せるべきではない。しばしばポートフォリオのリターンは、大きな利益をもたらすひとつか２つのアイデアに基づいている場合がある。勤勉でなければ、これらのアイデアを簡単に逃してしまう。

　それが難しいと考えるなら、あなたのシステムは単に間違っているのである。戦略を実行するのに十分な時間が割けないということは、よくある間違いである。必要な修正を加えるべきである。

　常時効果のある投資アプローチ法はないが、長期間にわたることによって効果を発揮するものは多数ある。例えば、適正価格で購入することは、継続的かつ長期的に勝利をもたらす。投資専門家は、何に価値があるかということについて意見を異にするかもしれない。勢いで投資するモメンタム投資家は、翌年の予想１株利益の８０倍で取引されている（なぜなら、１２０％の企業利益の伸びが予想されているため）創業間もない小さなソフトウエア会社に価値を見いだしているというかもしれない。しかし、逆張り投資家としては、古典的に定義した割安の銘柄を探すであろう。１株当たり純資産１ドルに対して５０セント、あるいは１株当たり売上高１ドルに対し７５セントを支払うことを好む。われわれの調査によれば、これらの逆張り投資法の指標を自分の投資プランの一部として使えば、長期的に利益が生じることが分かる。われわれが説明している非常に簡単なアイデアに沿って、読者は自分の投資戦略を構築することができる。そして、今から５０年間これらの同じコンセプトが有効であり続けることを理解できる。

　半導体のＢＢレシオをもとに戦略を創造することは、マーケット・コンセプトとして永続し得ない。それは、技術の変化によって（あるいは、業界の変動によって）月間チップの売上高を計測する方法が変わるからである。すでに、このＢＢレシオは、ボラティリティが生じているマーケッ

ト・セクターにおいて、解釈にバイアスが生じやすいことが分かっている。

通説を無視することが肝要である

　一般の投資家は、通説をなかなか無視できない。結局、逆張り投資家が知っているように、大多数の意見は多くの場合、おおむね正しい。それを尊重することは間違いではない。しかし、それによって自分の基本的な確信を揺さぶられてはならない。割安株に集中する戦略であれば、市場専門家のいう「バリュー株投資は死んだ」という意見を聞くべきではない。自分のスタイルを固守すべきである。

■あるポートフォリオ・マネジャー（逆張り投資家）の回想

　マーケットに反応するのではなく、マーケットを予測できる能力は、大多数の投資家と熟達した投資家を分ける最も重要な属性である。われわれは、大多数の投資家が避けた投資対象に価値を見いだしている。彼らは、最終的にその価値に気がつく。最後には、われわれの思考方法に従うようになり、その結果、われわれが正しかったことを証明する。この方法で成功を収めるには、逆張り投資家はこの哲学をもとに投資戦略を形成する必要がある。そして、それを忠実に守らなければならない。

　多くの投資家は、保有銘柄やマーケットが意に反して動いたとき、すぐに落胆してしまう。自分の投資戦略を呪い、決して、それに従わないことを誓ってしまう。マーケットを把握するための要である投資コンセプトをあれこれと変えてしまう。しかし、そのような方法では決してそれを見いだすことはできない。

　ところで、その他の職業と同じく投資には経費がかかる。投資家には給料がないのに、取引費用と手数料を負担しなければならない。在庫品は存在しないが、あたかも不良在庫があるかのように損失が発生し、利益に影響を与えてしまう。そして、もちろん税金も支払わねばならない。投資家は、頻繁な取引を避け、長期的に利益を得ることを追求することによって、費用や税金を抑えることができる。しかし、マーケットそのものをコント

ロールすることはできないので、時折、損失が発生する可能性がある。それに慣れる必要がある。損失は、避けられない。損失を減じる戦略もシステムもない。自分の戦略が正当であれば、長期的には、投資家が負ったリスクに見合う合理的な利益をもたらすに違いない。このリスクに見合った利益こそが投資家が望むことができることのすべてなのである。■

まとめ

　逆張り投資家として成功するには、長期間にわたり貫くことのできる、十分に合理的なプランが必要である。逆張り投資家は、銘柄選択に割ける時間と投資資金を把握する必要がある。素晴らしい投資戦略の形成方法や維持について考えるときに、基本に帰らざるを得ない。規律性、構成内容、忍耐力、そして継続性など、これらすべては、時宜に応じて役に立つ。通説に反して行動することは生易しいことではない。時には、不可能に近い。しかし、成功したすべての事業のように、適正な考え方を持ち続け、適用していけば、必ずや勝利の日を迎えることができる。プランを立て、それを実行することは、投資から利益を得るための絶対的かつ基本的要素である。

第15章 まとめ：逆張り投資法のルール

私が今まで経験した中で最も簡単な仕事は、おカネを稼ぐことである。それは、実際におカネを失うことと同様に簡単である。しかし、それはほとんど同じということであり、完全に同じということではない。

——H・L・メンケン

　有名な逆張り投資家が最近実行しているアイデアに耳を傾けた方がよい。そうすれば、逆張り投資家として成功するには、量的なものに基づくよりも、直感に頼った方がよい場合があるという結論を得ることができるかもしれない。一般の投資家が不合理な熱狂的動きをしているときに、有名な逆張り投資家はその反対に行動するという直感を有していると思われる。逆張り投資家は、金が一般投資家のレーダー・スクリーンから完全に消え去ったとき、それを購入する。そして、大部分の投資家がそのことに気がついて（ずっと後になってから）、買い方に参加することで、大きな利益を得るのである。

　成功を収める逆張り投資家は、一般投資家がその会社の貧弱な利益に対して怒り心頭に達しているとき、不人気な特殊化学会社に目標を合わせるために直感を磨いているのである。そのとき、逆張り投資家は、種々雑多な情報源からいろいろな情報を組み合わせて、次の１２カ月間に、その化学会社株から２桁のリターンを得ることができるであろうという予測を的中させるのである。それらの情報源には、企業の体力が示されている財務諸表や、中国やインドのように最近経済が好調な国で化学製品への需要が高まっているという記事が掲載されている経済に関する学術誌も含まれる。

　多くの投資家に、これらのプロセスが要求する情報分析や特別な知識を

得る時間がないことが問題である。そういう場合、あの"直感"は最も頼りたいときに頼ることができないのである。本書の目的は、逆張り投資法にのっとった株式の売買方法に関する透明で利用しやすいルールを開発することであった。すべての投資家は、直感に頼ることなしに、大きなリターンを得ることができるとわれわれは信じている。事実、読者と有名な投資家が不人気銘柄を同じアプローチ法で購入するのである。われわれのルールは、あの"直感"の定量化した代理指標として役立つのである。直感とは違って、ルールは読者がそれに頼りたいときに、読者を置き去りにすることがない。

われわれのガイドラインは使用が簡単である。特に、売買決定の回数を1桁の回数あるいは比率に減らすことができる。われわれが設定したルールに従えば、読者に逆張り投資家のものの考え方を植えつけることによって、利益を得る軌道に乗せることができる。

われわれが編み出したルールは、読者にはあまりにも単純すぎるように見えるかもしれない。投資家は、洗練されたシステムだけが利益を生むと考えがちであるが、全くの間違いである。システムが単純であれば、それだけ成功の確率が高まる。可動部品が少なければ、故障の可能性が低くなるのと一緒である。

注意。これらのルールの中でいい加減なものは何もない。本書で述べているように、どれも学術的研究で、その正しさが証明されている。われわれがしたことは、過去20年間の関連調査を解読し分析して、一緒に逆張り投資の規律を創造する新しいルールを確立することであった。

買いのルール

出発点:「半値下げ買いルール(down-by-half rule)」

購入銘柄は、過去52週の高値から少なくとも50％株価が下がらねばならない(例えば、過去52週の高値が50ドルの銘柄は、25ドルにならないと買いの対象にはならない)。これが、最重要なルールである。こ

れはいかなる場合も破ってはならない。購入時に、５０％以上株価が下がっていないとその銘柄は買えない。株価が５０ドルから２２ドルに下がった銘柄が２８ドルに上がれば、買うことはできないのである（このケースで、２８ドルでの購入は、大多数の投資家が買いに参入する前に彼らが価格を押し上げることを期待して待っていることと同じである。これは、逆張り投資法に矛盾する。それをあまりすることは、間違った行為を助長することになる）。

「半値下げ買いルール（down-by-half rule）」によって、逆張り投資法に適合した銘柄を選別できる。それは、大多数の投資家心理の客観的な代理指標として役に立つ。株価が５０％以上下がった銘柄は、大多数の投資家によって嫌われ、避けられ、好まれることのない銘柄であり、逆張り投資法の対象銘柄となる。これが逆張り投資銘柄を選別する最良の手段である。

研究によれば、株価が５０％以上下がった銘柄は、それが最初に下げた後の３年間はマーケット全体の平均より成績が良いことが分かっている。一般投資家は、好材料をもとに銘柄を購入するが、悪材料が出てくるとすぐに売り払ってしまう。一度、大幅に下がった銘柄は、それ以上の下げを記録することはまれである。状況が変れば、暴騰する傾向がある。

株価が高値から５０％以上安くなっているからといって、すぐに買うべきではない。逆張り投資法の分析を受ける資格が生じただけである。

指標で確認する

ある銘柄が「半値下げ買いルール（down-by-half rule）」に適合したら、次に掲げる２つの指標に合致するか否かを調べる必要がある。

１．「内部者(インサイダー)や著名な外部投資家による大規模な買い」。５０％株価が下落したことに加えて、６カ月以内に、内部者による買いが生じれば、ほとんどすぐに買いである。その購入は、その会社幹部や重役によって、手持ち現金で行われなければならない。"非適格"ストック・

オプションの行使が行われ株式が保有され売却されない場合は、素晴らしい買いのサインである。

　研究によれば、「内部者による自社株買い」の平均金額は５万９０００ドルであることが分かっている。指標としては、ハードルが高い方が良いので、この数字を２倍にして、１２万ドルにした。この１２万ドルという基準は、ひとりの投資家によって満たされる必要はない。ひとりの内部者による購入額が１２万ドルより少なくとも、複数の内部者による自社株買いがトータルで１２万ドル以上になれば、発動できる。

　内部者が自社株を売買したときは、法の定めにより、その内容を届け出る必要がある。通常は、取引のあった月の翌月１０日までに所定の方法で届け出ることになっている。

　確かに、われわれは複数の自社株買いは自社株に対する複数の信任投票であるとみなしている。

　株価が５０％以上下がったときに、内部者が手持ち現金で買いを入れてくるのは重要である。経験上、素晴らしい買いのシグナルであると言える。

　株価が５０％以上下がるときよりも前の６カ月間に行われた「内部者による自社株売り」は、あまり良い兆候ではない。「内部者による自社株買い」と「内部者による自社株売り」が同時に行われる場合は、会社の将来予測が分かれていることを示しており、信任投票としては不十分である。

　研究によれば、「内部者による自社株買い」は、有効な"買い"のシグナルであることが分かっている。ところが、「内部者による自社株売り」は"売り"のシグナルとしては不十分である。

　同じ論理が、ウォーレン・バフェットやマイケル・プライスのようによく知られた著名な外部投資家の場合にも当てはまる。大投資家が問題を抱えた企業の株式を大量に購入すれば、買いのプラス材料であると考えられる。ある銘柄を５％以上を超えて購入する外部投資家は、ワシントンのＳＥＣ（証券取引委員会）に所定の書式、別表１３Ｄを使ってその内容を届け出る必要がある。５０％以上株価が下がった銘柄を外部投資家が５％以上購入し、このＳＥＣによる規制が発動されるとき、本書で言う"買い"となる。

さらに、外部投資家はその銘柄を購入する理由を届け出る必要があるので、13Dを見れば、その会社の事情がさらに詳しく分かるのである。

著名な投資家がすでに5％所有している場合、その売り叩かれた銘柄を購入するためには、彼らによって、さらに10％以上にポジションの買い増しが行われる必要がある。

内部者や著名な外部投資家による購入が明確でないときは、ファンダメンタル指標で買いかどうかを確認する必要がある。

2．「次に掲げる4つのファンダメンタル分析指標のうち、2つに適合しなければならない」。これらの指標を使うことで、単に見かけだけで中身のない会社の株式を誤って選択することがなくなる。4つの指標によって、その銘柄の背景に、方向転換の要因（売上高、利益、キャッシュフロー、そして資産）が存在しているかどうかを知ることができる。

● 「12倍より小さいPER（株価収益率）」。われわれが使用している利益の定義は、12カ月間の確定利益のことである。予測利益ではない。株価が半分になった企業の将来利益は、過去の利益を下回る場合が多い。それゆえ、予想「PER（株価収益率）」は、信頼できない（PERは、株価を12カ月間の1株当たり純利益で割ることで算出される。株価が12ドルで1株当たり確定純利益が2ドルの銘柄のPERは、6倍になる）。しかし、これらの過去の利益も、企業の潜在的利益力を示している。12倍以下のPERの意味は、その潜在的利益力に比べて、株価が割安であるということである。

1株当たり確定純利益が低い企業は、何か問題を抱えている。その企業の四半期は不振であったかもしれない。あるいは、自動車会社のような、景気敏感銘柄であり、景気循環の終わりに向かって、低いPERで取引される傾向がある（投資家は、景気が鈍化したとき、車が売れなくて利益が落ちるのではないか、という危惧を持つ）。

研究により、低PER銘柄で構成されたポートフォリオは、高PER銘柄で構成されたポートフォリオよりも、成績が良いことが分かっている。

● 「10倍以下の株価フリー・キャッシュフロー倍率」。低「株価フリー・キャッシュフロー倍率」銘柄は、同様に、高「株価フリー・キャッシ

ュフロー倍率」銘柄よりも、成績が良い。フリー・キャッシュフローとは、利益からすべての支出を控除した残りである。それは、自社株の買い戻しや配当金を増やすために使われることがある。低「株価フリー・キャッシュフロー倍率」の銘柄を買うことは、安売りに出されているキャッシュフローを買うことである。

●「1．0倍以下のＰＢＲ（株価純資産倍率）」。純資産は、単に企業の残存価値を表している。例えば、１ドルの純資産価格に対して６０セント、７０セントとあるいは８０セントで購入できる銘柄で構成するポートフォリオが組めるときには、ぜひそうすべきである。これは、純資産価格１ドルに対して２ドル、３ドルあるいは４ドルを支払って購入する銘柄で構成されたポートフォリオよりも、成績の良いことが研究によって、分かっている。

●「1．0倍以下の株価売上高倍率」。売上高は、利益を生む原材料である。売上高が、企業の方向転換に必要な資金を生むのである。この倍率がかなめであると考えている投資家は、企業の経営陣が決算を歪曲することができるテクニックを記した教科書を持っているということに注目する。これらのテクニックは、リストラ費用、減価償却金、そして税金などの損金の支払時期をずらすことで行われる。もちろん、これらだけに限定されるわけではない。しかし、売上高は、基本的に売上高である。株価が、１株当たり売上高の１倍以下である銘柄を買えば、割安で買ったことになる。低ＰＥＲ、低ＰＢＲ、低「株価フリー・キャッシュフロー倍率」のときと同じように、低「株価売上高倍率」の銘柄は、投資家に人気がない証拠になる。

　注意。上記４つの指標のうち、３つあるいはすべてに適合する銘柄は、さらに綿密に調べる必要がある。４つすべてに適合する企業は、生き残れない可能性が高い。ある企業が上記４つの指標のうち、３つあるいはすべてに適合すれば、その企業がその業界から脱落する可能性があるかどうかを確認するため、「内部者による自社株買い」がないか確認した方がよい。

その他の小さなルール

「購入銘柄は、少なくとも株価が５ドル以上を付けている必要がある」。多くの機関投資家は、低い株価の銘柄を購入することはない。株式の値段が動くには、機関投資家が親会社になるか、アナリストの推奨がなければならない。５ドル以下の銘柄には、アナリスト、機関投資家ともに全く興味を示さない。このルールは、低位株（ペニー・ストック）への投資を避けることに役立つ。この種の銘柄の株価が４ドルだとして、５０％下がって、２ドルになったからといって、買うべきではない。高値が４ドルの会社が偉大な歴史を持った偉大な会社とは考えにくいからである。

「高い株価の株式を少ない株数購入する方が、低い株価の株式を多く購入するより好ましい」。多くの投資家は、株数の多い方がレバレッジ効果が高いと考えている。株価が低い銘柄は、質が悪いということも本当である。すでに問題のある株式を所有している場合、さらに投機的な銘柄を購入することによって、リスクを倍増すべきでない。

「時価総額が１億５０００万ドルより大きい企業を探す」。企業の時価総額は、企業全体のビジネス価値を表している。大企業は、倒産の可能性が低いので、このルールは、将来性がなく、体力のない企業の株式に近づかないようにすることに役立つ。小さい企業の株式は、機関投資家には扱いづらい。市場での流動性が低いので、円滑な売買がしにくいのである。

非常に小さな時価総額の銘柄を機関投資家が相手にしないことを、逆張り投資家は忘れてはならない。なぜなら逆張り投資家が購入した銘柄を、後に機関投資家が購入して株価が上昇するからである。

「問題を抱えた企業の経営陣の交代をプラス材料として考える」。問題を抱えた企業は、新しいＣＥＯ（最高経営責任者）を任命し、あるいは経営陣をすべて入れ替えることもある。これは、流れが反転するシグナルである。少なくとも、投資家は新たな模様眺めという態度をとるため、株価は通常安定する。

「企業のブランド・ネーム、サイズ、マーケット・シェアを独占している製品のような定性的要因を無視すべきではない」。例えば、いつも、そ

の産業セクターのトップ企業の株式を購入すべきである。その企業が倒産するとなれば、その企業の属するセクター全体が廃業することを意味するが、そのようなことは考えられない。

「一度の出来事に注意する」。一度の出来事で株価は暴落する。それは、大口注文の取り消し、事故、あるいは不良在庫が原因の企業利益予測の下方修正などである。情報源が何であろうと、それは1回限りのものである。騒動が収まれば、本来ファンダメンタルズが堅実なだけに、やがて株価は回復する。それゆえ、一度の出来事は、逆張り投資法にとって素晴らしいチャンスである。

売却ルール

売却時期を知ることは、購入時期を知ることよりも、はるかに難しい。また、売却することは、さらに重要である。売却によって、実際に、利益を実現できるからである。また、売却することによって、損失を少なくすることもできる。機械的に売却する戦略は、一定の判断に基づくものより、重要であるとわれわれは考えている。それは、次に掲げる2つの理由による。

- 一度利益が生じると、情緒（欲）が冷静な判断力を狂わせてしまう。機械的に売却するルールは、この危険性が生じる可能性を少なくする。
- 機械的に売却する技術がなければ、すべての株価変動を分析するために、多くの時間が必要となる。逆張り投資家は、新しい投資チャンスを見つけるために時間を使った方がよい。古いことに、あまりこだわるべきではない。

逆張り投資法の売りのガイドラインは、上記2つの目的を達成している。そのガイドラインを次に掲げる。

２５％下げた水準に売りの逆指値を設定

　銘柄購入後、すぐに購入価格より２５％下げた水準に売りの逆指値注文を設定した方がよい。それは、撤回するまで有効な注文であるとブローカーに告げるべきである。１０ドルで購入した銘柄が７．５０ドルに下がれば、２５％下げた水準での売りの逆指値が発効し、売却される。このルールで、各ポジションを厳格に管理することが可能となる。これにより、損切りして、次の投資チャンスに向かえる。しかも、通常のボラティリティは許容することができる（通常いかなる銘柄であろうとも底で購入することは極めてまれなことである）。

　すべての銘柄選定技術は不完全であり、時には、それが損失の原因になる。逆張り投資法の真髄は、困難に陥っている企業の株式を購入することであり、そのうちのいくつかはその目的にかなっていないものもある。多くの投資家には、そのときに切り替えができず、間違いをしたことを認めることに耐えられない。中には損失を倍にしてしまう投資家もいる。２５％下の水準に売りの逆指値注文を設定することは、投資家の気力、信念、そして投資資金を疲弊させる損失からあなたを守ってくれる。

　売りの逆指値注文の活用は、最高の保険である。

５０％の利益が出た後または３年で売却する

　５０％の利益が生じたとき、または購入後３年経過したとき、この２つのうち、どちらかが生じれば、売却した方がよい。逆張り投資法に関する研究の多くにより、購入後２、３年が経過するまでは、最大のリターンを得られないことが分かっている。他の研究によれば、５０％のリターンを示した銘柄は、その後動かない傾向がある。このルールは、利益を確定し、次の投資チャンスに向かうためのものである。５０％のリターンは著しい成功と言えるし、３６カ月は、投資アイデアが効力を発揮するには十分な期間である（「半値下げ買いルール（down-by-half rule）」の反対であるが、５０％のリターンを記録した銘柄は、その後、マーケット全体の平均を下

回るリターンしか示せないことが研究によって分かっている)。

５０％ルールの例外

　企業の利益予測が上方修正されることが確実なとき、その株式を保有し続けることには意味がある。例えば、ガソリン代の値上げが理由で、運送会社の株式が何カ月も下がり続けた場合、ガソリンスタンドでの価格が下落したなら、５０％の利益を得た後でも、保有を続けてもよいかもしれない。しかし、例外は確実なものでなければならない。さもなければ、すぐに売却して、次に向かうべきである。

　５０％の利益を超えた後も、保有を続けるならば、売りの逆指値水準を３０％の利益が出るところまで引き上げるべきである。例えば、１０ドルの銘柄が１５ドルに上がって、そのまま保有を継続するのであれば、最初に設定した売りの逆指値７．５０ドルを１３ドルに変更し、最初の７．５ドルの逆指値を撤回すべきである。

　利益が１００％に届けば、７０％の利益が確定できるように、売りの逆指値水準を設定し直した方がよい。１０ドルの銘柄が２０ドルに上がれば、１７ドルの水準で売りの逆指値注文を設定することで、７０％の利益を確定したことになる。

リスク分散ルール

　売りの逆指値の設定は、リスクを減じる効果がある。しかし、それだけでは十分ではない。２種の銘柄のみを保有し、それぞれに、購入価格から２５％下の水準に売りの逆指値注文を設定したものが発動すれば、ポートフォリオは心臓に悪い２５％の損失を経験することになる。売りの逆指値注文の発動だけでは、マーケット全体が下落するリスクを減じることはできないが、ポートフォリオの中身に注意深く多様性を持たせることで、リスクを最小限にすることが可能である。次に、逆張り投資法のリスク低減ルールを掲げる。

5％購入ルール

　同一銘柄の購入価格が、ポートフォリオの5％を超えてはならない。できれば3％が望ましい。これは、ポートフォリオは、少なくとも、20種の銘柄で構成されることになるということを意味する。10万ドルの口座であれば、各銘柄のポジションは、購入価格が5000ドルを超えてはならない。これによって、一部を問題を抱えた企業の株式で構成されているポートフォリオの中のリスクを慎重に分散させることができる。売りの逆指値注文と5％購入ルールを組み合わせることで、ひとつの銘柄の最大可能損失額をポートフォリオの1．25％に限定することができる（5％ポジション×25％の損切り額＝1銘柄の最大可能損失額1．25％）。

20％産業ルール

　同一テーマや同一産業に投資する割合は、ポートフォリオの20％を超えてはならない。同一産業に属する銘柄は、連動する傾向があるので、このルールによって、産業特有のリスクを低減することができる。つまり、そのリスクは、ひとつの事実が同一産業に属するすべての企業に同時に影響を与えることで、大きな損失の原因になるものである。

ハイテク・ルール

　ハイテク株は、逆張り投資法のポートフォリオには向かない。ハイテク企業の分析が難しく、それには高度な専門知識が必要とされるからである。
　ハイテク株には、逆張り投資法の4つの指標で測定し得るバリューが欠けている。その銘柄が1株当たり利益や低いPERをもとに取引されるのはまれである。それゆえ、逆張り投資家がハイテク株に関して銘柄選定をするときは、「半値下げ買いルール（down-by-half rule）」と「内部者による自社株買い」に依存することになる。
　しかし、ハイテク株は急落しやすいので、逆張り投資家にとっては、肥

沃な土壌を構成する。ハイテク株購入を検討するのであれば、該当銘柄の製品ラインの詳細に関する定評ある調査筋のファンダメンタル分析を利用して、自分の銘柄選択の作業を補完する必要がある。

常識的ルール

逆張り投資法に関する最大の魅力のひとつは、常に購入可能な銘柄が存在することである（1996年9月に、著者たちは5000銘柄をコンピューターで分析した。244銘柄だけが、次に掲げる3つの基本的ルールに適合することが分かったのである。それらは、「株価の50％下落」、「最低時価総額1億5000万ドル」、そして「最低株価5ドル」であった。さらに、確認のための指標を適用した結果、残った銘柄数は一握りの数に減少した）。それゆえ、投資アイデアやチャンスが尽きることはない。どのようなブル・マーケットにおいても敗者は存在する。そして、ベア・マーケットは、投資家心理が弱気に転じており、多くの株価が下がっているため、逆張り投資家のホーム・グラウンドになる。このことを肝に銘じることで、迷いが生じた銘柄を拒否することができる。「この投資に意味があるのだろうか」と常に自問する必要がある。

起り得る最悪のことは、投資チャンスを逃すことである。しかし、常に他の投資チャンスは転がっているのである。

まとめ

これらのルールによって、逆張り投資法の規律が構成されている。各ルールとも、学術的研究で、その正しさが証明されている。あるいは、尊敬に値する投資家が実際に試すことで証明している。本書の目的は、逆張り投資家の思考方法を読者に提示することであった。時の経過とともに、また、経験を増すにつれ、読者は、逆張り投資家と同じように考え始める。そして、間違いなく、自分の性格に合うように、これらのルールに修正を加えると思われる。そのことはすべて、読者にとってプラスとして働く。

これによって、読者は、ポートフォリオの銘柄選定の過程を、自分のリスクに対する感覚と報酬への期待との2つにうまく調和させることができるようになる。これらのルールは、そのとおりに従えば、長期間では利益をもたらすことになるはずであると言って過言ではない。したがって、そのようにならなかったものは、例外であり、ルールではない。

付録A：
逆張り投資法のための数学

リターンについての相関関係

　今日の洗練された表計算ソフトを使えば、リターンについての相関関係の計算は非常に簡単に算出できる。代表的なものに、エクセルとロータス123がある。このソフトの縦・横の欄に2種類の投資に関する数字を打ち込み、組み込まれた相関関係機能を使用するのである。打ち込む数字は、リターンのパーセンテージ、実際のインデックス、あるいは株価でも構わない。利用者は、最初の銘柄の終値をセルB1からB100に打ち込み、次の銘柄のそれをセルC1からC100に打ち込む。次の手順で相関関係は計算される。

エクセルの場合
CORREL機能を使用する：CORREL(B1:B100,C1:C100)

ロータス123の場合
CORREL機能を使用する：CORREL(B1..B100,C1..C100)

完全な相関関係は、＋1.00で表される。完全な非相関関係は、－1.00で表される。

ボラティリティ

　価格が高くなれば、ボラティリティも高くなる。リターンの額によって、投資の典型的なボラティリティを得ることができる。ボラティリティはリ

ターンについての標準偏差を使うことで計算できる。このとき、エクセルやロータス123などの市販されている表計算ソフトの標準偏差（Standard Deviation）機能を利用する。銘柄の毎日の終値をセルB1からB100に打ち込み、それぞれ、付属の機能を利用する。

エクセルの場合

STDEV機能を使用する：STDEV(B1:B100)

ロータス123の場合

STDEV機能を使用する：STDEV(B1..B100)

　株価40ドルの銘柄について、算出された数値が0.52であれば、3回のうち2回は、上下に52セント動く可能性があることを意味する（第一標準偏差の近似値）。そして、10回のうち1回は、上下に1.04ドル動く可能性があることを意味している（第二標準偏差の近似値）。

付録B：
逆張り投資家のための図書目録

　本書は、逆張り投資法の入門書である。多くの偉大な投資家や研究者による長年の研究の成果が、この1冊に凝縮されている。本書は、現代投資に関する研究や調査の主要な部分に触れているだけである。読者が、逆張り投資法の学究の徒になられるように奨励したい。そうするための最良の方法は、過去の業績を調べることである。

　逆張り投資家のための図書目録と呼んでいるリストの一部を以下に紹介する。すべての書籍が、逆張り投資法を主眼として書かれているわけではないが、それぞれ独自の方法で逆張り投資法について述べている。

　順不同にリストアップしてみる。

　狂気とバブル——なぜ人は集団になると愚行に走るのか、チャールズ・マッケイ著、パンローリング社。オリジナル版は1841年刊行、多く種類の版が出版されている（本書で参考にしたのは、Crown Paperback版、Crown Trade Paperbacks、New York、NY、1980年発刊）。この本を読まずして、逆張り投資家ということはできない。過去の過熱相場について、包括的にまとめられた初めての本である。150年ほど前に書かれたが、今日でも十分に役立つ物である。

　Crashes, Why They Happen —— What To Do、Robert Beckman著。Sidgwick & Jackson、London、1988年刊行。著者は、ヨーロッパで最も知られている経済評論家のひとりである。過去マーケットで起こった事件について述べている。楽しめるものである。

　ガルブレイスの大恐慌、ジョン・ケネス・ガルブレイス著、徳間書店。アメリカでは1954年に刊行。1929年に起こった大恐慌について詳述して

ある。多くの改訂版が出ている。近所の書店にもあると思われる。多くの逆張り投資家に、人間の心理がいかに歪むかを痛切に思い起こさせる書物である。

The New Contrarian Investment Strategy、、David Dreman著、Random House、New York、NY、1982年刊行。低"株価収益率(PER)"に基づく投資の効用について、徹底的に、専門家が分析している。

ウォール街のランダム・ウォーク――株式投資の不滅の真理、バートン・G・マルキール著、日本経済新聞社。本書は、同時代のどの書物よりも、論議を呼ぶものである。彼によれば、信じようと信じまいと、株価変動は不規則である。それに関する議論を知る必要がある。

欲望と幻想の市場――伝説の投機王リバモア、エドウィン・ルフェーブル著、東洋経済新報社。本書は、投機家のジェス・リバモアに関する物語である。プロのトレーダーに、一番多く読まれている本だと言われている。非常に面白く、示唆に富んでいる。

証券分析【1934年版】、ベンジャミン・グレアムとデビッド・ドッド著、パンローリング社。株価分析に関する唯一の偉大な専門書である。全部を読んだという人に会ったことがない。しかし、時に応じて、本書を読めば思慮に富んだ、そして洞察鋭い分析を垣間見ることができる。

ウォール街で勝つ法則――株式投資で最高の収益を上げるために、ジェームズ・P・オショーネシー著、パンローリング社。オショーネシーは、あらゆるタイプの投資戦略および戦術について書いている。何が効果があり、何がないかを明確にしている。

Encyclopedia of Technical Market Indicators、Robert W. Colby、Thomas A. Meyers共著、Business One Irwin, Homewood Illinoi、1988年刊行。そ

して New Science of Technical Analysis、Thomas R. DeMark著、John Wiley and Sons、New York、1994年刊行。両書とも、テクニカル分析について、分かりやすい説明を加えている。同じく、ジョン・マーフィーの著作のすべてが素晴らしいので、ぜひ読まれることをお勧めする。

訳者略歴

中村正人(なかむら・まさと)
1969年中央大学法学部政治学科卒業。東京都財務局主計部公債課主査(外債担当)、旧・新日本証券(現・新光証券)国際金融部課長、ロンドン現地法人引受営業部長、ソシエテジェネラル証券企業金融部長などを経て、証券金融専門の翻訳業を営む。訳書に『ツバイク ウォール街を行く』『ウエンスタインのテクニカル分析入門』(パンローリング)などがある。

中村敏郎(なかむら・としろう)
国際ビジネス・コンサルタント。「アソシエイツ外国部」代表(overseas@dream.com)。埼玉大学教養学部卒業後、英国保険団・火新業務部係長、フェデラル保険会社・プロダクション・マネジャー、スコール再保険会社・極東マーケティング・マネジャー、ナショナル証券・国際金融部課長、セジュイック・ジェームズ・全米日系ビジネス統括責任者、ヒューコム・事業開発部長を歴任。

ウィザードブックシリーズ ⑯

カウンターゲーム
幸福感の絶頂で売り、恐怖感の真っただ中で買う「逆張り投資法」

```
2001年 6月17日   初版第1刷発行
2004年11月21日   第2刷発行A
2005年 7月 2日   第3刷発行
```

編者	アンソニー・M・ガレア、ウィリアム・パタロンⅢ世、ジム・ロジャーズ
訳者	中村正人、中村敏郎
発行者	後藤康徳
発行所	パンローリング株式会社
	〒160-0023 東京都新宿区西新宿7-21-3-1001
	TEL 03-5386-7391 FAX 03-5386-7393
	http://www.panrolling.com/ E-mail info@panrolling.com
編集	エフ・ジー・アイ(Factory of Gnomic Three Monkeys Investment)合資会社
装丁	Cue graphic studio
組版	マイルストーンズ合資会社
印刷・製本	株式会社 シナノ

落丁・乱丁、その他不良がありましたら、お取り替えいたします。
本書の全部、または一部を無断で複写・複製・転載、および磁気・光記録媒体に入力することなどは著作権法上の例外を除き禁じられています。

© Masato Nakamura /Toshiro Nakamura 2001 Printed in Japan

ISBN4-939103-37-4

トレーディング・投資業界に一大旋風を巻き起こしたウィザードブックシリーズ!!

魔術師リンダ・ラリーの短期売買入門
リンダ・ブラッドフォード・ラシュキ著

国内初の実践的な短期売買の入門書。具体的な例と豊富なチャートパターンでわかりやすく解説してあります。

定価29,400円（税込）

ラリー・ウィリアムズの短期売買法
ラリー・ウィリアムズ著

1年で1万ドルを110万ドルにしたトレードチャンピオンシップ優勝者、ラリー・ウィリアムズが語る！

定価10,290円（税込）

ラリー・ウィリアムズの株式必勝法
ラリー・ウィリアムズ著

ラリー・ウィリアムズが初めて株投資の奥義を披露！
2004年『株式トレーダー年鑑』の最高優秀書籍！

定価8,190円（税込）

ヒットエンドラン株式売買法
ジェフ・クーパー著

待望!!ネット・トレーダー必携の永遠の教科書。カンや思惑に頼らないアメリカ最新トレード・テクニックが満載。

定価18,690円（税込）

バーンスタインのデイトレード入門
ジェイク・バーンスタイン著

あなたも「完全無欠のデイトレーダー」になれる！
デイトレーディングの奥義と優位性がここにある！

定価8,190円（税込）

バーンスタインのデイトレード実践
ジェイク・バーンスタイン著

デイトレードのプロになるための「勝つテクニック」や「日本で未紹介の戦略」が満載。

定価8,190円（税込）

ターナーの短期売買入門
トニ・ターナー著

全米有数の女性トレーダーが奥義を伝授！
自分に合ったトレーディング・スタイルでがっちり儲けよう！

定価2,940円（税込）

ゲイリー・スミスの短期売買入門
ゲイリー・スミス著

20年間、ずっと数十万円（数千ドル）以上には増やせなかった"並み以下の男"が突然、儲かるようになったその秘訣とは！

定価2,940円（税込）

オズの実践トレード日誌
トニー・オズ著

習うより、神様をマネろ！ダイレクト・アクセス・トレーディングの神様が魅せる神がかり的な手法！

定価6,090円（税込）

タートルズの秘密
ラッセル・サンズ著

中・長期売買に興味がある人や、アメリカで莫大な資産を築いた本物の投資手法・戦略を学びたい方必携。

定価20,790円（税込）

トレーディング・投資業界に一大旋風を巻き起こしたウィザードブックシリーズ!!

バフェットからの手紙
ローレンス・A・カニンガム著

究極・最強のバフェット本――この１冊でバフェットのすべてがわかる。投資に値する会社こそ、21世紀に生き残る！

定価1,680円（税込）

最高経営責任者バフェット
ロバート・P・マイルズ著

あなたも「世界最高のボス」になれる。バークシャー・ハサウェイ大成功の秘密――「無干渉経営方式」とは？

定価2,940円（税込）

賢明なる投資家
ベンジャミン・グレアム著

割安株の見つけ方とバリュー投資を成功させる方法。市場低迷の時期こそ、威力を発揮する「バリュー投資のバイブル」

定価3,990円（税込）

賢明なる投資家【財務諸表編】
ベンジャミン・グレアム＆スペンサー・B・メレディス著

ベア・マーケットでの最強かつ基本的な手引き書であり、「賢明なる投資家」になるための必読書！

定価3,990円（税込）

証券分析【1934年版】
ベンジャミン・グレアム＆デビッド・L・ドッド著

「不朽の傑作」ついに完全邦訳！本書のメッセージは今でも新鮮でまったく輝きを失っておらず、現代のわれわれに多くの示唆を与えてくれる。

定価10,290円（税込）

オニールの成長株発掘法
ウィリアム・J・オニール著

あの「マーケットの魔術師」が平易な文章で書き下ろした全米で100万部突破の大ベストセラー！

定価2,940円（税込）

オニールの相場師養成講座
ウィリアム・J・オニール著

今日の株式市場でお金を儲けて、そしてお金を守るためのきわめて常識的な戦略。

定価2,940円（税込）

投資苑（とうしえん）
アレキサンダー・エルダー著

精神分析医がプロのトレーダーになって書いた心理学的アプローチ相場本の決定版！アメリカのほか世界8カ国で翻訳され、各国で超ロングセラー。

定価6,090円（税込）

投資苑がわかる203問
アレキサンダー・エルダー著

初心者からできるテクニカル分析（心理・戦略・資金管理）完全征服問題集！

定価2,940円（税込）

投資苑2 トレーディングルームにようこそ
アレキサンダー・エルダー著

世界的ベストセラー『投資苑』の続編、ついに刊行へ！ エルダー博士はどこで仕掛け、どこで手仕舞いしているのかが今、明らかになる！

定価6,090円（税込）

トレーディング・投資業界に一大旋風を巻き起こしたウィザードブックシリーズ!!

投資苑2 Q&A
アレキサンダー・エルダー著

本書は『投資苑2』と並行してトレーディングにおける重要ポイントのひとつひとつに質問形式で焦点を当てていく。

定価2,940円（税込）

ゾーン〜相場心理学入門
マーク・ダグラス著

本書から、マーケットで優位性を得るために欠かせない、まったく新しい次元の心理状態を習得できる。「ゾーン」の力を最大限に活用しよう。

定価2,940円（税込）

魔術師たちの心理学 トレードで生計を立てる秘訣と心構え
バン・K・タープ著

「秘密を公開しすぎる」との声があがった偉大なトレーダーになるための"ルール"、ここにあり！

定価2,940円（税込）

マーケットの魔術師
ジャック・D・シュワッガー著

「本書を読まずして、投資をすることなかれ」とは世界的なトップトレーダーがみんな口をそろえて言う「投資業界での常識」。

定価2,940円（税込）

マーケットの魔術師 株式編 増補版
ジャック・D・シュワッガー著

だれもが知りたかった「その後のウィザードたちのホントはどうなの？」に、すべて答えた『マーケットの魔術師【株式編】』増補版！

定価2,940円（税込）

新マーケットの魔術師
ジャック・D・シュワッガー著

17人のスーパー・トレーダーたちが洞察に富んだ示唆で、あなたの投資の手助けをしてくれることであろう。

定価2,940円（税込）

シュワッガーのテクニカル分析
ジャック・D・シュワッガー著

あの『新マーケットの魔術師』のシュワッガーが、これから投資を始める人や投資手法を立て直したい人のために書き下ろした実践チャート入門。

定価3,045円（税込）

ウエンスタインのテクニカル分析入門
スタン・ウエンスタイン著

ホームトレーダーとして一貫してどんなマーケットのときにも利益を上げるためにはベア相場で儲けることが不可欠！

定価2,940円（税込）

マーケットのテクニカル秘録
チャールズ・ルボー＆デビッド・ルーカス著

プロのトレーダーが世界中のさまざまな市場で使用している、洗練されたテクニカル指標の応用法が理解できる。

定価6,090円（税込）

デマークのチャート分析テクニック
トーマス・R・デマーク著

マーケットの転換点を的確につかむ方法　いつ仕掛け、いつ手仕舞うのか。トレンドの転換点が分かれば、勝機が見える！

定価6,090円（税込）

トレーディング・投資業界に一大旋風を巻き起こしたウィザードブックシリーズ!!

ワイルダーのアダムセオリー

本書を読み終わったあなたは、二度とこれまでと同じ視点でマーケット見ることはないだろう。

J・ウエルズ・ワイルダー・ジュニア著

定価8,190円（税込）

ワイルダーのテクニカル分析入門

オシレーターの売買シグナルによるトレード実践法
RSI、ADX開発者自身による伝説の書！

J・ウエルズ・ワイルダー・ジュニア著

定価10,290円（税込）

トレーディングシステム徹底比較

本書の付録は、日本の全銘柄（商品・株価指数・債先）の検証結果も掲載され、プロアマ垂涎のデータが満載されている。

ラーズ・ケストナー著

定価20,790円（税込）

トレーディングシステム入門

どんな時間枠でトレードするトレーダーにも、ついに収益をもたらす"勝つ"方法論に目覚める時がやってくる！

トーマス・ストリズマン著

定価6,090円（税込）

究極のトレーディングガイド

トレーダーにとって本当に役に立つコンピュータ・トレーディングシステムの開発ノウハウをあますところなく公開！

ジョン・R・ヒル＆ジョージ・プルート＆ランディ・ヒル著

定価5,040円（税込）

ロスフックトレーディング

シンプル・イズ・ザ・ベスト！
個人投資家にできる「プロ」を凌駕するロスフック投資法！

ジョー・ロス著

定価6,090円（税込）

カプランのオプション売買戦略

本書は売買の優位性を知るための究極の本であり、そんなマーケットにも対応できる戦略を説明・解説した日本で初めての本である！

デビッド・L・カプラン著

定価8,190円（税込）

ピット・ブル

チャンピオン・トレーダーに上り詰めたギャンブラーが語る実録「カジノ・ウォール街」。

マーティン・シュワルツ著

定価1,890円（税込）

グリーンブラット投資法

今までだれも明かさなかった目からウロコの投資法
個人でできる「イベントドリブン」投資法の決定版！

ジョエル・グリーンブラット著

定価2,940円（税込）

ウォール街で勝つ法則 株式投資で最高の収益を上げるために

ニューヨーク・タイムズやビジネス・ウィークのベストセラーリストに載った完全改訂版投資ガイドブック。

ジェームズ・P・オショーネシー著

定価6,090円（税込）

トレーディング・投資業界に一大旋風を巻き起こしたウィザードブックシリーズ!!

ボリンジャーバンド入門
相対性原理が解き明かす
マーケットの仕組み

ジョン・A・ボリンジャー著

開発者が『秘密』を語る唯一の解説本。
本当の意味を知っていますか?

定価6,090円(税込)

くそったれマーケットをやっつけろ!

マイケル・パーネス著

大損から一念発起! 15カ月で3万3000ドルを700万ドルにした
驚異のホームトレーダー!

定価2,520円(税込)

私は株で200万ドル儲けた

ニコラス・ダーバス著

ウォール街が度肝を抜かれた伝説の「ボックス理論」! 一介のダンサー
がわずかな元手をもとに、200万ドルの資産を築いた手法!

定価2,310円(税込)

トゥモローズゴールド

マーク・ファーバー著

世界的大変革期のゴールドラッシュを求めて日本の下げ相場は
終焉!世紀の買い場が到来した!

定価2,940円(税込)

アナリストデータの裏を読め!

ミッチ・ザックス著

"信用できないアナリストのデータ"から儲ける秘訣!
初心者も今日からできる「プロの土俵でプロに勝つコツ」を伝授!

定価3,675円(税込)

ストックマーケットテクニック 基礎編

リチャード・D・ワイコフ著

初めて株投資をする人へ 相場の賢人からの贈り物。"マーケットの
魔術師"リンダ・ラシュキも推薦する株式トレード法の古典。

定価2,310円(税込)

最強のポイント・アンド・フィギュア分析

トーマス・J・ドーシー著

市場価格の予測追跡に不可欠な手法。ポイント・アンド・
フィギュア分析——実績あるテクニカル分析手法。

定価6,090円(税込)

売買システム入門

トゥーシャー・シャンデ著

相場金融工学の考え方→作り方→評価法
日本初!これが「勝つトレーディング・システム」の全解説だ!

定価8,190円(税込)

魔術師たちのトレーディングモデル

リック・ベンシニョール著

「トレードの達人である12人の著者たち」が、トレードで成功
するためのテクニックと戦略を明らかにしています。

定価6,090円(税込)

カウンターゲーム
アンソニー・M・ガレア&ウィリアム・パタロンⅢ世著
序文:ジム・ロジャーズ

ジム・ロジャーズも絶賛の「逆張り株式投資法」の決定版!
個人でできるグレアム、バフェット流バリュー投資術!

定価2,940円(税込)

トレーディング・投資業界に一大旋風を巻き起こしたウィザードブックシリーズ!!

マーケットのテクニカル百科 入門編
ロバート・D・エドワーズ
＆ジョン・マギー著

世界に現存するテクニカル分析の書籍は、
すべてこの本書から派生した！

定価6,090円（税込）

マーケットのテクニカル百科 実践編
ロバート・D・エドワーズ
＆ジョン・マギー著

アメリカで50年支持されているテクニカル分析の最高峰！
チャート分析家必携の名著が読みやすくなって完全復刊！

定価6,090円（税込）

狂気とバブル
チャールズ・マッケイ著

「集団妄想と群集の狂気」の決定版！
150年間、世界的大ベストセラー！

定価2,940円（税込）

ワイコフの相場成功指南
リチャード・D・ワイコフ著

日本初！　板情報を読んで相場に勝つ！
デイトレーダーも必携の「目先」の値動きを狙え！

定価1,890円（税込）

ワイコフの相場大学
リチャード・D・ワイコフ著

希代の投資家が競って読んだ古典的名著！
名相場師による繰り出される数々の至言！

定価1,890円（税込）

スイングトレード入門
アラン・ファーレイ著

デイトレーダーと長期投資家の間に潜り込み、
高勝率のトレードチャンスを発見できる！

定価8,190円（税込）

ディナポリの秘数 フィボナッチ売買法
ジョー・ディナポリ著

"黄金率" 0.382、0.618が売買のカギ！
押し・戻り売買の極意が明らかに！

定価16,800円（税込）

金融と審判の日
ウィリアム・ボナー、
アディソン・ウィギン著

アメリカ大不況宣言！
アメリカはこれから、日本の「失われた10年」を経験する！

定価2,940円（税込）

ツバイク ウォール街を行く
マーティン・ツバイク著

全米ナンバー1の株式市場予測者が明らかにした
最高の銘柄選択をし、最小リスクで最大利益を得る方法！

定価3,990円（税込）

ヘッジファンドの売買技術
ジェームス・アルタッチャー著

現役ヘッジファンドマネジャーが顧客の反対を押し切って
秘密の売買技術を明かした！

定価6,090円（税込）

トレーディング・投資業界に一大旋風を巻き起こしたウィザードブックシリーズ!!

マーケットの魔術師 システムトレーダー編

著者●アート・コリンズ

14人の傑出したトレーダーたちが明かすメカニカルトレーディングのすべて。待望のシリーズ第4弾!

四六判 上製本 308頁／定価2,940円（税込）

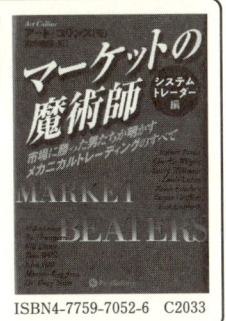

ISBN4-7759-7052-6 C2033

市場間分析入門

原油や金が上がれば、株やドルや債券は下がる!

著者●ジョン・J・マーフィー,

マーケットは相互に関連し合っている!
これから上がる市場がわかる!

A4判 上製本 344頁／定価6,090円（税込）

ISBN4-7759-7051-8 C2033

新賢明なる投資家 上巻・下巻

ベンジャミン・グレアム、ジェイソン・ツバイク著

時代を超えたグレアムの英知が今、よみがえる!
これは「バリュー投資」の教科書だ!

定価各3,990円（税込）

魔術師たちの投資術

バン・K・タープ、
D・R・バートン・ジュニア、
スティーブ・ジュガード著

お金を働かせて、早期引退をしよう!
5年以内に引退できる最高の投資術を伝授!

定価2,940円（税込）

なぜ利益を上げている企業への投資が失敗するのか

ヒューエット・ハイゼルマン・ジュニア著

長期的利益をもたらす強力で使いやすい最高の投資ツール!

定価2,520円（税込）

トレンドフォロー入門

マイケル・コベル著

初のトレンドフォロー決定版!
トレンドフォロー・トレーディングに関する初めての本

定価6,090円（税込）

● **海外ウィザードが講演したセミナー・ビデオ＆DVD（日本語字幕付き）** ●

『オズの短期売買入門』（67分）　　　　　　　　トニー・オズ　8,190円
トレードの成功は、どこで仕掛け、どこで仕切るかがすべて。短期トレードの魔術師オズが、自らの売買を例に仕掛けと仕切りの解説。その他、どこで買い増し、売り増すのか、短期トレーダーを悩ますすべての問題に答える洞察の深いトレードアドバイス満載

『ターナーの短期売買入門』（80分）　　　　　　　トニ・ターナー　9,240円
株式投資の常識（＝買い先行）を覆し、下落相場でも稼ぐことができる「空売り」と、トレーディングで最大の決断である仕切りのタイミングをを具体的な事例を示しながら奥義を解説。市場とトレーダーの心理を理解しつつ、トニ・ターナーのテクニックがここにある。

『魔術師たちの心理学セミナー』（67分）　　　　　バン・K・タープ　8,190円
優秀なトレーダーとして最も大切な要素は責任能力。この責任感を認識してこそ、上のステージに進むことができる。貪欲・恐怖・高揚など、トレーディングというプロセスで発生するすべての感情を、100％コントロールする具体的な方法をタープ教授が解き明かす。

『魔術師たちのコーチングセミナー』（88分）　　　アリ・キエフ　8,190円
優秀なトレーダーとは、困惑、ストレス、不安、不確実性、間違いなど、普通は避けて通りたい感情を直視できる人たちである。問題を直視する姿勢をアリ・キエフが伝授し、それによって相場に集中することを可能にし、素直に相場を「聞き取る」ことができるようになる。

『マーケットの魔術師　マーク・クック』（96分）　　マーク・クック　6,090円
マーケットの魔術師で、一流のオプションデイトレーダーであるクックが、勝つためのトレーディング・プラン、相場の選び方、リスクのとり方、収益目標の立て方、自分をコントロールする方法など、13のステップであなたのためのトレードプランを完成してくれる。

『シュワッガーが語るマーケットの魔術師』（63分）　ジャック・D・シュワッガー　5,040円
トップトレーダーたちはなぜ短期間で何百万ドルも稼ぐことができるのか。彼らはどんな信念を持ち、どんなスタイルでトレードを行っているのか。ベストセラー『マーケットの魔術師』3部作の著者ジャック・シュワッガーが、彼らの成功の秘訣と驚くべきストーリーを公開。

『ジョン・マーフィーの儲かるチャート分析』（121分）　ジョン・J・マーフィー　8,190円
トレンドライン、ギャップ、移動平均……を、あなたは使いこなせていますか？　テクニカル分析の大家がトレンドのつかみ方、相場の反転の見分け方など主体に、簡単で使いやすいテクニカル分析の手法を解説。テクニカルの組み合わせで相場の読みをより確実なものにする！

『ジョン・ヒルのトレーディングシステム検証のススメ』（95分）　ジョン・ヒル　8,190円
トレーダーはコンピューターに何を求め、どんなシステムを選択すべきなの？　『究極のトレーディングガイド』の著者ジョン・ヒルが、確実な利益が期待できるトレーディングシステムの活用・構築方法について語る。さらにトレンドやパターンの分析についても解説。

『クーパーの短期売買入門〜ヒットエンドラン短期売買法〜』（90分）　ジェフ・クーパー　8,190円
短期売買の名著『ヒットエンドラン株式売買法』の著者ジェフ・クーパーが自らが発見した爆発的な価格動向を導く仕掛けを次から次へと紹介。「価格」という相場の主を真摯に見つめた実践者のためのセミナー。成功に裏打ちされたオリジナルパターンが満載。

『エリオット波動〜勝つための仕掛けと手仕舞い〜』（119分）　ロバート・プレクター　8,190円
「5波で上昇、3波で下落」「フィボナッチ係数」から成り立つエリオット波動の伝道師プレクターによる「エリオット波動による投資術（絶対勝てる市場参入・退出のタイミング戦略）」。波動理論を使った市場の変化の時とそれを支えるテクニカル指標の見方を公開。

●パンローリング発行

● 他の追随を許さないパンローリング主催の相場セミナーDVDとビデオ ●

一目均衡表の基本から実践まで　　　　　　　　　　川口一晃　3,990円（税込）

単に相場の将来を予想する観測法ではなく、売り買いの急所を明確に決定する分析法が一目均衡表の人気の秘密！　本DVDに収録されたセミナーでは、値動きの傾向から売買タイミングを測る「一目均衡表」を基本から応用、そしてケーススタディ（具体例）までを解説。

信用取引入門 [基礎・応用編]　　　　　　　　　　福永博之　2,800円（税込）

「買い」だけではなく、「売り」もできる信用取引。リスクが高いというイメージがあるかもしれませんが、仕組みさえ分かってしまえば、あなたの投資を力強くサポートしてくれます。

大化けする成長株を発掘する方法　　　　　　　　　鈴木一之　5,040円（税込）

全米で100万部超のウルトラ大ベストセラーとなり、今もロングセラーを爆走している『オニールの成長株発掘法』から、大化けする成長株を発掘！本当は人には教えたくない投資法だ。

売買システム構築入門　　　　　　　　　　　　　　野村光紀　3,990円（税込）

マイクロソフトエクセルを触ったことのある方なら誰でも、少し手を加えるだけで売買システムを作れる。エクセル入門書には相場への応用例が無いとお嘆きの方に最適なDVDとビデオ。エクセル入門／チャートギャラリーの紹介／自分専用の売買システムを作る／毎日の仕事の自動化！

ディナポリレベルで相場のターニングポイントをがっちりゲット！　　　　　　　　ジョー・ディナポリ　5,040円（税込）

ジョー・ディナポリが株式、先物、為替市場、世界のどの市場でも通用する戦術を公開する！
※本製品は日本語吹き替え版のみとなります。

伝説の冒険投資家
ジム・ロジャーズ 投資で儲ける秘訣　　　　　ジム・ロジャーズ　3,990円（税込）

各国の長期的な経済成長を読み、自らの投資に活かす「冒険投資家」は、いま、日本をどう見ているのか？自ら体験した経験と知識を日本の皆様へ贈ります。

カリスマ投資家一問一答　　　山本有花, 東保裕之, 足立眞一, 増田丞美　1,890円（税込）

相場の良し悪しに関わらず、儲けを出している人は、どうやって利益を上げられるようになったのか？どうやってその投資スタイルを身につけたのか？投資で成功するまでにやるべきことが分かります。

短期テクニカル売買セミナー　増田正美のMM法 <上級者編>　増田正美　21,000円（税込）

統計学的に偏差値を求めるツール「ボリンジャーバンド」、相場の強弱を表す指標「RSI」、株価変動の加速度をあらわす指標「DMI」、短期相場の強弱を表す指標「MACD」。難しい数学的な理論は知る必要なく、実際の売買において、その指標の意味と利益を上げるために、これら4つの指標をどうやって使うのかということを講師の経験を元に解説。

短期売買の魅力とトレード戦略 -感謝祭2004-　　　柳谷雅之　3,990円（税込）

日本株を対象にしたお馴染 OOPS の改良、優位性を得るためのスクリーニング条件、利益の出し方（勝率と損益率、様々な売買スタイルとその特徴）基礎戦略（TDトラップ、改良版 OOPS）応用戦略（スクリーニング、マネーマネージメント）を個人投資家の立場から詳細に解説！

一目均衡表入門セミナー　　　　　　　　細田哲生, 川口一晃　5,040円（税込）

単に相場の将来を予想する観測法ではなく売り買いの急所を明確に決定する分析法が一目均衡表の人気の秘密です。その名の由来通り、相場の状況を"一目"で判断できることが特徴です。本DVDでは、一目均衡表の計算方法からケーススタディ（具体例）まで具体的な使用法を学んでいただきます。

●パンローリング発行

話題の新刊が続々登場！ウィザードコミックス

マンガ ウォーレン・バフェット
世界一の株式投資家、ウォーレン・バフェット。
その成功の秘密とは？

森生文乃著
定価1,680円（税込）

マンガ サヤ取り入門の入門
小さいリスクで大きなリターンが望める「サヤ取り」。
初心者でもすぐわかる、実践的入門書の決定版!

羽根英樹・高橋達央著
定価1,890円（税込）

マンガ オプション売買入門の入門
マンガを読むだけでここまでわかる！
難解と思われがちなオプション売買の入門書！

増田丞美・小川集著
定価2,940円（税込）

マンガ 商品先物取引入門の入門
基本用語から取引まで・・・
なにそれ!? な業界用語もこれでマスター！

羽根英樹・斎藤あきら著
定価1,260円（税込）

マンガ 相場の神様本間宗久翁秘録
林輝太郎氏 特別寄稿！全157章完全収録!!
相場の神様が明かす相場の奥義！

林輝太郎・森生文乃著
定価2,100円（税込）

マンガ 世界投資家列伝
バフェット、マンガー、グレアム、フィッシャー。
20世紀を代表するマネーマスター4人の物語。

田中憲著
定価1,890円（税込）

マンガ 伝説の相場師リバモア
大恐慌のなか一人勝ちした伝説の相場師！
その人生はまさに波瀾万丈。

小島利明著
定価1,680円（税込）

マンガ 終身旅行者PT（パーマネントトラベラー）
自由に生きるための最高の戦略がここにある。
──橘 玲（『お金持ちになれる黄金の羽根の拾い方』の著者）

木村昭二・夏生灼著
定価1,890円（税込）

マンガ 日本相場師列伝
波瀾万丈の人生を駆け抜けた相場師たち。
彼らの生き様からあなたはなにを学びますか？

鍋島高明・岩田廉太郎著
定価1,890円（税込）

マンガ デイトレード入門の入門
デイトレードで個人の株式売買がどう変わるのか。
ビギナーだからこそ始めたいネット時代の株式売買。

広岡球志著
定価1,680円（税込）

話題の新刊が続々登場！ウィザードコミックス

マンガ 三猿金泉録
"相場の聖典"がマンガで登場！

A5判 176頁　著者●広岡球志

牛田権三郎は、江戸時代の経験をもとに、その極意を短歌に秘した。

定価1,890円（税込）

ISBN 4-7759-3019-2　C2033

マンガ ジョージ・ソロス
世界経済を動かした男の知られざる戦い

A5判 200頁　著者●黒谷薫

大恐慌のなか一人勝ちした伝説の相場師！
その人生はまさに波瀾万丈。

定価1,680円（税込）

ISBN 4-7759-3017-6　C2033

マンガ ジム・ロジャーズ
冒険投資家に学ぶ世界経済の見方

A5判 184頁　著者●森生文乃／協力●ジム・ロジャーズ

10年間で4200%のリターン！
天才投資家は、いま、どこを見ているのか!?

定価1,680円（税込）

ISBN 4-7759-3018-4　C2033

マンガ ファンダメンタルズ分析入門の入門
決算書を見れば上がる銘柄がわかる

A5判 176頁　著者●山本潤／作画●小川集

定価1,890円（税込）

マンガ 信用取引入門の入門
あなたもインターネットで売買できる

A5判 176頁　著者●てらおかみちお

定価1,890円（税込）

話題の新刊が続々登場！現代の錬金術師シリーズ

為替の中心ロンドンで見た。ちょっとニュースな出来事
柳基善著
ジャーナリスト嶌信彦氏も推薦の一冊。
関係者以外知ることのできない舞台裏とは如何に？
定価1,260円（税込）

復刻 格言で学ぶ相場の哲学
鏑木 繁著
先人の残した格言は、これからを生きる投資家たちの羅針盤になるはずだ。
定価1,260円（税込）

私はこうして投資を学んだ
増田丞美著
実際に投資で利益を上げている著者が今現在、実際に利益を上げている考え方＆手法を大胆にも公開！
定価1,890円（税込）

矢口新の相場力アップドリル 株式編
矢口 新著
A社が日経225に採用されたとします。このことをきっかけに相場はどう動くと思いますか？
定価1,890円（税込）

矢口新の相場力アップドリル 為替編
矢口 新著
アメリカの連銀議長が金利上げを示唆したとします。このことをきっかけに相場はどう動くと思いますか？
定価1,575円（税込）

潜在意識を活用した最強の投資術入門
石川臨太郎著
年収3000万円を稼ぎ出した現代の錬金術師が明かす「プラス思考＋株式投資＋不動産投資＝幸せ」の方程式とは？
定価2,940円（税込）

投資家から「自立する」投資家へ
山本潤著
大人気メルマガ『億の近道』理事の書き下ろし。企業の真の実力を知る技術と企業のトリックに打ち勝つ心構えを紹介！
定価5,040円（税込）

景気予測から始める株式投資入門
村田雅志著
UFJ総研エコノミストが書き下ろした「超」高効率のトップダウンアプローチ法を紹介！
定価3,465円（税込）

株式トレーダーへの「ひとこと」ヒント集
東保裕之著
『株式投資 これだけはやってはいけない』『株式投資 これだけ心得帖』の著者である東保裕之氏が株式トレーダーに贈るヒント集。
定価1,050円（税込）

魔術師が贈る55のメッセージ
パンローリング編
巨万の富を築いたトップトレーダーたちの"生"の言葉でつづる「座右の銘」。ままならない"今"を抜け出すためのヒント、ここにあり。
定価1,050円（税込）

道具にこだわりを。

よいレシピとよい材料だけでよい料理は生まれません。
一流の料理人は、一流の技術と、それを助ける一流の道具を持っているものです。
成功しているトレーダーに選ばれ、鍛えられたチャートギャラリーだからこそ、
あなたの売買技術がさらに引き立ちます。

Chart Gallery 3.0 for Windows
Established Methods for Every Speculation

パンローリング相場アプリケーション

チャートギャラリープロ 3.0 定価84,000円（本体80,000円＋税5%）
チャートギャラリー 3.0 定価29,400円（本体28,000円＋税5%）

[商品紹介ページ] http://www.panrolling.com/pansoft/chtgal/

RSIなど、指標をいくつでも、何段でも重ね書きできます。移動平均の日数などパラメタも自由に変更できます。一度作ったチャートはファイルにいくつでも保存できますので、毎日すばやくチャートを表示できます。
日々のデータは無料配信しています。ボタンを2、3押すだけの簡単操作で、わずか3分以内でデータを更新。過去データも豊富に収録。
プロ版では、柔軟な銘柄検索などさらに強力な機能を塔載。ほかの投資家の一歩先を行く売買環境を実現できます。

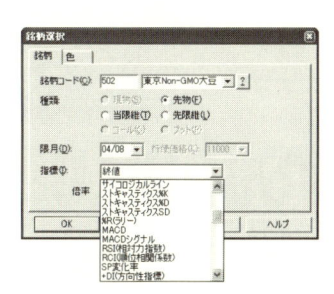

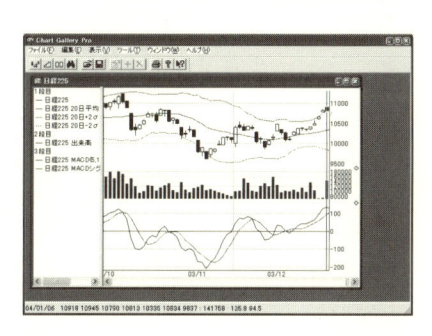

お問合わせ・お申し込みは

Pan Rolling パンローリング株式会社
〒160-0023 東京都新宿区西新宿7-21-3-1001　TEL.03-5386-7391　FAX.03-5386-7393
E-Mail info@panrolling.com　ホームページ http://www.panrolling.com/

がんばる投資家の強い味方。
24時間オープンの投資専門店です。

パンローリングの通販サイト「トレーダーズショップ」は、個人投資家のためのお役立ちサイト。書籍やビデオ、道具、セミナーなど、投資に役立つものがなんでも揃うコンビニエンスストアです。さあ、成功のためにがんばる投資家は、いますぐアクセスしよう！トレーダーズショップだけでしか手に入らない商品がいっぱいです。

いますぐトレーダーズショップにアクセスしてみよう！

1 インターネットに接続して http://www.tradersshop.com/ にアクセスします。インターネットだから、24時間どこからでも OK です。

2 トップページが表示されます。画面の左側に便利な検索機能があります。タイトルはもちろん、キーワードや商品番号など、探している商品の手がかりがあれば、簡単に見つけることができます。

3 ほしい商品が見つかったら、お買い物かごに入れます。お買い物かごにほしい品物をすべて入れ終わったら、一覧表の下にあるお会計を押します。

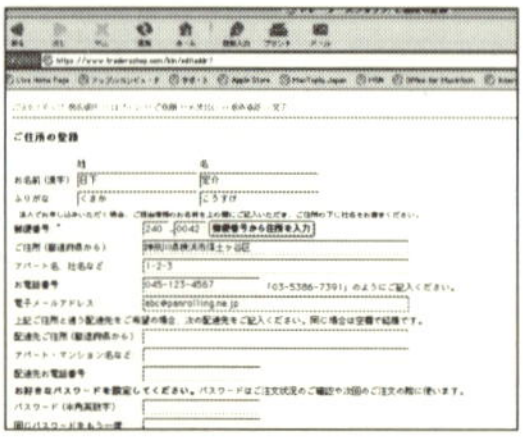

4 はじめてのお客さまは、配達先等を入力します。お支払い方法を入力して内容を確認後、ご注文を送信を押して完了（次回以降の注文はもっとカンタン。最短2クリックで注文が完了します）。送料はご注文1回につき、何点でも全国一律250円です（1回の注文が2800円以上なら無料！）。また、代引手数料も無料となっています。

5 あとは宅配便にて、あなたのお手元に商品が届きます。
そのほかにもトレーダーズショップには、投資業界の有名人による「私のオススメの一冊」コーナーや読者による書評など、投資に役立つ情報が満載です。さらに、投資に役立つ楽しいメールマガジンも無料で登録できます。ごゆっくりお楽しみください。

24h OPEN

http://www.tradersshop.com/

投資に役立つメールマガジンも無料で登録できます。
http://www.tradersshop.com/back/mailmag/

お問い合わせは

Pan Rolling　パンローリング株式会社

〒160-0023　東京都新宿区西新宿 7-21-3-1001　TEL.03-5386-7391　FAX.03-5386-7393
http://www.panrolling.com/　E-Mail info@panrolling.com